教育私法論

私法研究著作集 第12巻

教育私法論

伊藤　進著

私法研究著作集　第12巻

信山社

はしがき――第十二巻解題――

本書は、「教育」に関する問題を「私法」の観点から検討した論稿を収録したものである。その意味では、「教育法」に関するものではある。ただ、教育法という場合、これまでは公法的見地からの研究がほとんどであったのに対して、堀尾輝久教授の「教育の私事性」論に啓発され、教育の本質が私事的なレベルのものであるとするならば、私法の領域において位置づけられるべきものであるのではないだろうかとの仮説にもとづいて、検討を行い、それをまとめたのが本書の諸論稿である。このため、本書の表題である「教育私法」は、かかる観点からの造語である。なお、このような教育私法に入るもののうち、学校事故に関するものについては、私法研究著作集第一三巻の「学校事故賠償責任法理」の刊行を予定している他、拙稿『学校事故の法律問題』（一九八三年・三省堂）、伊藤進＝織田博子共著『解説学校事故』（一九九二年・三省堂）があり、これらをも併せてみて頂きたい。とくに、本書に収録した学校事故関係の論稿は制度論が中心であるのに対して、これらは損害賠償責任についての解釈論に関する論稿が収録されている。

本書は、教育と私法との関係づけから検討した「Ｉ教育私法論」、学校事故を私法の観点から検討した「II学校事故と私法理論」、教育が関連する事件を検討した「III教育事件と私法理論」の三部に別れている。

「Ｉ教育私法論」のうちの、「***1***教育と私法―教育私法序説」は教育法と私法はどのようなかかわり合いをもって存在するものかにつき考察し、その関係を俯瞰している。「***2***教育私法論」は「***1***教育と私法―教育私法序説」の前提となるもので、国民の教育権の基調として「教育の私事性」を重要視する必要があるとするならば、私法の論理を基底に据えながら教育法を展開する必要のある旨を提言する。「***3***在学関係と教育契約」は、前述のような提言の上に立って在学関係の法的性質については私法上の無名契約、すなわち「在学契約」とみるのが妥当であるが、ただ在学関係はかかる契約を基礎として学校自治規範によって規定されそれが契約の内容を画するという特殊な無名契約であると提言する。「*4*学校規範（学則等）と契約理論」は、このような特殊無名契約の中に学則等の学校規範をどのように位置づけるかにつき検討し、「*5*在学関係と学校事故賠償責任理論」についても、同様の見地から検討している。このことから、上記五本の論稿は、一応、体系的な視点に立っての検討の成果である。なおこの他には、当初「教育措置（入学・進学・卒業・退学・成績評価など）の法的規制の論理」「懲戒権の法的根拠」「教育権侵害と不法行為理論」「学校法人論」「各種学校教育の法的規律の論理―教育性と商品性に関連して―」「教育費負担と教育ローン」などを予定し、教育私法としての体系的な検討を考えていたが、今日に至るも残されたままである。近々、初心を貫徹したいと思っている。「*6*教育の安全と過誤―総論―」は、教育法学会でのシンポジュウムにおける序論的報告であり、公教育の内容と安全の関係につき問題提起をしている。「*7*県立高校の在学契約と債務不履行・国賠法上の責任」は県立高校の課外クラブ事故に関する判例を素材としながら、在学契約理論の観点からの法的責任構成につき検討する。「*5*在学関係と学校事故賠償責任理論」での検討は具体的事案に当てはめてみたものである。

「II学校事故と私法理論」のうち、「*8*学校事故補償救済制度の課題と展望」、「*9*学校事故をめぐる救済法制」は学校事故に伴う被害生徒の救済法制についての基本的検討を行なっている。「*13*学校事故と学校安全会災害共済給付制度」、「*15*学校災害共済給付について」は、その一つとしての災害共済給付制度の仕組みと問題点を指摘し、「*14*学災法・学賠法制定の方向」は、現行の救済法制が不十分なことから、災害給付制度の充実を図るととも、無過失責任に基づく損害賠償責任を提言した教育法学会での検討につき論及している。さらに「*10*教育をうける権利からみた学校事故」、「*12*学校事故と子ども」では学校事故を生徒の教育権侵害と位置づけての救済の必要を主張する。この他、「*11*学校事故をめぐる教師の権利と責任」は教育における教師の安全注意義務について、「*16*学校における『いじめ』被害と不法行為責任―最近の『いじめ』判決を素材として―」は「いじめ」事故について、「*17*生徒の暴力と法的責任」は生徒間暴力事故について、「*18*児童・生徒の非行と学校教師の法的問題の検討」は非行児童に対する懲戒問題について、「*19*『赤い羽根』事故に関する意見書」はふざけ遊び事故について、それぞれ論及する。
「Ⅲ教育事件と私法理論」の「*20*大学移転と司法審査および移転措置の可否」は学校移転に関する判例について、「*21*私立大学付属高校の進学推薦取消事件」は推薦入学に関する判例について、「*22*担任教師による『落書きコーナー』の設置と名誉毀損」は学校内の落書きによる名誉毀損に関する判例について、それぞれ検討している。

ところで、本書のような著作集を出すことについては、若干の躊躇を感じないわけではない。とくに、発表されてから長年月を経た論稿を無修正のまま収録することにつき、それほど意義のあるものかどうか疑問である。また、自分では現役であると自負しながら過去の論稿を収集することの矛盾も感じる。しかし、多方面に渡り多数発表してきた論稿を整理し、研究途中における区切りをつけ、次の研究へのステップとしたいという自分勝手な思いから、刊行に踏み切った。このため、ここに収録する論稿については、研究が進み、もはやそれほどの意味のないものもあるし、重複したテーマのものもあるし、私見としては相矛盾するものもあるが、これらのことを考慮することなく収録刊行することにした。わが研究の遍歴をあらわに示すものである。ご教示を頂ければ幸いである。

なお、このような私法研究著作集の刊行にあたって、かねてからそのことを進言し、論稿の整理や切り張りなどの準備作業までして下さった信山社の今井貴社長に心から感謝するものである。そして、本書の直接の作成作業に際しては、編集部の諸氏にお世話になった。また、本書の校正については、明治大学法学部専任講師亀田浩一郎君の労を煩わせた。ここに感謝するしだいである。

平成一二年七月

伊藤　進

教育私法論　（私法研究著作集 第十二巻）目　次

II　学校事故と私法理論

III　教育事件と私法理論

教育私法論（私法研究著作集 第一二巻）

〈初出一覧〉

I 教育私法論

1 教育法と私法――教育私法序論――
……日本教育法学会編・講座教育法1（教育法学の課題と方法） 一九八〇年三月

2 教育私法序論……季刊教育法二九号 一九七八年一〇月

3 在学関係と契約理論……季刊教育法三〇号 一九七八年一二月

4 学校規範（学則等）契約理論……季刊教育法三四号 一九七九年一二月

5 在学関係と学校事故賠償責任論……季刊教育法四一号 一九八一年一〇月

6 教育の安全と過誤――総論――……日本教育法学会年報一五号 一九八六年四月

7 県立高校の在学契約と債務不履行・国賠法上の責任（長野地判昭和五四年一〇月二九日）
……季刊教育法三五号 一九八〇年四月

II 学校事故と私法理論

8 学校事故補償救済制度の課題と展望……法律のひろば三一巻三号 一九七八年三月

9 学校事故をめぐる救済法制
……有倉遼吉編・教育法学 一九七六年一一月、学校事故研究会編・学校事故全書 一九七七年一〇月

10 教育を受ける権利からみた学校事故……季刊教育法五〇号 一九八三年一二月

11 学校事故をめぐる教師の権利と責任……………教職研修一六六号（六一年六月号）　一九八六年六月
12 学校事故と子ども　…法学セミナー増刊・総合特集シリーズ二八号（これからの教育）　一九八五年一月
13 学校事故と学校安全会災害共済給付制度
……………特集・損害賠償制度と被害者の救済（ジュリスト六九一号臨時増刊）　一九七九年五月
14 学災法・学賠法制定の方向……………教職研修七五号（一九七八年一一月号）　一九七八年一一月
15 学校災害共済給付制度について
……………永井憲一編・基本法コンメンタール（教育関係法）　一九九二年一〇月
16 学校における「いじめ」被害と不法行為責任論
…星野英一＝森島昭夫編・現代社会と民法学の動向　上（加藤一郎先生古希記念）　一九九三年一〇月
17 生徒の暴力と法的責任……………季刊教育法四八号　一九八三年七月
18 児童生徒の非行と学校・教師の法的問題の検討……………教職研修八一号　一九七九年五月
19 「赤い羽根」事故に関する意見書……………一九八八年六月

III　教育事件と私法理論

20 大学移転と司法審査および移転処置の可否（大阪地決昭和五五年三月一四日）
……………季刊教育法三七号　一九八〇年一〇月
21 私立大学付属高校の進学推薦取消事件
……………教育判例百選〔第二版〕（ジュリスト別冊六四号）　一九七九年九月
22 担当教師による「落書コーナー」の設置と名誉毀損〔改題〕
（長崎地佐世保支判昭和四八年三月一九日）

I 教育私法論

1　教育法と私法——教育私法序論——

一　はじめに

教育法と私法がどのようなかかわり合いをもって存在するものなのか、このことを考察するのが本稿の目的である。教育法は、これまであるいは現在も、一般的には、行政法の一分野として位置づけられ認識されて来ている。そして、その研究も、行政法学者によって、あるいは教育権論との関連においては憲法学者によって推進され発展形成してきたことは改めていうまでもないであろう。もっとも、その展開の過程において教育法を「教育制度に特有な法論理の体系」として、独自の法分野の形成確立の主張がなされ(1)、現在は、その方向をたどりつつあるのではないかと思われるが、その研究にたずさわっておられる学者の多くは、教育学者か、法律関係では公法分野に属する学者であるという現状からすると(2)、教育法はその独自性が主張されながらも、公法の領域に位置するものとの認識は払拭されてはいないようである。それはとりもなおさず、教育法は公法理論と深く接合しているということではなかろうか。このことを、ここで評論するつもりはない。ただ、教育法の独自性というのは公法分野においてのそれにとどまらず、「実質的・論理的に、公法・行政法と私法・民事法との一般的区別を超え出た所に成立」する法体系であるところにあることが強調されている(3)にもかかわらず、私法・民事法の側面からそれにどうかかわるのかについての検討がほとんどみられないという点に一抹の淋しさを感じるのであり、教育法が依然として公法分野に位置づけられているのもこの辺に原因があるといえるであろう。そして、より根本的な問題は、このような現状にあるということは、私法・民事法の観点から教育法にアプローチをする教育法学者がいなかった、あるいは教育制度に関心を持った私法学者がいなかったという人の問題ですまされることなのか、それとも「教育制度に特有な法理論の体系」形成確立に私法論理は本質的に接合しえないものであるという法論理上の問題にかかわっているためなのか、を考えることであり、教育法学会としても一〇周年を迎えた今日、最も重要な課題の一つではないだろうか。とくに、後者に、その原因があるのかどうかの検討こそは、学問的には緊急を要するのではなかろうか。

ところで、この問題に関して考えるとき、今日では、かつて指摘したように[4]、現象的にも理論的にも私法論理とのかかわりの必要性がみられるようである。現象的傾向としては、「教育」を近代家族法における親子関係の問題として捉えようとする方向性が芽生えてきたこと[5]、在学関係を私立学校に限らず国公立学校についても「在学契約」として捉え契約理論によって理論構成するのが通説化してきたこと[6]、教育裁判でも、子どもや親の教育権を根拠とする事件や、学校運営や学校の教育的措置に関する民事訴訟事件が多くみられ私法理論による処理が行なわれるようになってきたこと、あるいは学校事故補償救済の理論的検討が活発化してきたこと、またその過程における教育理念ないし教育権と不法行為理論の接合傾向がみられること[7]、などが主要なものである。理論的には、国民の教育権の基調として近代教育の原則とされる「教育の私事性」が重要視されることによって[8]、一九世紀の欧米諸国にみられるように教育関係を自由な私的領域の問題[9]として捉えうる可能性が出て来たことである。先の現象的傾向も、もとを質せば結局は、このことが基礎になって現われて来たといえよう。このため、今日、現われている教育法への私法理論のかかわりは、かなり教育関係の法的側面からの検討に際しての深部にくい込んでいるのではないかという印象をうけるのである。

もっとも、このような教育関係への私法理論のかかわりの反面、人権的子どもの学習権保障[10]をふまえての教育法の社会法化の提唱により新しい意味で私法理論に対する独自性も強調されていることから、教育関係と私法理論とは無媒介的に接合するものでないことも、指摘した通りであろう[11]。

このようなことから、教育法と私法は、どのようにかかわり、またどのようなかかわり合いをもっていくものなのかが興味ある問題として提示されよう。

（1） 兼子仁『教育法（新版）』（有斐閣、一九七八年）七頁。
（2） 教育法学会においても、法律の関係では、ほとんどが公法分野の学者であり、私法学者はチラホラとしか見うけられないという現状が、それを物語っているといえよう。
（3） 兼子・前掲書『教育法（新版）』一〇頁。
（4） 伊藤進「教育私法序論」季刊教育法二九号（本書***2***所収）、一三二頁。なお、本稿全体が、この論稿に依拠するところが多い。
（5） 中川良延「親権と子どもの教育を受ける権利」北大法学論集一四巻三・四合併号四二八頁以下、有地亨「親権と教育権」季刊教育法一三号一四頁以下など。なお、西ドイツにおけるものとして、Fehnemann, Bemerkungen um Elternrecht in der Schule, DÖV s. 489f（本論文の紹介として、竹内俊子・法律時報一九七九年七月号一一九頁）がある。
（6） 兼子・前掲書『教育法（新版）』四〇五頁以下。室井力『特別権力関係論』（勁草書房、一九七五年）三七二頁以下、和田英夫「私立大学学生の退学処分問題」判例時報四八〇号八七頁、利谷信義＝池田恒男「教育法と民法」有倉遼吉編『教育法学』（学陽書房、一九七七年）六二頁。なお、詳細は、伊藤進「在学関係と契約理論」季刊教育法三〇号（本書***3***所収）、一四九頁以下参照。
（7） 野村好弘『学校事故の民事判例』、上井長久「学校事故に関する裁判の動向と問題点」ジュリスト五八九号三五頁以下、学校事故研究会編『学校事故全書』（総合労働研究所、一九七七年）、伊藤進＝兼子仁＝永井憲一編著『学校事故ハンドブック』（総合労働研究所一九七八年）。拙稿「学校事故をめぐる救済法制」有倉編・前掲書『教育法学』二二四頁以下（本書***9***所収）、同「学校事故における賠償責任」ジュリスト総合特集『教育』三〇三頁以下など。
（8） 堀尾輝久『現代教育の思想と構造』（岩波書店一九七一年）一九九頁以下。有倉遼吉「国民の教育権と国家の教育権」兼子仁編『法と教育』（学陽書房、一九七五年）九七頁、兼子・前掲書『教育法（新版）』二〇五頁など。
（9） 兼子・同右八頁。
（10） 兼子・同右七頁以下、持田栄一「教育権の理論」季刊教育法六号一五二頁。
（11） 伊藤・前掲論文（季刊教育法二九号）一三二頁。

二　教育法と私法の法体系的関係

教育関係に関する法の体系は、わが国では長く、公法体系に組み込まれて来たことは周知の通りである。明治憲法下では、教育は天皇の大権に属するとされ、教育に関する権利は、天皇が総攬する行政権の下に集中され、国家管轄事項として行政命令により行使され、学校と児童・生徒の関係は公権力的関係として捉えられていた(1)。戦後の日本国憲法のもとにおいても、天皇制教育観とは異なり、親を教育権の根源的主体として位置づけながらも、この親の教育権は国家に付託され、これにもとづいて国家が教育権行使権限を独占的に専有するものとして(2)、教育を国家権力作用の一つと解し、行政法体系内に位置づけてきた。そこで、教育関係がこのような公法体系に組み込まれているかぎりにおいては、そこでの法の論理は、支配・服従・命令関係であり、自由・平等を理念とする私法の論理は、かかわり合いを持つ余地はなかったわけである。とくに、公法と私法の峻別の論理が確立していた時代においては、そのことは明瞭であった。

しかし、このような法体系上の峻別の論理は、今日、いろいろな側面から崩れつつある。公害問題はその端緒であるが、そのほかにも土地問題、消費者保護問題など公法的側面と私法的側面からアプローチを行ない、そこに融合させていくのでなければ法的に解決しえないという現象がみられるようになったことは、それを物語るものであり、現在、社会においては、その傾向は、ますます強まりつつあるのである。教育関係もそのような問題の一つではないかと思われる。また、教育関係については、のちに述べるように、教育権論争の成果として「教育の私事性」が認識されるようになるに至って、加速度的に、そのことが進展していったといえるであろう。そして、公法と私法という法体系上の峻別の論理が崩れ去ったところに、公害法や土地法、あるいは消費者保護法という新しい法分野が形成されてきたのと同様に、教育関係については教育法の誕生をみるに至ったわけである。

それでは一体、この教育法に、私法は法体系的にどのようにかかわっているのであろうか。この問題は、教育法そのものの概念構成が確立せず流動的であると思われる現状においては、[3] かなり困難な問題である。ただ、教育法についての今日までの考え方との関連においてみるとき、かつて指摘したように、つぎのようなかかわりがあるといえるのではないかと思われる。[4] すなわち、教育法を最も広義に捉えての定義づけとして、「教育法とは教育および教育制度に関するすべての法を指称するもの」とされている。[5] この場合には、民法・刑法・行政法・労働法などの一般諸法のなかで教育および教育制度に妥当する部分も教育法だということになり、そうだとすると市民の私的生活関係のうち教育ないし教育制度に関する私法の部分が教育法と法体系的にかかわってくることになる。[6] それは、親権にかかわる子どもの教育の問題や、学校と児童・生徒との権利・義務関係の問題、私立学校の法人組織問題などがその代表的な部分であって、その部分を総括的に便宜的にしめくくるとすれば「広義の教育私法」の分野を結果することになろう。このような広義の教育法に対し、教育法とは、教育および教育制度に関するすべての法のうち「民法・行政法・労働法等の一般諸法をのぞき、教育および教育制度に固有な法理を有する法のみを」意味するとの定義づけもみられる。[7] そして、この見解は、「広義の教育法の中から狭義の教育法を析出し、その規範論理構造を明らかにするとともに、広義の教育法に関する従来の解釈・適用を『教育に独特な法論理』をもって改めるという教育法学の展開の一部をなすものと考えられる」といわれている。[8] 教育法が、このような意味において捉えられるとするならば、「広義の教育私法」は私法理論を基調にしながら、「教育に独特な法論理」によって修正をうけ、教育法の中に昇華され、そこでもやはり「教育私法」としてとどまるという関係が残りそうである。もっとも、そこでは「広義の教育私法」分野のうち、このような修正、昇華の行なわれない分野の残ることが予想され、それは、もっぱら私法の論理に委ねられることになろう。このため、このような狭義の教育法に対しては、そのかかわりに限界がみられることになろう。さらに、今日では、教育法は「現代における特殊社会関係ごとに特有な法論理の体系」とされる特殊法に属するとされ、それは「在来の一般法にたいする特別法的内容を一部に含みつつ、全体としては、公法と私法の一般法的区別を超えて独自の体系を成す」教育制度に関する法の体系であり、「社会法の一翼」をなすものであるとの定義づけもなされている。[9] これは、私法とのかかわりにおいてみるとき、教育法の社会法化の提唱による体系的独自性確立の強調である。このような社会法的教育法概念に対しては、私法は、無修正・無変質的にかかわり合いを持つものでないことは明らかである。しかし、市民の私的生活関係のうちの教育関係の一般法として妥当してきた私法の分野が、教育法論理により修正を受けながら社会法的性格をもった特殊法としての教育法の中に包摂されていくという意においては、そこでは私法の論理が基調となっており、ただ、修正・変質しつつ融合していくというかかわりを持っていることを見逃してはならないであろう。このようなかかわり合いにおいて存在する教育私法を「狭義の教育私法」と呼ぶならば、これは、教育法と本質的にかかわり、教育法を構成する要素としての性格をもっているといっても過言ではないであろう。

それでは、法体系上、このようなかかわりを持つところの教育私法は、教育法の中でどのような役割を果しうるものなのであろうか。教育法の基本問題が、教育ないし教育制度にかかわる子ども・親・教師・学校・国家・社会などの諸主体の法的関係を体系的に整序することにあるとみるとき、教育私法は、一つには、教育法の最も根幹にかかわる教育主権者の問題についてかかわりを持つとともに、二つには、学校という教育組織体における諸主体者間の法律関係とくに学校と児童・生徒ないし親の権利・義務関係についてかかわりを持つことになる。前者は、教育ないし教育制度に対する本質的かかわりであり、後者は、諸主体者間の法律関係に対する形式的かかわりとでもいえよう。つぎに、このようなかかわりの内容について検討を加えることにする。

(1)　宗像誠也「憲法と『国家の教育権』」兼子仁編『教育と法』七一―二頁、永井憲一『国民の教育権』(法律文化社、一九七三年)八頁以下、兼子仁『国民の教育権』(岩波新書、一九七一年)三九頁以下、中川良延「親権と子どもの教育を受ける権利」四四四頁など。

(2)　田中耕太郎『教育基本法の理論』(有斐閣、一九六〇年)一五〇頁、菱村幸彦「教育権―子どもと親の教育権」学校経営一八巻八号八二―三頁など。

(3)　この点は、私の独断的判断であり、誤りがあれば、ご教示いただきたい。

(4) 伊藤進「教育私法序論」、季刊教育法二九号(本書**2**所収)、一三九—四〇頁参照。
(5) 利谷信義=池田恒男「教育法と民法」有倉遼吉編『教育法学』五八頁。
(6) 同右五八頁。
(7) 兼子仁『教育法(旧版)』(有斐閣、一九六三年)二頁。
(8) 利谷=池田・前掲論文「教育法と民法」五九頁。
(9) 兼子・前掲書『教育法(新版)』七—一五頁。

三 教育と親権理論—本質的かかわり

教育ないし教育制度に対して、私法理論が本質的にどのようなかかわりを持つかは、教育観によって規定される。(1) 子どもは「天皇の赤子」であり、天皇だけに子どもを教育する権利が帰属し、その権利の行使は国家ひいては天皇自身のために専権的に行なうとする天皇制教育観のもとでは、市民的かつ個人的レベルでの教育とのかかわりはいっさい存在せず、私的生活関係に関する私法の論理は全くかかわり合いを持ちえない。このことは、旧民法草案において「親権ハ父母ノ利益ノ為メ之ヲ与フルモノニ非ズシテ子ノ教育ノ為メ之ヲ与フルモノナリ。子ノ教育ハ父母ノ義務ニシテ其権利ニ非ザレバ……」といい、教育は親権の内容として親に属することが明らかにされて、教育が私的生活関係上の問題として私法の論理を基点として展開されることが予想されていたが、当時の圧倒的に強かった天皇制教育思想によって萌芽のうちにおしつぶされたこと、(2) また、この影響が旧民法八七九条の解釈にも及ぼし、親の教育する義務は純然たる私法上のものではなく、国家、社会に対する義務として公法的性格が強調され、子どもの教育の問題は公法のなかにおいやり、家族法の書物の中でも教育についてはだんだん影薄い存在となっていったことからも明らかである。(3) また、戦後における国家の教育権論でも、教育を行なうことは「個人の利益であると同時に国家、社会の共同の利益に適合し、それは親の教育権の付託に基づいて国家によって実施される」として、教育は、純粋な市民的個人的権利でないとされたことから私法の論理は接合しうる余地はなかった。このことは、現行民法八二〇条の解釈にあたって、親が子を教育するのは「国家社会に対する重大な責務である」とか、(4)「社会国家に対する義務であると考えたい」(5)と解し、旧法時代と同様の状態にあったことによっても明らかである。

ところで、教育を私的個人の私事として捉える教育観が、国民の基調として主張され、今日では、確固たる地盤を形成している。この「教育の私事性」は、カトリックの自然法思想に基づく「親の教育権」を出発点とし、そこでは、教育は、血縁的関係にある親の自然法上の権利であるとみていた。このため、教育は「親の私事性」の領域にあり、親の私的権利であり、親の自由な私的意思によって秩序づけられることになり、私法の論理そのものであったわけである。ただ、今日では、「教育の私事性」は、このような単純なものとして捉えることができない。それは、公教育制度との整合性のために、あるいは子どもの人権尊重思想の台頭のために修正をうけることになるからである。堀尾理論によれば、教育においてより重要なことは親の学習権であり、そのことによって親の教育権の意味は規定され、「その子を監督教育する義務を第一次的に（排他的に）履行する権利」すなわち義務履行の優先権だということになる。また公教育は、この親義務の委託ないし共同化（私事の組織化）であり、常に親たちによって監督され守られていて、国家は、この「組織された私事」の要求、実施のマネジメント機関にすぎないと解される。(6)ここでも、教育を「親の私事性」の領域にとどめ、教育関係を、私的個人の私的自由の秩序として規律しようとする点では、基本的には私法の論理を基調とするものである。ただ、その私事の内容が「義務的性格をもった権利」として修正され、「私権の社会性」の理論（民法一条）の範疇では捉ええない権利概念が想定されていることから、私法論理は修正をうけつつその基調となりうるという関係において、かかわることになろう。また、兼子理論によれば、「教育の私事性」は「親個人の私生活的自由というよりは、子どもも一人びとりにとっての学習による人間的成長と幸福追求の個人性にほかならない」とし、このため「子の教育にかんする親の権能は」「子どもの学習権を保障する人間教育という教育特有な条理によって根拠づけられ」、それは子どもの学習権を代行することによって行われる。そして、教育が子どもの人間的な成長発達を促す人間活動であることも法的に確認されるようになり、そのような人間教育を開花させていくのに必要な「条件整備」としての「教育制度」づくりが意識され、それに伴い「教育制度に特有な法理論体系がしだいに形成され」るにしたがって「公法・行政法的性格と民法一般の域とも脱却しつつ、社会法として「成立することになるとされる。[7] この見解によるならば、教育は私的個人の私的自由によるものとの基点に立ちながら、それを、子どもの私的自由の観点から捉え、これにもとづき、子ども個人がその能力に応じて教育を受け、自らをマン・パワーとして形成することの自由を保障していくために「社会化」が必要として、私法理論から離れようとする関係がみられるのである。そこで、この際、基点とされた私法理論が、どのように対応しうるかは、重要な問題点となったわけである。

しかし、いずれにせよ「教育の私事性」を基調とする国民の教育権論によれば、教育に関しては、基本的には親なり、子どもなりの私的生活関係に関する秩序づけの論理である私法論理に依拠しながら、ここに留まるか、修正するか、融合脱却するかのかかわりを持っているわけで、そのかかわりは、本質的なものであることを確認しておかなければならないのである。

この意味において、近時、子どもの教育の問題につき親権との関係において本格的に捉えようとする家族法学者の出現は、正当であるし、注目に値する。それは、親が子どもを教育するのは、子に対する純然たる私法上の義務であるとする見解である。[8] このような見解によるときは、親の教育権は私法上の権利体系のなかでもかかわりをもち、教育関係は親と子どもとの私的生活関係を機軸として規律されるという要因を持つものであったといえる。しかし、これまでは、それ以上に展開をみることがなく、このような親の教育権が公教育のなかでどのように位置づけられるものであるのかという視点が欠落していたために、私法と教育法とは長い離別の時代を過ごしてきたのである。その原因は、教育する権利が国にあるのか親にあるのかの問題が、おそらくは天皇制教育観や国家の教育権論の影響のために視野に入れられずにきたためと思われる。しかし、このような目の上の鱗が取り除かれるにいたった現在では、子に対する純然たる私法上の義務としての親の教育権が公教育のなかでどのように行使されるのかの問題として顕在化していくための土壌が

出来上ったといえそうである。そして、このことによって、私法理論は教育法に本質的にかかわることになるのである。(9)

このことは、西ドイツにおいても、学校教育の領域における親権ないし親の教育権という視点からの検討が増加してきていることが紹介されており、(10)わが国においても、今後の研究の参考になるものと思われる。とくに、オッセンビュールの論稿にみられるように(11)ボン基本法六条二項では「子どもの育成と教育とは、親の自然権であり、かつ、何よりもまず親に課せられた義務」であるとする親の教育権（親権）を、子どもの権利との関係では、子どもの権利の保護という義務と結合した包括的な親の任務をその内容とする受託的性質をもつ権利として捉え、親のこの任務の一部を「委任」された者の権限（国家の学校教育権）との緊張関係においては、親の親権が優越的地位をもつこと、「教師の教育の自由」もこのような「委任」に拘束されている存在としての教師の媒介的機能ゆえに与えられていること、国家の定める入学条件も、かかる親権行使の限界設定であること、というように、親権を中心に置いて、教育関係を理論構成していることからも、私法上、親子間の法律関係の中心となる親権が教育関係にいかに深くかかわっているか、またかかわらせて検討されなければならないものであるかを知ることができるのである。

(1)　詳細は、伊藤進「教育私法序論」季刊教育法二九号（本書**2**所収）一三四頁以下参照。
(2)　堀尾輝久『現代教育の思想と構造』二九三頁、同「現代における教育と法」『現代法8』（岩波書店、一九六六年）一六七頁。
(3)　中川良延「親権と子どもの教育を受ける権利」四三四頁。
(4)　我妻栄『民法大意下』（岩波書店、一九五三年）五三二頁。
(5)　青山道夫『家族法論』（法律文化社、一九七一年）一四三頁、谷口知平「親権（後見）」『家族問題と家族法Ⅳ』二九九頁等参照。
(6)　堀尾・前掲書『現代教育の思想と構造』一九九頁―二〇二頁。
(7)　兼子仁『教育法』（新版）二〇四―七頁、八―九頁。
(8)　中川善之助篇『注釈親族法下』（有斐閣、一九七〇年）四三頁（山木戸）、柚木馨『親族法』二〇六頁、川島武宣『民法㈢』六八頁、野田孝明『身分法学』一一七頁、中川・前掲論文「親権と子どもの教育をうける権利」四四三頁など。
(9)　この問題は、非常に重要であり、ここでは、これ以上に突込んで検討する力量を持ち合わせないので、後日にゆずることにする。

（10）　室井力「紹介」法律時報一九七九年二月号一三五頁以下、竹内俊子「紹介」法律時報一九七九年七月号・一一九頁以下。それらによって紹介されている論稿はつぎのようなものである。Ossenbühl, Schule in Rechtsstaat DÖV 1977 s. 801ff., Schwitzke, Verfassungsrechtliche Grundlagen der Elternmitbestimmung im Schulwesen, VR 1978 s. 248ff., Fehnemann a.a.O.

（11）　竹内助教授の紹介にもとづくものである（竹内・前掲・一一九頁以下）。

四　在学諸関係と私法上の契約理論――法技術的形式的かかわり

教育ないし教育制度にかかわる諸主体の法律関係をどのような法理によって構成するかという問題は、教育法における技術的法構成上の問題として一つの重要な課題である。そのうち、とくに教育の実施機関である学校と教育を受ける側の児童・生徒との諸法律関係について法的構成をどうするかが重要である。この問題は、従来、私立学校においては在学契約関係として構成され、国公立学校においては特別権力関係として構成されてきたことは周知の通りである。このため、従来からも、私立学校に関してだけは、私法上の契約理論がかかわりを持ち、それによって法的構成が行なわれて来たが、国公立学校については、私法の関知しえない関係であったわけである。ところが、今日では、国公立学校についても、特別権力関係として構成する見解は、その地位を失いつつある。これは、「教育の私事性」を基調とする国民の教育権論の台頭と無縁ではない。そうだとすると、この国民の教育権論を確立するために、学校と児童・生徒との在学関係をどのように法技術的に構成していくのが妥当であるかが問われることになろう。そして、このような問いかけの中で、「教育の私事性」が主唱されることとの関連において、対等で自由な意思による在学関係の形成という点に着目することによって、契約理論が最も妥当な理論として必然的に用いられてくることになる。このことによって、在学関係は、国公立か私立かを問わず、在学契約関係として捉えられることになり、通説となるに至ったといえよう（1）。

このために、私法上の契約理論が、在学関係上の諸法律関係を法技術的に理論構成するために全面的にかかわり合いをもつことになるわけである。そこで、これまで特別権力関係理論によって処理されてきた在学関係上の諸法律関係が、この契約理論によって妥当に構成しうるものなのかどうかの検討が非常に重要になってきたし、これが行なわれない限り、国民の教育権の観点に立っての法律上の実務的処理を指導することができないという状況にあることを認識しなければならない。

しかし、かかる検討はたやすく行ないうるものではない。ここでは、在学契約の法的性質や特質ないし若干の個別的法律関係について検討を加えることによって、教育法への私法上の契約理論のかかわりの関係を明らかにしておくにとどめる。

まず、在学関係を契約理論によって構成しようとする通説も、この契約の法的性質については、余り検討を加えていない。そして、いろいろな見解がみられるが、それらを整理すると、私法上の契約説、教育法上の契約説、不対等契約説に大別できそうである(2)。そこで、教育法への私法上の契約理論のかかわりという観点からみるとき、私法上の契約でないのかどうかという問題についてまず考えなければならないことになる。とこで、これらの見解で、私法上の契約でないとする論拠は、対等当事者間の合意によるものとはいえないとの理由や(3)、契約内容に対する教育法による修正・規制や学校という特殊部分的社会秩序維持のための教育上の包括的決定権能を位置づけるためにもとづいている(4)。しかし、在学契約を対等当事者間における契約でないとする理由づけは、在学関係を契約関係として理解することによって対等者間の非権力関係性を強調しようとするのに逆行するもので特別権力関係のなごりをとどめ妥当でない。つぎに、在学契約では、その契約内容が教育法によって修正・規制を受けることは認めなければならないが、この結果として、私法上の契約理論と異なる教育法上の契約理論が生まれるのかどうか。そして、かりに生まれるとしても、それが私法上の契約理論と本質的に異なる性質のものなのかどうか疑問である。そこで、教育法上の契約なるものの性質が明確に知りえないこととも相俟って、ここでは、一応、在学契約は、私法上の契約であり、ただそれが教育法や教育理念によって修正、規制をうけるものであると結論づけておくことにする。

そして、このような在学契約では、学校は、学生に対しその教育施設を提供し、その雇傭する教職員に所定の課程の授業ないし教育遂行上の事務を行なわせるなどの方法で教育実施の役務提供を行ない、学生は、学校という特殊部分社会に加入しそこにおける身分地位を取得し、その教育施設に包括的に自己の教育を託し、学校の指導に服して教育を受け、授業料を納付することなどが内容となっている。このため在学契約は包括的なものであり、また継続的な性質を持つことになる。それとともに、学校という特殊部分社会への加入による学生身分取得という性質を持っていることも見逃してはならない特質である。それゆえに、民法上予定された一三種類の契約形態のいずれにも該当しない無名契約であるということになる。そして、教育施設の利用という点では貸借契約性がみられるが、それは教育実施のための手段的なものであるにすぎないため、この部分だけを独立させた法律構成は妥当でない。その中心は、教育実施役務提供と学校という特殊部分社会への加入による学生身分取得にある。ただ教育実施役務提供という場合、内容的に確定された一定の結果を達成させることを含むいわゆる「結果債務」たる性格を持つのか、適切な教育を実施遂行すること自体を内容とするいわゆる「手段（行為）債務」たる性格を持つのかが問題となるが「適切な教育の完了」という「結果」を内容とすると解すべきであるから「結果債務」的性格を持った契約であり、それゆえにどちらかといえば無形の仕事の請負契約的要素の強い契約といえる。(5)また、学生身分取得という性質も、団体形成のための合意としての組合契約や法人設立行為のようなものと解すべきではない。それは、組織体としての学校自体の形成に参画するものではないからである。(6)しいて言えば、各種クラブ団体への会員加入契約に近いものであるとみてよいであろう。ただ、このような会員加入契約自体について、私法上の契約理論としてつっ込んだ検討のなされていないことから、それらの理論を援用するというわけにもいかない実情にあり、新しい型の契約性を持つものといえる。

ついで、在学契約の見地から若干の個別的法律関係についてみることにする。

まず、入学関係の問題を在学契約論によって構成できるかである。入学を、在学契約論で構成する場合には、在学契約締結の問題ということになる。この際、それならば、入学募集が行なわれ、これに応募した者に対し入学資格の認定がされ、入学手続完了に至るという状態あるいは義務教育学校では入学通知書にもとづいて入学手続がなされるという状態を契約理論上どのように構成すべきであろうか。前者の場合には、募集行為は「申込の誘引」であり、入学資格の認定（合格通知）は、在学契約の「申込」資格の付与であり、入学手続が「申込」で、入学手続完了によって承諾され在学契約は成立すると解される。そして、後者の場合には、入学通知書が「申込」資格の付与ということになり、その後は同様に解してよいであろう。ところで、私法上の契約締結法理では一般的に予定されていない「申込」資格の取得という概念を用いたことは、身分取得的要素をもつ教育関係の契約の特徴としてである。そして、この「申込」資格の取得決定は、学校側において決められるわけであるが、それが、学校側において決められている基準（規律）に従って行なわれる限り、信義則に反したものでなければ法的には何ら問題はないと解される。このため、学則等に編入学決定に教授会の議決と院長の承認が必要であると定められている場合に、教授会の議決があったというだけで、編入学の許可すなわち在学契約の締結を要求しうる法律上の権能はないとした判例[7]や、付属高校からの推薦入学制度において、推薦の基準や方法を学校が一方的に決めて、いったん内定した推薦をこれにかなう要件を備えるにいたらなかったとして取り消したことは有効であるとした判例[8]などは妥当といえる。[9] なお、公立義務学校への入学に際しての所管教育委員会による就学校指定・区域外就学承諾をどう解するかも問題になるが、「申込」資格決定の一方法として国の就学義務監督上の行政処分として行なわれるもので、学校との在学契約締結の関係が本質的に否定されるものではない。[10] ただ、そのような教育行政処分は、親の親権行使としての学校選択権と抵触することになり、この関係をどのように調和させるかという問題が生ずるが[11]、これは前述した本質的かかわりの問題ということになる。

つぎに、入学によって、学生・生徒は、学則を基本条項とする諸内規や校則（生徒心得・服装規定など）あるいは学校慣習などいわゆる「学校規範（学則等）」に拘束されることになる。この論拠を、契約理論でどのように構成できるかが問題となる。それは、特別権力関係論では、学校規範（学則等）による学生・生徒に対する処分や決定を、特別権力である学校権力にもとづくものとして構成してきたのに代る理論の検討ということになる。[12] このことに関し、これまでの論拠としては、附合契約理論に求める見解が最も多い[13]。たしかに、究極的には当事者の承諾という意思にその根源をもとめながら、学校規範（学則等）につき、学生・生徒がその存在や内容を具体的に知っていたかどうかにかかわりなく、法的拘束性を論拠づけるための契約理論としては、一応、注目しなければならない。ただ、この場合に、学校規範（学則等）は、在学契約の約款（根本条項）＝在学契約の一律的契約条項（約款）として、契約の内容となり、そのことによって契約の拘束力に服することになると解することについては疑問がある。この見解は、附合契約理論のなかの契約説によるものであるが[14]、この説は、附合契約の観念の中心をあくまで合意に置き、常に、その効力を意思の分析の基礎の上に立論しようとする思考にもとづくもので[15]、学校規範（学則等）の拘束性を論拠づけるにあたって、このような思考が妥当かどうか疑問だからである。在学関係を、学生・生徒の自主的な自由な意思を基調として構成すべきであるとの理念には賛成である。しかし、学校規範（学則）等にもとづく処置や処分の一つ一つについて、個別に、学生・生徒の合意にもとづいたものであることを理由に拘束力を認めなければならないものであろうか。学校規範（学則等）の個別条項を契約内容として、個別的な権利・義務関係が生じ、これに従うということの結果としての拘束力とみることができるであろうか。もし、そのようなものであるとすると、学校規範（学則等）に基づきながら、広範に認められている教育的裁量権限にもとづく措置の拘束性の説明が困難になるであろうし、学校規範（学則等）の拘束性という場合、学校の排他的規律を受ける点で、契約によるというよりも実質的には法規的支配による拘束に類似しているという性格を正しく考慮に入れることができないなどの問題が残るのではなかろうか。そして、教育関係の場においては、これらの点こそ正しく考慮に入れて構成していくことが必要ではなかろうか。そこで、このようなことを考慮に入れるとするならば、学生・生徒が、その学校の学校規範（学則等）に拘束されるのは、その学校という特殊部分社会に自発的にその意思にもとづいて加入すること、すなわち在学契約を締結したことによるわけで、そこには学校規範（学則等）に拘束されることについてはその意思に基づくが、学校規範（学則等）の個別条項自体が契約の内容となったためではないとの考えを前提とすべきであろう。そして、そこでの学校規範（学則等）は、その学校という特殊部分社会において自主的に制定された自治法規であって、自発的意思にもとづいて加入してきた学生・生徒をその社会の一員として拘束しうる性質のもので、その意味では、法規的性格をもつものと解してはどうかと考えられる。このことによって、学校規範（学則等）による措置にあたっての学校の教育的裁量権限を契約理論のなかで位置づけることができよう。なお、誤解をまねかないために付言するならば、このような学校の措置権限は、特別権力としての学校の権力ではなく、その学校という特殊部分社会を構成する構成員すなわち学生・生徒・親・学校・教師その他の教育権者の自主的意思を基礎として認められたものであるということである。そして、学校規範（学則等）は学校の自治規範である以上は、その学校という部分社会を構成する構成員が主体的に参画してこれを制定することになるのはいうまでもない。ただ、その際に、学生・生徒がそれにどのようにかかわりを持つべきであるか、あるいは親がどのようにかかわりを持つことになるのかの問題は重要であり、これは、教育権論そのものの問題ということになろう。

さらに、学費関係についてはどうであろうか。在学契約は、有償性であることを本質的要素とするものではない。それが、有償である場合でも、無償である場合でも、同性質の契約であると解すべきである。そのことは、民法上の典型契約の一つである委任契約や寄託契約あるいは消費貸借契約などでも認められているところである。ただ、公立義務教育学校以外の学校における在学契約に際し、学費納入が特約された場合に、これをどのようなものとして理解するかが問題になる。それは、在学契約における対価であることはいうまでもない。では、何に対しての対価であるのか。この点は、余り明らかにされてはいないが、一般に、漠然と学校教育に対しての対価であるとみているようである。そうだとすると、単なる教育施設の利用のための対価や教育実施役務提供に対する報酬たる性格をもつことになろうが、はたして、そのように解してよいかどうか疑問である。それでは、各種学校や学習塾、講習会などの教育サービス提供という無形の商品に対する対価とは性格上、何ら異ならないことになる。そして、このようなものだとすると、学費の問題は、財産法上の論理によって処理されることになりかねない。この場合には、入学納入金を納入したが入学しなかったという場合に、教育施設の利用や教育実施役務提供を受けなかったということの故に、不当利得としての返還請求（民法七〇三条)という論理が登場してくることにもなりかねない。[16]しかし、このような理解では、学校教育における学費を法律的に正しく位置づけたとはいえないように思われる。たしかに、在学契約によって、学校は教育施設の利用を承認し教育実施役務を提供する包括的な義務を負うことはいうまでもないが、だからといって学費はこれに対する対価と解すべきではなく、学校という部分社会に加入し、学生・生徒としての身分地位を取得するための出損として理解すべきではないかと考えられる。それゆえに、入学納入金を納入したが入学しなかったという場合も、入学手続が完了し、学校という部分社会への加入と学生身分地位の取得が生じているのであるから出損による目的は達成されたものと解しうるのである。学校としても、そのことによって教育を実施する必要な人的・物的施設等の諸準備を整えることになるという点からみても、返還を認めないことに合理性があるといえるのである。[17]また、学費は、教育実施役務提供と直接的に対価関係に立つものではないということのゆえに、何らかの理由で、何時間かの授業が行なわれなかったとしても、学費の一部返還請求権が発生するわけではない。[18]

ところで、この学費納入は、学生・生徒の在学契約上の義務の一つであることはいうまでもない。このため、学費滞納は、履行遅滞による債務不履行となる。この場合、民法理論によれば、相当の期間を定めて履行を催告し、その期間中に納入がなければ在学契約を解除できるし(民法五四一条)、解除権発生原因について特約があればその特約された事項の発生によって解除できる。この在学契約の解除が滞納除籍処分であり、学生・生徒はその学校の学生身分地位を失うことになる。ただ、このような在学契約の解除に際しては、教育的配慮が必要であり、これを欠く場合は信義則違反ないし権利濫用として、滞納除籍処分は認められないことになる。[19]それは、賃料不払を理由とする不動産賃貸借契約の解除に際し、信頼関係という論理によって制約しているのと論理的には同様である。ただ、ここでは教育的配慮とは何かが問題になり、私法上の論理とくに財産法上の契約法理だけでは処理できないという特色がみられる。そして、除籍処分後も、一定期間内における学費納入によって復学が認められる場合がある[20]というのは、一旦、解除された在学契約についての再契約という性格をもち、そのことにより解除によって喪失した学生身分地位を再度取得することになることを意味する。このような制度は、保険契約のような継続的契約や、会員入会契約のような資格取得契約においてみられないことではないが、その場合は本質的なものではなくただ便宜的、好意的なものである場合が多いのに対し、在学契約では本質的なものとして位置づける必要があり、この点にも特質があるといえよう。このようなことから、一旦、在学契約により学生身分地位を取得した学生・生徒については、その身分地位を喪失したのちも、その条件を満たす場合には復学を請求する権利が留保された地位にあるものと解すべきである。

在学関係上の法律関係としては、このほかにも単位・卒業認定問題、教科内容の変更・廃止や学生・生徒処分問題その他種々の学校措置があり、これら一つ一つについて契約理論によってどのように構成すべきであるかにつき検討されなければならない。そして、これらの検討が行なわれてはじめて、在学契約論にもとづいたところの在学諸関係についての法的構成が体系的になされ、実務的処理を指導しうるに至るわけである。このことのゆえに、私法上の契約理論が、いかに深くその基調としての教育法にかかわっているかを知りえたのではなかろうか。

(1) 詳細は、伊藤進「在学関係と契約理論」季刊教育法三〇号（本書**3**所収）一四九頁以下参照。
(2) 伊藤・前掲論文（季刊教育法三〇号）一五三―六頁。
(3) 和歌山地判昭四八・三・三判例時報七二六号八八頁。
(4) 兼子仁『教育法（新版）』四〇六・四〇八頁、和田英夫「私立大学学生の退学処分問題」判例時報四八〇号八七―八頁。
(5) 伊藤・前掲論文（季刊教育法三〇号）一五七頁。
(6) 伊藤・前掲論文（季刊教育法三〇号）一五七―八頁。
(7) 東京地判昭四六・五・一〇判例時報六三一号二九頁。
(8) 東京地判昭四六・五・一〇判例時報六九五号四六頁。
(9) 伊藤進「判批」『教育判例百選（第二版）』（本書**21**所収）一六四頁、同「在学契約」稲本＝中井ほか『民法講義』三四五頁。
(10) 同旨、兼子・前掲書『教育法（新版）』四〇七頁。
(11) 竹内俊子・法律時報一九七九年七月号、一二〇頁。

(12) 詳細は、伊藤進「学校規範（学則等）と契約理論」季刊教育法三四号（本書4所収）二一二頁以下参照。
(13) 利谷=池田「教育法と民法」有倉遼吉編『教育法学』六二頁、和田、前掲論文「教育法と民法」八八頁、兼子仁『教育法（旧版）』二二八頁、浜秀和「授業料滞納による除斥者の復学請求権」『教育判例百選（第二版）』一六二頁、金子征史「政治活動と学則」法学セミナー別冊付録『学生生活の法律相談』一九七八年五月号五頁、東京地決昭四六・五・一〇判例時報六三一号二九頁。
(14) 附合契約理論による多くの学者は、このような見解にもとづくものではないかと推測される。とくに、兼子・前掲書『教育法（新版）』四〇八頁。
(15) 山本桂一「フランスにおける附合契約理論の素描」法律時報一九五九年三月号一三頁。
(16) 尾山宏「入学金返還請求をめぐる法律問題」現代の学校二号六五頁以下。
(17) 伊藤進『民法講義5』三四六頁、同旨、浜「私立学校入学金の返還請求」『教育判例百選（第二版）』一六一頁、東京地判昭四六・四・二一判例時報六四二号四二頁。
(18) もっとも、この点は、このことを理由とするほかに、教育実施役務提供義務は包括的義務であるということが、根本的理由づけとなろう。
(19) このような判例の例として、東京地判昭四七・一二・一四判例時報六九五号七六頁があり、正当である。
(20) 大阪地判昭四〇・一〇・二二下民集一六巻一〇号一五七九頁参照。この判例は、結論においては正当である。

五　教育権侵害と私法的救済

教育と親権が本質的にかかわりをもち、在学関係の法理論上の構成のために私法上の契約理論がかかわりを持っているのだとすると、教育関係における学生・生徒の権利の侵害や、教育権そのものに対する侵害のための救済の法理として、私法の理論もおおいにかかわりを持ち利用できるのではないだろうか。ここでは、その二、三の問題についてみておくことにする。

その一つは、学校事故に際しての被害児童・生徒の賠償請求と債務不履行責任理論のかかわりである。学校事故は、学校による教育の運営、学校の施設、設備や教師の適正配置、勤務条件などの教育条件整備義務を怠ったことによる子どもの教育を受ける権利の侵害現象の一つと捉えよう。このため学校事故の賠償補償は教育権侵害に対する救済という性格を持つことを明確に認識しておかなければならない。そこで、その救済のための法理としては、一般的には不法行為に基づく損害賠償が与えられるが、このほかに最も妥当な法理として債務不履行による損害賠償の法理の適用に注目しなければならない。そして、在学関係が、契約の理論によって構成されるとき、それが可能になるのである。

それは、在学関係を契約関係として捉えるとき、学校は、児童・生徒に対し、学校教育の場において「その生命・健康に危害が生じないように万全の注意を払い、物的、人的環境を整備し、諸々の危険から保護すべき契約上の義務」、すなわち安全保持義務があり、これを懈怠した場合には、債務不履行として構成しうるからである。ただ、この場合、このような安全保持義務なるものが、学校にいかなる論拠により課されているのかについては慎重に考えておく必要がある。

判例には、まず「在学契約の付随義務」であるとし、そして、このような義務は「ある法律関係に基づいて特別な社会的接触の関係に入った当事者間において当該法律関係の付随義務として当事者の一人又は双方が相手方に対して信義則上負う義務として一般的に認められるべきもの」とする見解がみられる。(1) この見解は、もともと労働災害に際し、被害労働者が使用者に対し、債務不履行にもとづく賠償責任を認めるにあたっての前提として承認されていたもので、(2) 学校事故の場合には、このような一般理論に依拠するだけで満足すべきかどうか問題である。また、別の判例では、「教育条理及び信義則上」「在学契約に付随する当然の義務」としている。(3) この判決は、公立学校での学校事故に際しての賠償責任法理として、債務不履行責任によることが可能であることを肯認した最初のケースとして高く評価されるものであるとともに、学校の教育上の安全保持義務を一般理論によるだけでなく「教育条理」より導き出したことについても評価に値するものである。ただ、教育上の安全保持義務が「付随する」義務にとどめおかれたことについては若干問題が残る。それは、在学契約から生ずる権利義務がどのようなものであるかについて十分な検討がなされていない今日、ただ一般的に、それによる学校の義務を学校施設の利用承認と教育実施が本体的義務であると解し、教育上の安全保持義務はこれに付随するものとの感覚が支配していることに原因があるように思われる。しかし、学校の教育実施役務提供義務は包括的なものであり、その中には、当然に生徒の「安全に教育を受ける権利」に対応する学校の義務すなわち教育上の安全保持義務が内包されており、それは在学契約上の本質的な義務として理解すべきではないだろうか。それゆえに、教育上の安全保持義務懈怠があれば、当然に債務不履行責任が生ずることになる。

そこで、その場合の教育上の安全保持義務懈怠の主体は、当然のことながら学校であり、このため学校が賠償義務主体ということになる。たしかに、このような安全保持義務懈怠の存否の認定は指導担当教職員の行動なり態度によって判断されることになるが、しかし、それらの者は学校の履行補助者にすぎないのであって債務不履行責任上の責任主体ではないことになる。この点、不法行為責任では、まず、法的に、指導担当教職員の責任が問題になり、学校がその責任をかた代りするという関係にあるのとは、その思想において大いに異なる。そして、学校事故の防止は教職員の個人的な努力だけで行ないうるものではなく、本質的には、教育上の安全にかかわる外的教育条件整備の一環として捉えられなければならないことからみても、学校を法的責任主体としうる法理の優れていることは改めていうまでもなかろう[4]。

また、債務不履行責任法理を利用する場合は、不法行為責任の場合と比較して、安全保持義務懈怠という有責原因の立証責任が転換されている点でも妥当である。これは、契約上の責任であるということにも由来するわけであるが、その結果は、学校事故が発生した場合は、本来的には、学校の安全保持義務懈怠にもとづくものであるとの思想に帰結し、きわめて正当だからである。

その二は、違法な権利侵害に対する一般的救済法理としての不法行為理論の活用による教育権侵害に対する救済である。不法行為理論は、もともとは損害賠償請求のための法理であることは言うまでもないし、今日でも、通説は、発生した損害の公平な負担配分のための制度であるとみている。しかし、この不法行為理論は、単なる損害負担の公平配分のためとしてだけではなく、そのことを通じて、現実には、法的に保護されるべき利益ないし権利の存在を承認していくという権利形成の機能のあることをも承認されている。日照権や環境権の形成が、不法行為訴訟を通じて達成されあるいは達成されつつあることはそれを物語っているといえよう。そして、その過程では、何々権（あるいは法的利益）というものを単に理論的に承認するだけでなく、その侵害者に対して法的責任を課するという点において実践的権利形成の役割をもつものであり、この点が正当に認識されなければならない。

そして、それゆえにこそ、国民の教育権の確立のためには、この不法行為制度を積極的に活用していくということが重要となる。とくに国民の教育権が「私事性」を基調としていることが確認された今日においては、私権の形成の機能をもち、私権の侵害に対する救済法理としての不法行為理論は、国民の教育権の形成と侵害に対する救済の法理として深くかかわりを持つことは言うまでもないからである。もっとも、このような考え方が、これまで全く考慮されてこなかったというわけではない。周知のように、家永教授の高校生用教科書「新日本史」が、一九六〇（昭和三五）年と一九六三（昭和三八）年に不合格処分を受け、翌年、三〇〇カ所にのぼる修正意見つきで、かろうじて「条件つき合格」となったという教科書検定に対し、家永教授が、この検定を違憲・違法として、検定過程で受けた精神的打撃に対し、国に対し、損害賠償を請求した事例がまず挙げられる。この訴訟の目的は、国民の教育の自由を国に対して認めさせようとするところにあったことは言うまでもないが、その手段として不法行為理論が用いられているという点がここでは重要である。また、担当教師が教育の一貫として行なった「落書コーナー」の校長による無断はぎとり、および校長の誤解に基づく報告や言動のために政治的偏向教育として社会的に問題化されたことに対し、名誉毀損に基づく慰藉料請求が行なわれた事例のように、教師の教育権の独立を、不法行為の理論を用いて主張し形成していこうとするものなどがみられるからである。(5) しかし、これまではまだ単発的であり、国民の教育権の確立という意識のもとに計画的組織的に展開されているとは思われない。そこで子どもの学習権や国民の教育権を憲法論争の上で確立するということは、第一次的には重要であり、そのための努力が重ねられなければならないことは言うまでもないが、それとともに、これらの権利の侵害者に対し、法的責任を問うという方法において実質的に形成し確立していくということもまた怠ってはならないのではないだろうか。権利は、このような過程を通じて形成されてこそ、社会に根づいたものとして強みを発揮しうるのではないだろうか。そして、このことのためには、教育法と不法行為法が協働していかなければならないであろう。そのためには、教育法において主張される教育権が、その侵害者に対し不法行為上の法的責任を追及しうるものであるのかどうかについて、教育法にたずさわる者と不法行為を研究する者が共に検証し合うことが必要である。

(1) 山形地判昭五二・三・三〇判例時報八七三号。
(2) 最判昭五〇・二・二五民集二九巻三号一四頁。
(3) 長野地判昭五四・一〇・二九。
(4) 伊藤進「学校事故裁判の視点」法と民主主義一二二号(一九七八年)二五頁。
(5) 伊藤進「判批」判例時報七二七号一三三頁。同旨、青木宏治「中学校教師の生活指導権とその限界」『教育判例百選(第二版)』一〇〇頁以下。

六　むすびに代えて

今日、教育ないし教育制度に対し、私法がいかにかかわりを持っているかは、以上の検討によって、ある程度の素描が行なわれたのではないかと思われる。教育権そのものに対して本質的にかかわり、学校教育関係の法理論構成においても法技術的形式的にかかわり、教育権の確立やその侵害に対する救済の法理としても深いかかわりを持っていることのためである。そして、その根本的な原因は、「教育の私事性」が確証されるに至ったことであろう。この「教育の私事性」のゆえに、これまで公権力作用として支配・服従・命令の論理によって捉えられてきた教育ないし教育制度が、子どもや親など国民の自由な意思を基調として捉えなおさなければならないことになったからである。それに、大げさに表現するとすれば、教育ないし教育制度についての公法理論からの解放であり、他面では私法理論による再理論構成の時代を迎えたということではないだろうか。この意味において、教育ないし教育制度について、ここに私法理論を基幹として、まず全体を構成しなおすということが必要ではないかと思われる。もっとも、それだからといって、教育ないし教育制度のすべてが私法の論理によって処理できるというのではない。「教育の私事性」そのものが、それを基調としながらも修正をうけているように、また、その修正がどの程度あるいはどのような内容のものになるかによって、その理論は、修正され変質するわけである。そして、ここに真の教育法が成立することになるのであろうが、そのためにも、まず、私法理論を基幹としたところの検討が出発点になり、あるいは踏台になるのではなかろうか。そして、この出発点なり踏台が堅固なものであってこそ、教育法は砂上の楼閣におわることなく、確立・発展していくものと思われる。

この意味において、教育法を研究する者も私法理論のかかわりにもっと関心を持たれることを、また、われわれ私法学者も教育ないし教育制度にもっと関心を持ち、その研究対象に入れるべきではないかということを、これまで言われてきたことではあるが、教育法学会創立十周年にあたり、結びに代えて再び提言しておきたい。

2　教育私法序論

一　はじめに

教育関係の法論理に関連したものとしては、民法の領域では立ち入った論議はほとんどみられない。[1] ただ、最近、教育学ないし教育法学からの影響を受けて、[2]「教育」を近代家族法における親子関係の問題として捉えようとする方向性が芽生えてきたし、[3] 学校事故の補償救済の理論的検討の過程において不法行為理論との関連で教育理念ないし教育権に注目するものも現われてきている。[4] また、教育裁判でも、子どもや親の教育権を根拠とする事件や、学校運営や学校・教育的措置に関する民事訴訟事件などが多くみられるようになったことから、民法理論への関心が高まってきたことや、教育関係のうち私立学校の在学関係や学校法人組織などのようにもともとが民法の妥当する領域であった分野への関心がみられるようになったことから、民法との接触面が増加しつつある。このような現象的傾向のほかに、より根本的なことは、国民の教育権の基調として近代教育の原則とされる「教育の私事性」が重要視されてきたことにより、[5] 民法とのかかわりが求められてきたことである。一九世紀の欧米諸国にみられるように教育関係を原則として自由な私的領域の問題であるとの考えに立つならば、[6] それはもっぱら民法による法的規律の問題であったはずだからである。このため、教育法と民法との交錯というアプローチは、教育権問題と深いかかわりを持ち、国民の教育権理論を出発点とするところの一つの行動でもあるわけである。もっとも、このような教育関係と民法との接近の反面において、人権的子どもの学習権保障をふまえての教育法の社会法化の提唱により新しい意味で民法理論に対する独自性も強調され[7]、教育関係と民法とは無媒介的に接合するものでないことが明らかにされてきている。このことから、教育関係を民法の領域のなかで捉えることが、どれだけ有用性を持つことになるのかという問題を提起し、教育法への接近をにぶらせる要因もないではない。しかし、「教育の私事性」強調による民法の接近ということと、教育法の社会法化による民法からの脱却ということとのかかわり、すなわち、今日の教育関係が、民法をかなめとして二側面において展開しているという状況が部分的（?）にでも存在するという、より興味ある課題を提供するものである。

ここでの、教育法と民法との交錯というアプローチは、このような問題状況においてでてきたものである。このため、教育制度を民法の領域において法理論構成するとともに、その作用しうる領域を見出しあるいは限界を明らかにし、教育制度との関係での民法理論自体の変革を自覚していくことなどが意図されることになる。そしてそのことによって、「教育制度に特有な法理論の体系」である教育法[8]のうち、いままで未成熟であった部分になにがしかの寄与ができればと考えている。

ただ、このような検討にあたっては、民法の領域からのモノグラフィはほんのわずかしかなく先学から学ぶことがほとんどできなかったことと、学校事故を契機として民法領域から教育法学に関心を示したにすぎない民法プロパーの者による作業であることから、教育法学者の見解を大幅に借用したことと、誤解と独断に陥ったものになることも予想されることを、予めお断りし、かつそれらの点での教示を得たい。

（1）　利谷信義=池田恒男「教育法と民法」有倉編『教育法学』五八頁以下が唯一のものではないかと思われる。
（2）　堀尾輝久『現代教育の思想と構造』、同「現代における教育と法」『現代法8』一四九頁以下や兼子仁『教育法』などによる影響がそれである。
（3）　例えば、中川良延「親権と子どもの教育を受ける権利」北大法学論集一四巻三・四合併号四二八頁以下、有地亨「親権と教育権」季刊教育法一三号一四頁以下などにみられる。

（4）　拙稿「学校事故をめぐる救済法制」有倉編『教育法学』二二四頁以下（本書**9**所収）、同「学校事故における賠償責任」ジュリスト総合特集・教育三〇三頁以下、上井長久「学校事故に関する裁判の動向と問題点」ジュリスト五九八号三五頁以下など。
（5）　堀尾・前掲書一九九頁以下、兼子仁『教育法〔新版〕』二〇五頁、二七五頁、有倉遼吉「国民の教育権と国家の教育権」兼子編『法と教育』九七頁など。
（6）　兼子・前掲書八頁。
（7）　兼子・前掲書七頁以下。なお、持田栄一「教育権の理論」季刊教育法六号一五二頁、同「国民の教育権とは何か」兼子編『法と教育』一二七頁も、教育権の社会権化を強調しておられる。
（8）　兼子・前掲書七頁。

二　教育観と民法

1　序

教育法の基本的シェーマは、教育における子ども・親・教師・社会・国家・学校という諸主体の法律関係を解明することであるといわれている。(1) そして、これらの諸主体の教育に関する主・客関係の捉え方によっては、教育に関する規律の法論理が異なるものとなることはいうまでもない。このため、民法理論が、教育関係とどのように接合しあるいは接合しないかは、この基本的シェーマの解明と深く関係するところである。そしてまた、この基本的シェーマの解明は、教育権そのものの問題であることからすれば、教育法と民法との交錯問題の出発的課題として、ここに教育権論との関係をみなければならない。そしてまた他面では、子どもの教育に対する民法学上での理論がどのようなものであったかを解明することも重要である。これらのことは、わが国では、これまで教育関係と民法とが接合できなかった元凶を明らかにすることにもつながることである。

2　私的生活関係規律の基本法としての民法

市民の生活関係は大きく分けると公的生活関係と私的生活関係に分けられる。私的生活関係は、国家とは直接に関係のない人類としての生活関係である。それには、市民としての生活を送るための市民と市民との法律関係や親と子どもの身分関係なども含まれる。そして、このような私的生活関係を規律する法律の体系は、もともと一元的に私法と呼ばれ、市民の意思に基づく自由で平等な規律関係を基本的な原理としている。また、私的生活関係を規律する基本的概念として私権が認められ、市民個人の利益や意思の実現が国家によって保障される状態にある。そして、民法は、かかる私法体系の基本的法律であり、このような私法の論理をもって市民の一般的私的生活関係を規律するものである。

このため、教育関係が、民法と接合しうるかどうかということは、このような市民による自己決定の原理になじみ、教育権の私権性が認めうる関係にあるものとして捉えうるかどうかという問題でもある。

3　教育観と規律の法理

1　天皇制教育観との関係

明治憲法下では、教育は天皇大権に属し、納税・兵役の義務とともに、臣民の三大義務の一つと観念されていたことは周知のとおりである。そこでは、「保護者に就学義務を負はしむる事は、第一に国家の利益を目的とし」、「児童を助けて一定の教育を受けしむると謂う見地からではなく、国家は自家の自衛発展の為に」教育するものであるとみなされるのである。(2)このような天皇制教育観では、子どもは「天皇の赤子」であり、天皇だけに子どもを教育する権利が帰属し、その権利の行使は国家ひいては天皇自身のために専権的に行なうことができるものだということになる。教育権は天皇の自らの固有の権利として天皇に帰属しかつ行使遂行権者でもあり、それは超法規的な公権力ないしその作用であるとされる。そこでは、子どもはもちろん親についても市民的かつ個人的レベルでの教育とのかかわりはいっさい存在しない。もっとも、教育は国家に対する親の義務とされていたことから、義務的かかわり合いがあったかにみられるが、それは自由意思を前提とした義務ではなく市民的個人的義務ではない。それは義務というよりも臣民としての天皇大権にもとづく命令服従の関係でしかなかったとみるべきである。

このため、教育関係は、子どもや親なりの市民としての私的生活関係であるとする観点はどこにもみられず、民法とはほど遠い存在であったわけである。そして、教育に関する権利は、天皇が総攬する行政権の下に集中され、国家の管轄事項として行政命令により行使され学校は国家の行政機関に位置づけられ教師は待遇官吏として児童・生徒に対処するという公権力的関係として、公法体系に組み込まれていたことは多く指摘されている通りである。(3)

2　国家の教育権論との関係

日本国憲法のもとにおいても、教育する権利は国家に属するものとする考えが、明治憲法下とは様相を変えて国ないし教育行政当局者側から強力に主張され、一部の判例によっても支持されている。すなわち、戦後の日本において、まず自覚的に教育権論を提起した田中耕太郎博士は、教育権は自然法の観点から本源的に両親にあるとされ、その実定法上の根拠を民法八二〇条に置きながら「しかし教育をなす権利は両親のみが有するものではない。義務教育に関する憲法二六条二項の反面からして国家に教育する権利が認められることになる」と論じ国家の教育権を基礎づけた。(4)そして、このような基礎の上に立って福祉的教育観を導入しさらに理論武装することによって国家の教育権を強固なものとしてきている。「近代国家の成立発展に伴い、教育は次代の社会の形成者の育成という社会的機能をもつ」、「教育は単なる個人的利益にかかわる私事としての個々の親の自由に委ねておけばよい、というものではない」。また一方、子どもの人権の尊重という面からみても、親が十分に教育を施しうるとは限らず国家によって行なうことが必要となる。このように教育を行なうことは「個人の利益であると同時に国家、社会の共同の利益に適合し、それは親の教育権の付託に基づいて国家によって実施される」ことになるとするのである。(5)そして「国の教育自体が親の教育意思に反するときは、最終的には選挙を通じて多数の国民の望む教育を実現することになる」(6)のだとするものである。かかる国民の教育権論は、天皇教育観に代り別の意味で国家の教育に対する権力統制を結果することになる。そして、この国民の教育権論に対する民法理論のかかわりはつぎのようなことになろう。

まず、天皇制教育観と異なって、親を教育権の根源的帰属主体とみたこと、教育を子どもの人権に結び付けたことなどにみられるように、親や子どもの生活関係の問題として捉え変えたことは民法の領域への接近であったことを確認しなければならない。しかし、それと同時に、他方では、教育権は、国家や社会にも帰属するものとされ、純粋な市民的個人的権利でないことが強調されており、市民法の論理に従う私権としての性格を持った権利とはほど遠い権利であることをその出発点とするものである。ただ、この場合でも、根源的には親に教育権が帰属するものであるとの考えに基づく以上は、そこに市民法の論理の介在する余地がないわけではないことから、その余地を完全に排除する論理として、親に根源的に帰属する教育権は国家に付託され国家はこの付託に基づいて親に代って子どもに教育を実施する関係にあるとして、教育権行使権限を国家が独占的に専有するものとしている。このため国家の教育権論のもとでは、教育は、親や子どもの生活関係に属するものとの論理を用いながらも、それは、親や子どもの自治意思にもとづくものではなく、国家権力作用の一つであるということになる。このため教育関係は、支配・服従・命令的関係において捉えられ、学校は行政機関の一員であるということになって、民法の論理は接合しうる余地がないことになる。このことは、親に根源的に帰属するとされている教育権の行使も「選挙」という市民の公的生活関係においてしか行ないえないとする論理によって端的に示されているといえる。すなわち国家の教育権論のもとでは、教育関係は、行政法の分野において規律される事項であり、すぐれて公法の領域の問題であるにとどまる。

3　「教育の私事性」論との関係

教育を私的個人の私事として捉える教育観は、近代教育の原則をなすものであり、国家の教育権に抗するための国民の教育権論の基調となっている。

この教育の私事性は、カトリック自然法思想に基づく「親の教育権」を出発点にしている。すなわち、親が子どもを教育するのは血縁的関係にある親の自然法上の権利であるとみる。ここでは教育権は、「親の私事性」の領域にあり、親の私的権利、教育関係は親の自由な私的意思によって秩序づけられることになる。そこでの教育関係は純粋の民法上の私権の論理によって規律されることになる。教育関係は民法の一分野に位置することとなる。その後、このような考えは、子どもの人権尊重の思想の台頭と公教育制度との整合性のために修正をうけることになる。

それは堀尾理論を借りればつぎのようなことになる。[7] 権利としての教育は、近代の人権思想に同時的に内在する子どもの学習権と親の教育権という二つの契機を含んでいる。そして、教育においてより重要なことは子どもの学習権であり、そのことによって親の教育権の意味は規定され、「その子を監督教育する義務を第一次的に（排他的に）履行する権利」すなわち、義務履行の優先権だということになる。また公教育は、この親義務の委託ないし共同化（私事の組織化）として構想され、親義務の補完ないし代替的機能を任務とすることと、常に親たちによって監視され守られていかねばならない。教師は、この親義務の名宛人でありうる。さらに国家は「組織された私事」の要求、実施のマネジメント機関にすぎないということになる。ここでも、教育を「親の私事性」の領域にとどめていることは明白である。ただ、その私事の内容が「義務的性格をもった権利」に基づく事柄であるとの修正を受けており、純粋私権の論理によってだけでは規律できない要素が加わったわけである。しかし、教育関係を私的個人の私的自由の秩序として規律しようとする思想には基本的な変革はみられないことから、教育関係の規律の法論理としては民法理論がその基調となりうることは明らかだといえよう。ただ、ここでは、親の教育権の純粋私権性に代り「義務的権利性」が強調されていることから、民法理論が無修正に対応し接合できるものでないこと、民法理論自体の修正が求められる要素を持つものであることの認識を欠いてはならない。ここでの「義務的権利」概念は、民法理論にもともと存在する「私権の社会性」の理論（民法一条）の範疇では捉えきれない権利概念ではないかと想像できるからである。

さらにまた、「教育の私事性」を基調としながらも、子どもの生存権的学習権理論によって、私権体系内に位置づけられた「義務的権利」論を克服し、「社会権」化の論理がみられることになる。すなわち、兼子理論によれば、[8]「教育の私事性」は「親個人の私生活的自由というよりは、子ども一人びとりにとっての学習による人間的成長と幸福追求の個人性にほかならない」。このため、「子の教育にかんする親の権能は」「子どもの学習権を保障する人間教育という教育特有な条理によって根拠づけられている」。それは「家族を単位とする人間社会にあっては、子ども一人びとりの人間的成長の幸福についてその子のために必要な学習上の意思決定をするのがふさわしいのは、やはり肉親という身近な人生共同体における先輩としての両親だと考えられるからである」。そこで、親の子どもに対する教育の義務は子どもの学習権を代位することによって行なわれ、この親の義務の根拠は「現行法制にあっては子どもの学習権保障という教育法原理なのであって、これは私法・公法の区別を超えたものである」。そして「教育が子どもの人間的な成長発達をうながす人間活動であることも法的に確認されるようになり、そのような人間教育を開花させていくのに必要な「条件整備」としての「教育制度」づくりが意識され、それに伴い「教育制度に特有な法論理体系がしだいに形成されうるところ」となり、それが「公法・行政法的性格と民法一般の域とを脱却しつつ、社会法として」成立することになるとされている。この見解では、教育についての私的個人の私的自由を保障するものとしながらも、その教育への私的自治に対し一定限度の改良を加え社会化することを求めることになる。そして「私権」としての教育権は「社会権」として再構成され教育関係が規律されることになる。このため、教育関係は市民社会の教育秩序維持の問題であるとみている点では民法の論理と接合し、基調としうる側面を有するわけである。この点では、子どもの私的自由の観点からの民法理論による規律の可能性を内包している。ただ、他面においては、子ども個人がその能力に応じて教育を受け、自らをマン・パワーとして形成することの自由を保障していくために「社会化」が必要とされ、この面では民法理論から離れ、社会法としての教育法の論理によって規律することを求めることになる。そして、民法の理論にとっては、かかる側面との関係において、どのように対応しうるかは新たに投げかけられた重大な課題である。

4　小　結

教育関係の規律の法論理として民法の論理がどのように有用性を持つかの問題については、それが教育観ないし教育権論と深く結び付いていることはこれまでみてきた通りである。そこでは、天皇教育観や国家の教育権論に従う限りにおいては、教育関係の規律にあたっての民法の論理は全く無力であり接合の余地は全くない。そこでの教育関係の規律論理は国家の行政作用につきるわけである。これに対し、「教育の私事性」を基調とする国民の教育権論によれば、教育関係の規律は基本的には親なり子どもなりの私的生活関係に関する秩序づけの論理である民法の論理に求められ、ここに留まるか、修正するか、脱却するかの途が選択されることになる。[9] それは留まる場合や修正する場合はもちろん脱却する場合でも、教育関係の規律のために国家の行政作用という法論理を持ち出せない以上、子ども・親・学校・教師・社会・国家の諸関係を子どもなり親なりを機軸とした市民的生活関係秩序として形成しなければならないことになり、そのための基本法としての民法の論理との接合を要請されることになるからである。

4　「子どもの教育」についての民法学上の見解[10]

1　旧民法典と法典論争時期

子どもの教育と民法とのかかわりは、旧民法草案にまずみられる。そして、その草案理由では「親権ハ父母ノ利益ノ為メ之ヲ与フルモノニ非ズシテ子ノ教育ノ為メ之ヲ与フルモノナリ。子ノ教育ハ父母ノ義務ニシテ其権利ニ非ザレバ……」（傍点筆者）といい[11]教育は親権の内容として親に属し、これは子どもに対する義務であることを明らかにしている。この見解によれば、教育関係の規律は、市民の私的生活関係上の秩序として民法の論理を基点として展開されることが予想される。しかし、このような見解に対し、法典実施意見書では、天皇制教育観の立場からそれが根本的に矛盾することを指摘し反対する意見がみられる。[12] それは、民法対教育の対立矛盾を示すものである。[13] そしてこの旧民法典は施行されなくなるわけであるが、それは、民法の思想とその根底で結びつく権利としての教育の思想が、当時の圧倒的に強かった天皇制教育思想に萌芽のうちにおしつぶされたとして理解されているのはまことに妥当である。[14] このことによって、民法と教育関係はきわめて長い別離の途をたどることになるわけである。

2　明治民法の時期

旧法八七九条は「親権ヲ行フ父又ハ母ハ未成年ノ子ノ監護及ヒ教育ヲ為ス権利ヲ有シ義務ヲ負フ」と規定され、教育は親権の内容とみている。しかし、法典調査会においては、教育を親の義務としたことに関し、「親ガ子ヲ教育シナケレバナラヌト云フコトハ国家ニ対スル義務デアル。国家ノ成立ニ是レガ必要ニナッテクル」「ドウシテモ此義務ト云フモノハ国家ノ組織ガ段々進ムニ従ッテ国家ニ対スル義務ニ違ヒナイ」「ソレ故私ハドウモ是レハナイ方ガ宜シイト思フ」との意見が出されている。[15] この見解は、教育を受けるのは臣民の義務という当時の教育制度を念頭に置いたものであろうが、[16] 子どもの教育を民法の論理からはみ出し、国家の権力作用に密着させようとする考え方の現われとみることができる。ただ、これに対し「親ト云フモノハ必ズ教育スル義務ガアル、ソレハ国家ニ対シテデナク子ニ対シテデアラウト思フ」との反論がなされている。[17] そして旧法八七九条が制定されることになったわけであるが、この時点で、教育は、親と子どもとの私法上の権利義務関係として理解されたことによるのか国家に対する義務であるという了解によったものであるのか[18]その理解がわかれており定かでない。[19] だがしかし、その後の民法解釈論においては、この「義務」の名宛人は誰かの解釈に関し、子に対する純然たる私法上の義務で、[20] 国家に対する小学校令三二条の就学義務とは異なるものであるとの見解もあったが、[21] 進歩的家族法学者といわれる穂積重遠博士においても主張されているように「親が子を育てるのは、子に対する義務と云わんよりは、むしろ国家社会人類に対する義務と観念すべきである。……次代の国民の発育につき国家が重大の利害関係を有することが意識されると共に、親権は多少の制限干渉及び援助を国家から受けることになる」との見解が支配的になっていった。[22] このように、民法の分野では、親の教育する義務は純然たる私法上のものではなく、国家、社会に対する義務として公法的性格とを帯有させ、それを国家社会に対する就学義務という公法上の問題に無媒介的に連続させていったのである。[23] そしてついに、民法学者自身によって、子どもの教育の問題を公法体系のなかに追いやり、家族法の書物のなかでも教育についてはだんだん影薄い存在になったといわれているように、[24] 離反するようになったのである。[25]

3　現行民法の時期

現行民法八二〇条は「親権を行う者は、子を監護及び教育をする権利を有し義務を負う」と規定し、旧法八七九条と同様に子を教育することは親の権利であり義務であるとしている。そして、この条文の解釈にあたって、親が子を教育するのは「国家社会に対する重大な責務である」[26]とか、「社会国家に対する義務であると考えたい」[27]とかの見解が有力に主張されている。この見解は、旧法時代と同様であり、そこでは教育と民法理論の接合を見出しえないことは改めて説明するまでもない。しかしこのほかには、子および社会に対する義務であるとする折衷的見解[28]や子に対する純然たる私法上の義務であるとする見解[29]があり、そして後者が今日、多数説であるとみてよいのではないかと思われる。ところで、このような見解によるときは、教育関係については、親の教育権は私法上の権利体系のなかに位置づけられ、子どもと親の私的生活関係を機軸として民法の理論による規律が基礎にならざるを得ないわけであるが、このことに関しては余り顧みられてこなかった。それは、「義務」の名宛人探しの目的が、主として親権の権力性否定の論理構成のために置かれており、教育する権利は国にあるのか親にあるのかの問題が視野のなかに入れられずにきたことに原因があるものと思われる[30]。この点では、旧民法典や明治民法制定過程においての名宛人論議の意義がどこにあったかの本質が忘却され、すり替えられてきたことによるのではないかと思われる。

4　最近の動向

近時、子どもの教育の問題につき親権との関係において本格的に捉えようとする家族法学者の論稿がみられるようになったことは前述した通りである。そこでは[31]、基本的人権としての子どもの学習権を基点として、これを私法上の権利として構成し、子ども自身は自らその権利を行使実現できないために、親をその義務の第一次的な履行者として位置づけ、かつ親の子どもに対して負担する教育の義務はこの子どもの学習権を代位行使することによってはじめて果されるとする。そしてこの子どもの権利を実現すべき第一次的義務者とされている親の義務は、国家に対する関係では親の教育権として最高の権利となるとして、教育法体系と接合する。このことは、きわめて妥当である。旧民法典論争時代に、萌芽前におしつぶされ、離反していった教育の思想と民法の論理がここではじめて融合しあったわけである。民法の分野においてもこのような視点をますます広めていかなければならない。

5　小　結

民法学上での子どもの教育についての対応関係は、以上のような情況にあったわけであるが、ここでまとめるとすれば、ごく最近に至るまで、最も問題にされなければならなかったはずの親権の箇所でさえ、欧米諸国にみられるような論議が全くといってよいほど行なわれてこなかったということである。旧民法典論争時代において親権と教育が結び付けられ萌芽しかけながら芽ばえ育たなかったことや、現行民法解釈において教育を親の子どもに対する義務として捉える見解が多数であるにもかかわらずそれ以上に結び付き検討されずにきた原因はどこにあるのか。この原因を知ることは教育法と民法との接合関係を認識していくに際しての根源となるのではないかと思われる。それは、第一には、親権は親の自然法上の権利であり、親の教育する権利・義務はこの自然権として親権の内容をなすものであるとする法思想から出発することがなかったこと、第二に、「教育の私事性」について認識がほとんどなく、子どもの教育を市民社会秩序のなかに正しく位置づけられなかったこと、第三に、戦前においては天皇制教育観によって、戦後においては国家の教育権論によって保持されてきた公教育制度の影響とこのことによる教育の公法体系化への組み込みを無反省的に受け入れてきたこと、などが大きな要因ではないかと思われる。それは、最近の民法学において、教育の問題が論じられるようになってきたのは教育学や教育法学での「教育の私事性」の自覚的強調と相呼応して、これに影響をうけてのことであることからみても明らかである。そして、教育関係と民法の論理とを接合させようとするアプローチは、民法学にとっては、一面では失地の回復であり、他面では旧民法典に立ち返っての新しい出発でもあるという意味を持っているのである。ただ、この場合に、「教育制度に特有な法理論の体系」のなかに民法の法理がどのように接合ないし融和していくのか、二人三脚的に歩みうる余地があるのか、それとも再び互いに拒否反応を示し離別していく運命にあるのかは、これからの重要な課題である。このためには、教育法学と民法学とが共通の土俵に立ってその検討を深めていかなければならないであろう。

(1)　持田・前掲季刊教育法一三九頁、市川須美子「西ドイツ教育法学の形成(2)」法律時報四八巻七号八二頁参照。なお、同旨、堀尾・前掲書一五五頁、有地・前掲一四頁、中川・前掲四三一頁など。
(2)　下村哲夫「学校教育をめぐる親と教師」ジュリスト六〇三号一〇三頁参照。
(3)　宗像誠也「憲法と『国家の教育権』」兼子編『法と教育』七一頁、七二頁、永井憲一『国民の教育権』八頁以下、兼子仁『国民の教育権』三九頁以下、中川・前掲四四四頁、下村・前掲一〇三頁など。
(4)　田中耕太郎『教育基本法の理論』一五〇頁。なお和歌山地判昭和三八・一〇・二五下刑集五巻九・一〇号九一〇頁などに全く同旨の見解がみられる。
(5)　菱村幸彦「教育権—子どもと親の教育権」学校経営一八巻八号八二頁、八三頁、東京地判昭和四九・七・一六。
(6)　菱村・前掲八三頁。
(7)　堀尾・前掲書一九九頁—二〇二頁。
(8)　兼子・前掲書二〇四頁—二〇七頁、八頁—九頁。
(9)　なお、どのような選択が妥当であるのかの判断は、教育権論それ自体の判断につながるものであり、この点については後日に予定している「教育権と親権」との論稿において検討する予定である。ここでは、民法が教育関係の規律にどのようにかかわるかを解明することだけが目的であるので、その判断は行なわない。
(10)　この点の検討は、堀尾・前掲書一五四頁—一六七頁、二八九頁—二九六頁、同・前掲（現代法8）一六四頁—一七三頁、中川・前掲四二八頁以下の論稿に負うところが多い。
(11)　堀尾・前掲（現代法8）一六六頁参照。
(12)　星野通『民法典論争史』二三〇頁。
(13)(14)　堀尾・前掲書二九三頁、前掲（現代法8）一六七頁。
(15)　尾崎三良の発言・法典調査会議事速記録五八丁。
(16)　中川・前掲四三二頁。
(17)　梅謙次郎の発言、前掲速記録五四丁。
(18)　有地・前掲一八頁。なお、中川教授もこのようにみておられるようである（前掲四三五頁）。
(19)　磯野誠一「家庭生活をめぐる国民的権利」法律時報三五巻四号。堀尾教授は、国家に対する義務という見解が圧倒的主流をしめたとされる（前掲（現代法8）一六八頁）。
(20)　和田宇一『親族法論』五二六頁、外岡茂十郎『親族法概論』二六三頁。

(21) 外岡・前掲書二六三頁。
(22) 穂積重遠『親族法』五五二頁。
(23) 谷口知平『日本親族法』四二〇頁、角田幸吉『日本親子法論』四七七頁など。
(24) 同旨、堀尾・前掲書二九五頁、中川・前掲四三四頁、有地・前掲一八頁。
(25) 中川・前掲書四三四頁。
(26) 我妻栄『民法大意下』五三二頁。
(27) 青山道夫『家族法論』一四三頁、谷口知平「親権（後見）」家族問題と家族法IV二九九頁。
(28) 我妻栄『親族法』三一六頁。注(26)からみて改説されたのであろうか。
(29) 中川善之助編『注釈親族法下』〔山木戸〕四三頁、柚木馨『親族法』二〇六頁、川島武宜『民法㈢』六八頁、野田孝明『身分法学』一一七頁、中川・前掲四四三頁、有地・前掲一八頁、磯野・前掲三八頁。
(30) 同旨、有地・前掲一八頁。
(31) 中川・前掲四四二頁―四四六頁、有地・前掲二〇頁―二二頁参照。

三　教育私法とその課題

1　教育法と民法

教育法とは教育および教育制度に関するすべての法を指称すると定義づけられることがある。(1) これは教育法を最も広義に捉えての定義づけである。この場合には、民法・刑法・行政法・労働法などの一般的諸法のなかで教育および教育制度に妥当する部分も教育法だということになる。そうだとすると市民生活関係を一般的に規律する民法のなかで、その市民生活関係のうちの教育ないし教育制度に関係する部分も教育法ということになる。(2) そして、国民の教育権を私的個人の私的権利として捉え、市民社会の教育的秩序を維持しようとする観点に立つ限りにおいては、民法によって規律されることになる部分は、かかる意味での教育法にとって最も重要な位置を占めることになる。そして、その部分を総括的に便宜的にしめくくるとすれば「広義の教育私法」の分野を結果することになろう。

このような広義の教育法に対して、教育法学形成の観点から、教育法は「教育制度に特有な法論理の体系」であると定義づけられている。[3] この定義においても、教育法とは、教育および教育制度に関するすべての法のうち「民法・行政法・労働法等の一般的諸法をのぞき、教育および教育制度に固有な法理を有する法のみを」意味するとの見解がみられた。[4] この見解は、広義の教育法のなかから狭義の教育法を抽出しようとする発想によるものであろう。そこで、これによると、教育法と民法との関係を明らかにするという意味は、「広義の教育法の中から狭義の教育法を析出し、その規範論理構造を明らかにするとともに、広義の教育法に関する従来の解釈・適用を『教育に独特な法論理』をもって改めるという教育法学の展開の一部をなすものと考えられる」といわれている。[5] しかし、今日では、この教育法は、「現代における特殊社会関係ごとに特有な法論理の体系」とされる「特殊法」に属するものであり、社会法の一翼をなすものであるとされている。[6] すなわち「教育制度に特有な現行法論理は、現代における『特殊法』の一ったる教育法のそれとして、実質的・論理的に、公法・行政法と私法・民事法との一般的区別を超え出た所に成立し、すでに独自な体系を成しているると解され」、それは「在来の一般法にたいする特別法的内容を一部に含みつつ、全体としては、公法と私法の一般法的区別を超え出て独自の体系を成す」教育制度に関する法の体系であるとみる。このため、教育ないし教育制度に一般法として妥当してきた民法の部分すなわち教育私法分野は教育法論理による修正を受けながら特殊法とその教育法の中に包摂されることになる。しかし、その場合でも教育私法の分野においては民法の論理が基調となっているわけであるから、教育法論理により修正・変質しつつもやはり一分野として教育法内にその位置を占めることになると解することができよう。[7] このような状態で存在する教育私法を「広義の教育私法」とは区別された「狭義の教育私法」と、一応称することにする。そして、民法学の分野からすれば、このような状態で存在する教育私法の分野にこそ教育法との交錯として関心が持たれるわけである。

2　教育私法の課題

教育法の基本問題は、教育ないし教育制度にかかわる子ども・親・教師・学校・国家・社会などの諸主体の法的関係を体系的に整序することにあることは前述した。では、教育法内に位置する教育私法はこの諸主体間の法的関係のどの部分にかかわることになるのか。その概略だけをここにみることにする。

まず第一は、「教育の私事性」が自覚されることによって、子どもの教育を本来的に内在させている親権との関係が最も重要となる。そこでは、教育権と親権との融合さえ行なわれ、教育権および家族法とくに親子法の内容さえ規定することにたる要因を秘めている。

第二に、教育の実施機関である学校ないし直接の実施者である教師との関係の規律において契約の論理がかかわりを持つことになる。この点は、従前から私立学校との在学関係については、契約の論理により規律されてきたわけでだれしもが民法の論理の支配する場面として考えてきた。これに対し国公立学校の在学関係については、一般に、特別権力関係として規律されてきたことから民法との接合の余地はなかった。[8] しかし、国民の教育権論を基調として、対等者間の非権力的な関係とする考え方が通説を形成するようになるにつれ、[9] 特別権力関係に代る規律の法論理が求められることになるが、そこにおいて私立学校と同様の契約の論理によることが考えられ、民法の論理との関係が一層拡大され重要となる。そしてこのこととの関係において、教師と学校および子ども・親との関係を規律する法論理もクローズアップされてくることになる。

第三に、特別権力関係否定説によれば学校の校則や学校慣習によって行なわれている退学処分、懲戒処分、進級拒否、卒業拒否などの学校教育措置につき、特別権力作用とは異なる法理論によって規律される必要があり、そこでも市民法の論理がかかわりを持つことになる。学校教育措置の法的性格や一般市民法秩序の問題として民事裁判になじむものであるかどうかの問題との関係で、検討されなければならない。

第四に、子どもの学習権や親の教育権侵害に対する法的救済の法理との関係がみられる。とくに、これらの権利を公法的なものでなく市民の個人的権利として捉えようとするときには、私権侵害に対する救済の制度としての不法行為理論や債務不履行責任理論などが深くかかわりを持つことになる。この権利侵害は教育の内的事項の面においての侵害と外的事項の面においての侵害として生じ、それぞれの場合との関係で検討することが必要となる。

第五に、私立学校の学校法人組織についても、市民生活関係における法的主体であるという関係において一般法である民法と深くかかわり検討されなければならない。

第六に、以上のほかにも、奨学金制度や自治会費代理徴収制度、あるいは私塾や各種学校の在学関係、さらには教育ローン制度というように教育ないし教育制度に関連する事項について民法との関係の深い分野が多い。もっともこれらについては本来的に民法プロパーの問題とされる分野であるかも知れないが、広い意味においての教育私法に属する事柄であるといえるであろう。

（1）利谷＝池田・前掲五八頁。なお、本項は、この論文に負うところが大きい。
（2）利谷＝池田・前掲五八頁。
（3）兼子・前掲書七頁。
（4）兼子仁『教育法〔旧版〕』二頁。もっとも、新版では若干見解が異なるようである。
（5）利谷＝池田・前掲五九頁。
（6）兼子・前掲書〔新版〕七頁―一五頁。
（7）もっとも、教育私法という耳慣れない概念は、教育法と民法との交錯する分野を総括的に捉えようとする便宜的用法である。それはそれぞれの教育法の定義づけとの関係で論述したような関係に立つというだけのことであって、特殊の法分野ないし法理論に結び付けて新しい法分野の形成を試みようとする意図によるものではない。
（8）田中二郎『行政法総論』二二六頁―二二九頁、原竜之助『公物営造物法』一二九頁、一四〇頁、園部敏『公法上の特別権力関係の理論』二頁、六七頁、八三頁など。
（9）兼子・前掲書〔新版〕四〇〇頁、四〇五頁、今村成和『行政法入門』四六頁―四八頁、和田英夫『行政法』八二頁―八四頁、杉村敏正『行政法講義総論上』五八頁以下、室井力『特別権力関係論』三七二頁以下、三二四頁以下など。

3　在学関係と契約理論

一　はじめに

学生・生徒と学校設置者（国・地方公共団体あるいは学校法人）との関係、いわゆる在学関係を法的にいかなる関係として捉えるかは、教育法の基幹的課題である。それはまた教育私法の存亡性を左右する問題でもある。この在学関係に関する法的理解として、とくに国公立学校における在学関係については、特別権力関係説と契約関係説が対立し相剋のあることは周知の事実である。このような状況にあって、教育関係における「国家の教育観」を克服し、「教育の私事性」が主唱されるにつれ、契約関係説が最も正当な理論として必然的に位置づけられることになる。そこの諸関係でまず、かかる論理の過程を明らかにし、認識することが、在学関係を考えるについての出発点になるものと考えられる。(1)

在学関係を契約関係として捉えるのが正しいとするならば、学生・生徒と学校間における種々の関係が契約理論の中でどのように位置づけられるのかにつき検討されなければならない。この検討は、特別権力関係説を克服するための最後のツメであり、理論的武装のために欠かすことはできない。しかし、この点での成果は余りみられないようであり、残念である。このため、特別権力関係説の立場から処理されてきた学生・生徒と学校間について、契約関係説からそれを処理するための有用性のある論理が提供されてこなかったということになる。ところで、この課題は、大きな広がりを持っている。義務教育関係と契約の理論、教育を受ける権利の位置づけあるいは学生・生徒・父母の教育要請権の位置づけと契約の理論、契約理論内での「教育自治」の基礎づけ、学則の拘束力・教育処置・懲戒権の契約理論との関係での位置づけなど二、三の例を挙げただけでも、その課題の広がりの大きさを知りうるぐらいである。ここでは、それらの問題の全てについて検討する余裕がないことから、契約関係の本質的部分すなわち在学契約の法的性質についてのみ検討するにとめる。(2)

(1)　在学関係に関する特別権力関係論を克服するための主張はこれまでも多くの学者によって展開されてきた。このため、ここでは再度この問題を主題として検討することは屋上屋になりかねない。また、「特別権力関係」理論自体は行政法上の論理であることから、それに十分に対応できるだけの能力を持ち合せない。そこで、この点については、その中心的主唱者である兼子教授の論理を主として借用（教育法（新版）四〇〇頁以下）させていただきながら検討を加えるにとどめたい。

(2)　なお、残された問題は、今後、検討を加え、在学契約論として教示を得たいと念願している。

二　在学関係の法律関係

1　国公立学校の在学関係

学生・生徒と国公立学校（厳密には学校設置者としての国ないし公共団体）との間の在学関係については、まず、特別権力関係とみる見解がある。すなわち、国公立学校は、国民の教化・育成を目的として、国ないし地方公共団体が設置した人的・物的な諸施設を含む総合的営造物としての教育施設であるから、この教育施設の主体である国・地方公共団体と学生・生徒間にはこの教育施設の継続的利用関係があり、そしてその国公立学校の設置者は教育施設の目的達成に必要な範囲と限度において学生・生徒を包括的に支配し、学生・生徒はこれに包括的に服従すべきことを内容とする関係いわゆる公法上の特別権力関係にあるとみる。この見解は、戦後の行政法学界においてかなりの間一般に支持されてきたが、一九六〇年代以降において批判が強まり、今日ではもはや積極的な学説の支持が得られなくなったといわれている。[1] 最近の判例にも、国立大学の在学関係についての教育契約説を排斥して、特別権力関係とみるものもある。[2] しかし、いずれも下級審判決であるし、それほど数は多くはないようである。そして、この下級審判決には、国立大学の在学関係は特別権力関係であるとの主張に対し「公の営造物の利用関係が一般的権力関係となるものではないこと」、「包括的な支配権の存在をもって国立大学の在学関係を私立大学におけるそれとは異質な特別権力関係とすべき充分な根拠とはなし得ない」ことなどを理由に否定した判例[3]や、公立高校の生徒と学校との法律関係について、地方公共団体の設置した教育施設の継続的利用関係としながら、この利用関係は、「営造物主体が、自ら法規や条例に基づき教育的見地から一方的に定立した利用条件（利用資格・利用期間・利用者数の制限・利用方法における規律等）に合致した者にだけ利用の応諾を与えるという意味において、営造物主体には一方的な選択権があるが、利用者にとっては、対等な立場での自由意思による考慮を容れる余地のない限定的な契約によって成立する」（傍点筆者）として特別権力関係を認めない判例[4]などがみられる。そこで、これらの下級審判決についてみるとき、国公立学校の在学関係は、公の教育施設の利用関係であるという点では共通しているようであるが、その利用関係の法的性質についてわかれていて、特別権力関係として一義的に理解していないということになる。そこで、この点について最高裁判決に期待されるところであるが、余り明確でない。すなわち、「大学は、国公立であると私立であるとを問わず、学生の教育と学術の研究とを目的とする教育研究施設であって、その設置目的を達成するために必要な諸事項については、法令に格別の規定がない場合でも、学則等によりこれを規定し、実施することのできる自律的、包括的な権能を有し、一般市民社会とは異なる特殊な部分社会を形成している」とするだけである。[5] そして、同趣の見解は、私立大学における学生の処分事件に関連してもみられること[6]から、少なくとも大学に関する限りは、国公立と私立を区別することなく大学と学生との関係を捉えようとしていることは明白である。また、問題とされた単位不認定という教育上の措置[7]や退学処分の法的根拠[8]に「特別権力関係」論を用いることなく、学校という特殊な部分社会における自律的、包括的な権能にもとづく法規範の存在を基礎に置いていることも明白である。そこで、私立学校については「特別権力関係」論が問題とされてこなかったという過程の中でこの両明白事項が結合されるときには、最高裁判決の論理の中には「特別権力関係」論の入りこむ余地は全くないものと結論づけてよいのではなかろうか。ただ、最高裁判決のように、特殊な部分社会における自立的、包括的な権限にもとづく法規範を基礎とするだけで学校と学生・生徒との法律関係を処理できるのかどうか疑問である。単純かつ素直に、学生・生徒はそのような法規範に拘束される法的論拠はどこにあるかという疑問が生ずるからである。この疑問に答えることが国公立学校での在学関係の法律関係を考えるにあたって最も重要な事柄なのである。この意味で、最高裁判決の今後の動向が極めて重要である。

ついで、国公立学校の在学関係を契約関係とみる見解がある。判例では、先にのべたように「対等な立場での自由意思による考慮を容れる余地のない限定的な契約」と解するものがあるだけで[9]、未だ、契約関係であることを明確に宣言したものはみあたらない。しかし、学説上は、契約関係として理解しようとするのが通説化しつつあるといえる[10]。そこで、国公立学校における学生・生徒と学校との法律関係を「特別権力関係」とみるのが妥当なのか、「契約関係」としてみるのが妥当なのか、それとも他の理論によって関係づけうるものなのかにつきそれぞれの立場から提起されている論点との関係での検討が必要となる。

ところで、特別権力関係説については、「特別権力関係」論自体について、それは行政当局に広汎な包括的支配権限を与え、権力の過剰と専制をもたらすことになり、反法治主義的な理論であるとして、行政法学上の批判を受けていること[11]はもっとも致命的である。そして、在学関係との関連においては、特別権力関係論の母国であるドイツにおいても克服されてきており、それに代って代表的教育法学者であるH. Heckelによって「学校と生徒との間の法律関係の総体」として「学校関係（Schulverhältnis）」概念が用いられてきたとのことである[12]。わが国においても、在学関係の法律関係を特別権力関係論で基礎づけることの妥当でないことは、兼子教授によって指摘されている[13]。そこで、この指摘を借用しながら、特別権力関係説を支えている論拠のいくつかについてみるとその妥当でないことはさらに明確にされる。その一は、学校と学生・生徒とが対等の立場になって教育契約を締結するものと考えることは教育の本質に反するとする論拠(14)についてである。この論拠は、教育においては、学生・生徒は、学校に服従する関係にあるとするもので、根本的には、天皇制教育観ないし国家の教育権論から派生するものであり、教育を私的個人の私事として捉えて、これを基調とする国民の教育権論からはとうてい承認できない(15)。このためにはやはり、学生・生徒と学校とは対等な関係にあるものとの前提に立って考えるべきである。その二は、学生・生徒を規律するための包括的・自律的権能の存在を論拠とするものである。たしかに、学校の教育目的を達成するためにはこのような権能の存在は欠かすことができない。このような権能の認められる根拠を権力関係として捉えなければならない必然性はない。また、このような権能は、私立学校においても同様に認められなければならないことから、それとの共通的根拠づけとしては、それはなおさら不適当である。そのためには、学生・生徒と学校との基本的合意にもとづく学校の自治規範による拘束力に求める方がよいように思われる。その三は、国公立学校の教育施設は公の施設でありその利用関係として捉えるべきであることを論拠とするものである。そして、この点で、私立学校の場合の在学関係とは異なるともされている。しかし、公の施設の利用関係であるからといってその法律関係を権力関係とみなければならないものではなく、水道事業の施設のようにその利用関係が契約関係として確認されていることからすれば、公の教育施設の利用関係をどのように捉えれば教育法理にかなうかの問題として判断すればよいわけである。その四は、国公立学校の教育施設の利用は国民の自由な意思決定に委ねられるものではなく、学校の一方的な選抜権にもとづくもので対等な立場での自由意思のみられないことを論拠とするものである。しかし、この点は私立学校の場合においても同様であって、このことから行政主体の権力作用を導き出すことはできない。むしろ、学校の自治規範にもとづく権限作用とみるべきであろう。その五は、公立義務教育学校の在学関係につき就学義務や就学校指定の行なわれることを論拠とするものである。しかし、この就学義務や就学校指定は在学関係そのものにおける権力作用性を根拠づけるものではなく、在学関係の形成を権力的に義務づけているにすぎない。そして、それによって形成された在学関係を権力作用関係として捉えなければならないものではない。

そこで、以上のような検討の結果としていえることは、国公立学校の在学関係を「特別権力関係」として理解するための決定的論拠がみあたらないということである。これに対し、契約関係説は、学生・生徒と学校とを対等な権利主体関係として位置づけ、自由な意思決定にもとづいての学校の自治規範に拘束されながら教育に参加していくという教育観に適合した法理として評価できるものである。それは、契約理論における私的自治的性格とそこにおける教育観とがまさに適合しうる要因を持つことに起因したものだからである。すなわち、在学関係から権力作用性を放逐して、学生・生徒と学校との自由意思にもとづく関係を形成づける法論理として契約理論によることが最も適切であるといえるのである。このために、在学関係の法律関係として特別権力関係を拒否した以上は契約関係として捉え形成するより妥当な論理がないようである。先の最高裁判決では、このいずれとも明らかにせず「特殊な部分社会における法規範の適用関係」として第三の途を設定しようとして模索しているのではないかとも考えられないでもないが、その「特殊な部分社会における法規範の適用関係」を法的に根拠づけるためにはやはり契約の理論を根底におかざるを得ないのではないかと思われる。そしてもし、かかる方向に理論が展開するとするならば、それはきわめて正当なものといわなければならない。

2　私立学校の在学関係

学生・生徒と私立学校（厳密には学校設置者としての学校法人）との間の在学関係については、在学契約として理解するのが、一般的である。[16] しかし、判例には、国公立学校との整合性を重視するためか、特別権力関係とみるものもないではない。[17] ただ、国公立学校の在学関係についても特別権力関係として理解することが妥当でないことと、これに加えて私立学校の場合に行政の権力作用性をどこに見い出しうるのかという疑問の生ずることから、これに従うことはできない。また、このことに関し、最高裁判例も注目されなければならない。[18] そこでは、私立大学が学生に対し規制を加えうる根拠は、大学は教育研究を目的とする公共的施設で学生を規律する包括的権能を有しているからだとするだけで、それを在学契約にもとづく学生の承諾に求めていない点が注目されるからである。ただ、まえにものべたように、大学が学生を規律する包括的権限を有するとしても、それは一般的抽象的に認められるだけであって、具体的なその学生がなぜその大学の規律に服せしめられるのかについては何らふれていないことから、在学関係について見解を示したことにはならないといわなければならない。そして、私立学校の学生・生徒に対する包括的な規律権限の存在を行政の権力作用に依拠することができないとするならば、それは学生・生徒の意思に基づくものとして理解しなければならないわけであり、そのための法理は契約理論を置いてほかにない。また、市民法の世界においては、独立した人格主体を法的に結びつけるための法理も契約理論であるわけであるから、私立学校の場合にも契約関係として理解することが最も妥当ということになる。

3　小　結

在学関係の法律関係についての以上のような検討からいえることは、国公立学校や私立学校を問わずに「契約関係」として捉えることが妥当であるということである。そして、学校と学生・生徒との関係を理解するにあたり、国公立学校と私立学校とを区別して、前者は特別権力関係として、後者は契約関係として捉えること自体がすでに誤りであるといわなければならない。すなわち、それは、すでに指摘されているように(19)、在学関係の基本にかかわる教育基本法、学校教育法という教育法規が国公・私立を問わずに学校関係に適用されており、教育目的には何らの差異のないこと(20)からしても明らかである。その主体や教育施設の帰属が、一方は国・地方公共団体であり他方で学校法人であるということだけで異なる関係として理解することは妥当でない。

(1)　兼子・前掲書四〇〇—四〇一頁。なお、特別権力関係説に立つ者およびこの見解を批判する者については、同書四〇二頁注㈠、四〇三頁注㈢参照。また、国公立学校の在学関係についての学説・批判については、室井・特別権力関係論三五八頁以下参照。

(2)　名古屋高金沢支判昭和四六・四・九判時六四三号二三頁、同旨、本件一審の富山地判昭和四五・六・六判時六四三号二九頁、名古屋高判金沢支判昭和四六・九・二九判時六四六号一二頁。

(3)　金沢地判昭和四六・三・一〇判時六二二号一九頁。

(4)　和歌山地判昭和四八・三・三〇判時七二六号八八頁。

(5)　最判昭和五二・三・一五判時八四三号二二頁。
(6)　最判昭和四九・七・一九判時七四九号三頁。
(7)　前掲最判昭和五二・三・一五。
(8)　最判昭和二九・七・三〇民集八巻七号一四六三頁。
(9)　前掲和歌山地判昭和四八・三・三〇。
(10)　室井・前掲書三七二―三七六頁、四二三―四二七頁、兼子・前掲書四〇五頁以下、和田「私立大学学生の退学処分問題」判時四八〇号八七―八八頁。同「解説」教育判例百選一〇一頁、近藤「解説」教育判例百選九五頁、利谷＝池田「教育法と民法」有倉編・教育法学六二頁、拙稿「学校事故裁判の視点」法と民主主義一二一号二三頁など。
(11)　この点の詳細は、室井・前掲書参照。
(12)　結城「西ドイツにおける学校管理と特別権力関係論」教育学研究三九巻一号六三頁以下、市川「西ドイツ教育法学の形成」法時四八巻九号七一頁以下。
(13)　兼子・前掲書四〇五頁。
(14)　前掲名古屋高金沢支判昭和四六・四・九。
(15)　詳細は、拙稿「教育私法序論」季刊教育法二九号一三四―一三六頁（本書**2**所収）参照。
(16)　判例としては、東京地判昭和四七・一二・一四判時六九五号七六頁、東京地判昭和四六・五・一〇判時六三一号二九頁、大阪地判昭和四〇・一〇・二二判時四三八号一九頁など。学説のほとんどがこれに従っている。
(17)　東京地判昭和三〇・七・一九行集六巻七号二二八頁。
(18)　前掲最判昭和四九・七・一九。
(19)　兼子・前掲書四〇五頁。
(20)　国公立学校の在学関係を特別権力関係とする判例（前掲名古屋高金沢地判昭和四六・四・九）でも、この点の共通性は認めている。

三　在学契約の法的性質

1　法的性質に関する学説

学生・生徒と学校との間の在学関係を契約関係として理解するとき、その契約関係の法的性質をどのように解するかがまず問題となる。このことに関しては、いろいろな見解がみられるが、その反面、十分な検討が行なわれているとはいえないようである。そこで、まず契約関係の法的性質に関する諸見解を整理することからはじめて、そこで法的性質を考えるにあたって問題となる点を指摘することにする。

第一グループは、私法上の契約とする見解で、最も数が多い。しかし、その契約の細部において必ずしも一致するわけではない。そこで、それらの諸見解を列挙しておくことにする。

① 私立大学と学生間の法律関係は、私法上の在学契約関係と解し、この契約における承諾の効果として、学生・大学共に学則等の規則に拘束されるとの見解(1)（単純私法上在学契約説）。

② 国公・私立の区別なく、学生は自由意思で特殊の社会団体である特定の学校に入学加入し、その際、一定の私契約義務と教育上必要な特殊の団体的制約―学則など―に従うことを承認し、学校で教育を受ける利益を享受する関係、すなわち「学生たる身分」の取得関係で、私法的秩序に属し特殊な私契約的法理によって律せられるとの見解(2)（私法的学生身分取得契約説）。

③ 私立大学の在学関係は、私法上の在学契約関係であり、大学が定める学則その他の諸規制によって包括的な規律が認められるのは附合契約の性質があることによるとの見解(3)（私法的在学・附合契約説）。

④ 国公私立を問わず、在学して教育をうける関係は、委任・請負類似の無名契約としての在学契約で、学校教育の制度的・集団的な性格から附合契約的色彩を帯び、著しく包括的な性格をもつとの見解(4)（無名・包括契約説）。

⑤　生徒と高等学校の間には、生徒は学校の指導に服して教育を受け、所定の授業料を納付するなどの義務を負うとともに、学校は生徒に対してその施設を供しその雇用する教員に所定の課程を授業させる義務を負うことを内容とした契約とする見解。(5) これは、①の私法上単純在学契約説と実質的に異なるところはないといえる。

⑥　双方が互いに対価的に債務を負う旨の契約で、学費は、学校から授業その他学生としての待遇を受けることに対して報酬が支払われ、その時期は、学校からの履行完了時であるとする見解(6)（有償・双務契約説）。

⑦　私立大学の在学契約関係は、単なる経済的価値の移転を目的とする取引契約と異なる教育的配慮を必要とする契約であるとか、(7) 憲法二六条の国民の教育を受ける権利を充足させるために大学が学問の場を提供し、学生が一定の対価を払ってこれを享受することを内容とした契約に関する契約であり、かつ長期的にわたる信頼関係を基礎にした継続的債権契約だとする見解(8)（教育契約説）、あるいは国公私立学校共通の基本的性質をもつ教育契約関係で、学校は学生に対し、学校関係の特殊性の限度において包括的な支配権をもち、学生はそれに服従する義務があり、学生は受講する権利、単位を請求する権利、卒業を請求する権利というような最も基本的な権利をそれぞれ独立して有するとの見解(9)(教育契約関係説)。これらの見解は、第二グループの教育法上の契約とみる見解と接合する性質を持つものである。ただ、これらの見解は、私法上の契約であることを前提としながら、その契約の要素として「教育的性格」を強調する点で、第二グループとは一応形式上は区別される。

第二グループは、教育法上の特殊契約とする見解である。この見解は、有力ではあるが、判例によって明示的に支持されていない。

①　国公私立大学の在学関係を一元的に捉え「教育施設に包括的に自己の教育を託し、学生としての身分を取得する」という関係に立ち、それは、個別的対等当事者間の合意によるたんなる私法上の身分取得ではないとともに、職員や学生は機能的には学校教育法令等の公法的規制を受けて、教育法的な自律的部分的社会秩序維持に必要な学長の管理・教育・補導権下におかれるという一種の教育法的身分取得であり、それは広義の在学契約に属し、かつ附合契約であると

する見解[10]（教育法的身分取得契約説）。

②　国公私立学校の在学関係は、教育企業ないしその利用関係であり、それは在学契約関係として構成され、一種の無名・特殊契約としての附合契約関係であるとともに、一般私法の特別法たる教育法上の契約関係とする見解[11]、国公私立学校在学関係は「教育法上の在学契約関係」で、それは一般行政法上の公法契約でも、たんなる一般私法（民法）上の契約関係でもなく、主たる契約内容が特殊法たる現代公教育法の構成を採るところの特殊契約関係たる教育法独自な契約関係であり、「学則」は在学契約の約款（基本条項）であるとの見解[12]（教育法上の契約関係説）。いずれも、兼子教授の見解であるが、前説と後説とに見解上の差異があるのかどうかはにわかに判断しかねる。それは、「教育法上の」という場合の教育法の理解にあたって、前説では「一般私法の特別法」として理解しているだけであることから、それは「商法上の契約」というのと同様に私法体系内での契約として位置づけられるように思われるのであるが、後説では、この教育法は「現代における特殊社会関係ごとに特有の法論理の体系」とされる「特殊法」に属し、社会法の一翼をなし、「在来の一般法にたいする特別法的内容を一部に含みつつ、全体としては、公法と私法の一般法的区別を超え出て独自の体系を成す」教育制度に関する法の体系として理解されている[13]ことから私法体系内の契約として位置づけられることができなくなったのではないかと考えられるからである。

第三グループは、その他の種々の見解である。

①　大学と学生間の法律関係の本質は、大学が学生の集団に対し教育を行なう施設であり、学生が入学を求める行為はかような教育施設に包括的に自己の教育を託し、学生としての身分を取得することを目的とする行為であり、そのことによって学則や学校当局による具体的指示命令に拘束されるとの見解[14]（身分取得説）。この見解は、先の最高裁判例が、大学は教育研究施設であり自律的包括的権能を持つ特殊部分社会であるとする考え方と共通するものである。最高裁判例は学校自体の性質を強調しているのに対し、この見解は学生のそれへのかかわりの側面からの見方であるにすぎないといえるからである。このため、最高裁判例の段階では、在学関係の法律関係につき特別権力関係でも契約関係でもな

い第三の関係を模索しているのではないかという疑問の残ったことは前に指摘したとおりであるが、それを学生側からのかかわりにおいて捉えることによって、契約関係と結び付くことが明らかになったといえる。かかる意味において、この見解を一種の身分取得契約説であるとする評価は正当といえる。そしてもし、このように考えると、この見解は、第一グループ②私法的身分取得契約説から第二グループ①教育法的身分取得契約説へと展開していくことになると考えられる。なお、かかる展開が承認されるとするならば、最高裁判例の見解も契約関係の中で同様に展開し接合していくものとみてよいであろう。この意味において、この見解は、在学契約の法的性質を考えるにあたってきわめて重要な見解である。

② 公立学校での生徒と学校との法律関係は、教育施設の継続的利用関係であり、それは対等な立場での自由意思によらない一方的判断選抜による承諾によるところの限定的な契約によって成立するとの見解[15]（不対等契約説）。

③ 父母と学校との間に生徒（子ども）に学校で教育を受けさせることを内容とする第三者のための契約があるとの見解[16]や、幼稚園と園児保護者との間の幼児保育委託契約との見解[17]。これらはいずれも限定的な情況のもとで主張された見解である。しかし在学契約は、学校と学生・生徒間の契約なのか父母・保護者との契約なのか、双方を包含した契約なのかを考える意味では、問題提起的見解といえる。

以上、在学契約の法的性質に関する諸見解をながめてきたわけであるが、このことにより、在学契約の法的性質を考えるにあたって検討しなければならないいくつかの課題が提供されたといえる。

第一は、私法上の契約なのかそうでない特殊な契約（とくに教育法上の契約）なのかを明らかにすること。第二は、第一の課題と部分的な関連を持ちながら、対等者間の自由意思による契約といえるかどうか。第三は、学校における自治規範（学則や具体的指示命令）や教育措置の学生・生徒に対する拘束力を契約理論の中でどのように理論づけるかである。そして、この課題は、特別権力関係説存在意義の中枢部であることから、その成否は特別権力関係説の駆逐にかかわることになる。第四は、在学契約の内容を検討すること。第五は、有償性と対価性につき検討すること、第六は、契約の教育的性格とは何かを明らかにすること、第七は、父母・保護者の在学契約内での位置づけを考えること、などである。

2　私法上の契約かの問題

在学契約を私法上の契約とみる第一グループ見解に対し、教育法上の契約とみる第二グループ見解が有力に対峙していることは前述した。また第三グループ②不対等契約説のような見解もある。ところで、これらの見解が、私法上の契約でないとする論拠は、対等当事者間の合意によるものではないとの理由（第二グループ①、第三グループ②）、契約内容に対する教育法による修正・規制（第二グループ①、②）、学校という特殊部分的社会秩序維持のための教育上の包括的決定権能を位置づけるため（第二グループ①、②）である。しかし、在学契約を対等当事者間における契約ではないとする考えは、在学関係を契約関係として理解することによって対等者間の非権力関係性を強調し[18]、子どもの教育学習権を基調とする教育観に逆行する考えであり、特別権力関係説のなごりをとどめるものとして妥当でない。そして、「教育法的」契約性の強調がこのようなものであるならば、私法上の契約とみる方がより教育法的であるという矛盾に落ち入りはしないだろうか。また、そこでいわれている不対等性というのが、一つは、学校側の一方的な判断選抜によって契約関係に入るからというわけであるが、私法上の契約でも承諾強制が行なわれているわけではなく、申込に対し自主的な意思決定によって応諾するかどうかを決めるわけであるから、それをもって不対等という必要はないし（もしそれでも不対等というのであれば、在学関係を捉えるにあたって権力思考が残っているからだといわざるをえない）、二つは、学生・生徒は学校の包括的決定権限に服するからというわけであろうが、この関係が不対等になるのかどうか疑問である。私法上の契約によっても、それが公序良俗に反しない限りにおいては、その契約の拘束力として契約の相手方の意向に従わなければならない場合もあるのであるから、対等当事者の拘束力による結果であるといえるからである。つぎに、在学契約では、その契約内容が教育法による修正・規制を受けるものであるとする点は認めなければならない。しかし、そのことの結果として私法上の契約理論と異なる教育法上の契約理論が生れるのかどうかは疑問である。教育法や教育理念に従った契約でなければならないとしても、私法上の契約の内容をそのように形成していくということだけで十分なのではなかろうか。それ以上に、あえて、「教育法上の」という点を強調しなければならないものであろうか。また、後述のような私見からすれば、教育法や教育理念が強調されるのは在学関係についてであって、契約の内容自体については全くその必要はないといえないがそれほど重要性を持つものとは思われない。在学契約概念は、学校と学生・生徒との関係を対等な立場での合意という観点から捉えるための道具概念にすぎず、学校と学生・生徒との関係の細部にいたるまで合意によって規律されなければならないものとして理解しなければならないとの考えにもとづくものではない。むしろ、契約の存在を基礎とはするものの、その関係は学校の自律的包括的権能によってまた学生・生徒や父母の参加によって形成されていくものであり、この部分においてこそ教育法や教育理念を強調していけばよく、契約理論自体につき教育法特有の契約理論があるかのごとく解する必要がないのではなかろうか。さらに、学校の特殊部分的社会性と包括的権能を位置づけるためというだけならば、後述のように私法上の契約理論でも十分であり、論拠にはなりえない。このようなことから結論づけるならば、在学契約を私法上の契約として理解しても、その教育的性格に留意していくならば何ら不都合はないと考えられる。

3　学校の包括的権能と自治規範の拘束力の根拠

学校には、教育研究に関する特殊部分社会として、一般市民法秩序に属さない学校自治規範学則や学校慣習法を持ちこれによって学生・生徒を規律するとともに教育上の具体的指示命令により学生・生徒を拘束できる包括的権能のあることは認められなければならない。そこで、これらの関係は、一見すると権力的関係あるいは不対等関係とみられる。このことから、これらの関係は、私法上の契約の論理すなわち対等者間の自由な意思による合意にもとづく拘束の論理になじむものかどうか、なじむとしてそれはどのように理論構成するのが適切であるのかの検討が必要となり、この検討はまた在学契約の法的性質を考える上で重要な事項ということになる。ところで、これまで、その論拠としては、在学契約における承諾の効果であるとか(第一グループ①)、学生身分取得の結果であるとか(第一グループ②、第二グループ①、第三グループ)、附合契約だからとか（第一グループ③、第二グループ①、②、同旨、第一グループ④）が主張されている。このうち第一の承諾の効果というだけでは物足りないわけでそこには何らかの論理が介在しなければならないことから論拠としては不十分である。第三の附合契約とする見解は、私法上の契約理論に最もなじみやすい。とくに、学校の定めている学則や諸規定につき、学生・生徒がその存在や内容を具体的に知っていたかどうかにかかわりなく契約内容として拘束するための理論としては好都合である。しかし、学校は教育を実施するために必要であるかぎり、とくに法律上の規定がなくても、学則等を一方的に制定し、具体的な指示命令を発し学生を規律できる包括的権能を附合契約理論によって根拠づけすることができるものであろうか。また、学校慣習法規範によって学生・生徒を規律できるという関係も含めるならば、附合契約説では破綻が生ずるように思われる。そこで、このための理論構成としては、本来、学校は、学則等を制定し、具体的指示命令を発し、学校慣習にもとづいて、いわゆる学校自治規範にもとづいて学生・生徒を規律できる一般市民社会とは異なった特殊部分社会であり、学生・生徒とはこの学校との在学契約にもとづいて、かかる社会の一員としての地位を取得することの結果としてその学校自治規範によって規律されるものであるとするのが妥当ではないかと思われる[19]。ここでは、学則等の学校自治規範は個別的に契約の条項（約款）となる[20]のではないが、学校という特殊部分社会加入契約にもとづく契約の拘束力として拘束されるというわけである。第二に学生身分取得説の基本的思考と同様の考えである[21]し、前の最高裁判例の見解を在学契約の中で位置づけたものといってもよいと思われる。そしてこのような考え方は、多元化した現代社会の中での自足的な部分社会化への傾向を直視し、そこにおける相対的な自律性を尊重していく必要のあることが主張されているのに対応して、これを、私法上の契約理論によって受けとめていく場合の論理構成として意義を持つものではないかと考えている。それは、スポーツ競技団体に加盟することによってそこでの規約や審判の指示判断や制裁あるいはスポーツルールによって規律されるのと類似しており、これらの現象に対処するための契約理論といってもよいかもしれない。それは、新しい私法上の契約理論の形成であり、このことによって学校と学生・生徒の関係を私法上の契約として捉えていくことができるのではないかと考えられる。

4　在学契約の要素

在学契約の要素は複雑であり一元的に捉えることは困難である。それは、第一に、教育研究に必要な物的施設の利用関係としての要素を持つ。この意味では、貸借契約たる性格がみられるが、物的施設の利用は教育実施のための手段にとどまるだけであるので、貸借契約性は副次的な要素にすぎない。そこで、物的施設のほかに人的施設をも含めての総合的な教育施設の利用関係に関する契約として捉えることは、誤りではないが、在学契約の要素の全体を捉えたことにはならない。

第二に、教育実施役務提供としての要素を持つ。ただこの場合に、教育実施役務提供というのは、内容的に確定された一定の結果を達成させることをも含むいわゆる「結果債務」なのか、適切な教育を実施遂行すること自体を内容とするいわゆる「手段（行為）債務」なのかが問題となる。[22] 前者だとすれば請負契約に類似し、後者だとすれば委任契約に類似することになる。しかし、教育実施役務提供という場合に、教育を実施してさえいれば学生・生徒の教育上の成果を考えなくてもよいというものでもないし、また在学期間中に必ず卒業資格を与えたり単位を修得させるということについての義務を負っているというものではないことから、いずれかに決しうる性質のものではない。そこで、その内容は、学生・生徒にとって適切な教育を完了しまた教育遂行に伴う事務処理を行なうことであると解すべきである。そして、ここでの「結果」とは「適切な教育の完了」でよいと解することによって、どちらかといえば請負契約的要素の強いものとして、無形の仕事の請負契約としての要素を持つものと解してよいのではないかと思われる。[23] ただ、学校教育としての教育実施役務提供は、無形の商品としての教育サービス提供という財産法的な商品交換的要素を持つものではない。この点は、各種学校や塾、講習会などでの教育サービス提供を内容とした契約とはその性格はやや異なるのである。このために純粋の財産法上の契約ではなく民法の財産上の契約理論は修正を受けることもある。

第三に、学校という特殊部分社会（団体）加入とそれによる身分地位取得という要素を持つ。この要素は、これまで余り重視されてこなかったようであるが、在学契約においては特に重要視されなければならない。しかし、この要素は、団体形成のための合意すなわち組合契約や法人設立のための合同行為というような性質のものとみるべきではない。学生・生徒による主体的な学習教育要請権を認めるとしても[24]、それは教育実施についての要請であって、組織体としての学校自体の形成に参画するというものでない以上、前述のように解しても矛盾ではない。

第四に、有償性は在学契約の本質的要素ではないが、公立義務教育学校以外の学校における在学契約には一般にかかる要素がみられる。しかしこの有償性は、財産取引上の契約にみられるような性格を持ったものと解すべきではない。すなわち、無形の商品としての教育サービス提供に対する対価とは性格が異なり、また、単なる教育施設の利用のための対価や教育実施役務提供に対する報酬にとどまるものではないのである。学校社会の加入・身分地位取得のための出捐としての要素も大きいのである。このため、学費をめぐる法律関係は財産法上の論理によってだけでは処理できない要素を持つのである。

5　在学契約上の権利・義務の性質

在学契約にもとづいて、学校は、学則等の自治規範に従って所定の教育実施役務を提供する義務ないし教育施設を利用させる義務また、教育上の安全配慮義務を負い、自治規範に従って学生・生徒を規律できる包括的権能と有償の際は学費等請求権を持つことになる。これらはいずれも私法上の権利・義務である。とくに、包括的規律権能も同様であるが、それはしいて近似性を求めるならば代理権のような資格・能力権能に属し、これまでの私権の分類の中では捉えることのできない私権ということになる[25]。

学生・生徒は、教育の実施に伴う学校の包括的規律権能に伴う義務あるいは学費等納入義務を負い、教育施設利用や教育役務の請求などを包含した教育実施請求権を持つことになると解すべきである。この教育実施請求権は、学校に対し学則などの学校自治規範に従って教育を実施するように請求できる包括的な請求権である。したがって、その内容は、通常は学則などの学校自治規範や在学契約に際しての個別的特約によって決まることになる。教育実施のための個別具体的な事項たとえば時間割通りの授業請求、特定教員の授業の実施ないし排除を求めるような請求、個別教科・行事の請求、クラス組成に対する特定の請求というようなものについてまで請求できるような権利ではない。個別具体的に教育をどのように実施していくかという決定および具体的遂行は、教育の特質である高度の専門性のために、またその専門的な判断にもとづく柔軟で適切な教育遂行のために、学校側に留保されるべきであり、学生・生徒の教育実施請求権の内容となるものではないと解するのが教育の理念からみて妥当と思われるからである。ここでも、在学契約から生ずる権利の特色がみられるのである。なお、この請求権は、純粋の財産権ではなく身分権的要素を持つもので、一身専属性を有するものと解される。

なお、在学契約の結果として、憲法二六条に規定する国民の教育を受ける権利についての保障義務が学校側に課されるとする見解がみられる。[26]これによると、憲法上の権利が契約上の権利・義務に転化するものと考えているようであるが、このように在学契約が行なわれているというだけで転化させることができるかどうかやや疑問である。また学生・生徒の学校に対する教育学習要求権も在学契約上の権利として位置づけることも正当でない。これらは、在学契約を基礎にして保障を請求しなければならない性質の権利ではないと考えられる。

6　小　結

以上の検討の結果としていえることは、在学契約の法的性質は、私法上の無名契約であり、教育施設の利用関係としては貸借の要素、教育実施役務提供ないしそのための事務処理としては無形の仕事の請負の要素を、特殊部分的学校社会への加入・身分地位取得というこれまでの私法上の契約ではみられなかった要素を包括したところの私法上の無名契約と解するのが妥当ではないかということである。[27]そして、在学関係は、かかる契約を基礎として学校自治規範によって規定されかつそれが契約の内容を画するという側面をもった特殊な契約でもあるということである。

（1）　大阪地判昭和四〇・一〇・二二判時四三八号一九頁。

（2）　最判昭和二九・七・三〇の上告理由（民集八巻七号一四六七頁）。

(3)　東京地決昭和四六・五・一〇判時六三一号二九頁。
(4)　利谷＝池田・前掲六二頁。
(5)　山形地判昭和五二・三・三〇法と民主主義四〇頁。
(6)　大阪簡判昭和三八・七・五における原告主張（判時三五二号七二頁）。
(7)　東京地判昭和四七・一二・一四判時六九五号七六頁。
(8)　前掲東京地判昭和四七・一二・一四の原告側主張（判時六九五号七九頁）。
(9)　前掲最判昭和五二・三・一五の上告理由。
(10)　和田・前掲（判時四八〇号）八七―八八頁、同・前掲（百選）一〇一頁。
(11)　兼子・前掲書（旧版）二二六―二二八頁。
(12)　兼子・前掲書（新版）四〇六頁、四〇八頁。
(13)　兼子・前掲書（新版）七―一五頁。
(14)　東京地決昭和三八・一一・二〇判時三五三号九頁。
(15)　前掲和歌山地判昭和四八・三・三〇。
(16)　山形地判昭和五二・三・三〇の原告主張。
(17)　大阪地判昭和四三・五・二判時五二四号五七頁。
(18)　兼子・前掲書（旧版）二二七頁。
(19)　稲本他・民法講義5契約三四六―三四七頁（拙稿）。
(20)　兼子・前掲書（新版）四〇八頁。
(21)　学生身分取得説のなかには、附合契約性をも併せて主張されている見解（和田・前掲（百選）一〇一頁）もみられることから全く同じ見解であるといえるかどうかやや疑問が残る。
(22)　この点は診療契約における問題と類似する。人を対象とした役務提供契約に共通する課題のようである（稲本他・前掲書三四九頁以下（拙稿）参照）。
(23)　稲本他・前掲書三四四頁（拙稿）。
(24)　最近、多くの教育法学者によって主張されていることであり、それは、妥当な見解と思われる。
(25)　私権の分類としては、一般的に、私権が目的とする内容からみて財産権、人格権、身分権、社員権に、権利の作用からみて支配権、請求権、形成権、抗弁権に分類されている。

(26)　前掲東京地判昭和四七・一二・一四の原告主張（判時六九五号七九頁）。
(27)　稲本他・前掲書三四四頁（拙稿）。なお、そこでは附合契約の性質をも持つとしていたが、ここで改説する。

4 学校規範（学則等）と契約理論

一　はじめに

学生・生徒等と学校設置者との間の在学関係について、国公・私立学校の区別なく、在学契約関係として捉えようとする見解が有力であり、そして、そのような見解が教育の本質、教育の理念からみて妥当であることが、多くの学者によって指摘されている通りである。(1) そこで、在学関係を契約関係として捉えるのが正しいとするならば、学生・生徒等と学校間における種々の関係を契約理論の中でどのように位置づけるかの検討が重要になることはすでに指摘しておいた。(2) この学生・生徒等と学校間における種々の関係を定めているのが、学則を基本条項とする諸内規や校則（生徒心得、服装規定など）あるいは学校慣習などの、いわゆる「学校規範（学則等）」である。(3) このため、この学校規範（学則等）を在学契約論のなかでどのように捉えるかは、その出発点として欠かすことができない。とくに、学校は、この学校規範（学則等）によって、学生・生徒を規律するとともに教育上の具体的指示命令により学生・生徒を拘束するだけでなく間接的には親をも拘束できるのかについての法的理論構成が契約理論との関係において行なわれなければならない。このことは特別権力関係論では、学校とくに国公立学校の学校規範（学則等）による学生・生徒あるいは親に対する処分や決定を、特別権力である学校権力にもとづくものとして構成してきたのに代る理論の検討ということで、その結果が、在学契約論の存亡にもつながる非常に重要な意味を持つものであることは明白であろう。しかし、このような重要な問題であるにもかかわらず、在学契約論者においてもそれほどつめた検討が行なわれていないようにみうけられるが、どうであろうか。そして、そのことが在学契約論のアキレス腱ではなかっただろうか。

そこで、本稿では、この学校規範（学則等）の拘束性の検討を中心としながら、学校でのその位置づけや、その解釈、適用に際しての原則論[4]について若干の検討を加えることにする。

（1）このことに関しては、拙稿「在学関係と契約理論」季刊教育法三〇号一四九頁以下（本書***3***所収）参照。
（2）拙稿・前掲一四九頁。
（3）学校規範というとき、その用語的意味からすると、学校にかかわる規範の総体ということになりそうであるが、ここでは、学校と学生・生徒等との間の法関係にかかわる規範の総体として、限定的な意味において用いることにする。
（4）それゆえに、個別規範条項の妥当性や解釈、適用の適否の問題についてはふれない。後日に譲る。

二　在学関係と学校規範（学則等）

学校規範（学則等）は、学校と学生・生徒等との在学関係を規律する規範であり、在学関係を契約として捉えるときは、学校ないし学生・生徒等の契約上の権利義務関係を規定し、その法源となるものである。このような学校規範（学則等）には、教育課程、教師の教育活動の方法、日常的な秩序処分などの教育遂行関係に関する規範と学費、単位認定、卒業認定、退学・除籍処分など学生・生徒の法的地位に関する基本関係に関する規範などが含まれている。[1]また、この学校規範（学則等）は、各学校によって定められる自律規範でもある。それは、各学校の教育方針や独自の伝統ないし校風にもとづいて自主的、自律的に定めることができる。そして、この学校は、学校の教育権限と学生・生徒の権利と親の権利、その他の教育権者の権利を常に共同し、相互作用と平衡において形成されるとみるならば、[2]これらの者をその構成主体とする学校共同体という特殊部分社会における自治的法規範であるといえる。[3]さらにまた、教育関係の規律のために国家の行政作用という法論理を排斥し、「教育の私事性」を基調とする国民の教育権論に立つとき[4]、学校、学生・生徒、親、教師の主体的参加によって自律的に形成される自治的法規範としての学校規範（学則等）は教育の中心に位置づけられるべき基本的規範ということになろう。

それは、あたかも特定の取引圏という部分社会において、その構成主体による自由な意思に基づく権利義務関係の形成の承認という論理を背景として生み出された約款と近似するものである。約款は、特定取引圏という部分社会においては、第一次的作用を荷うのであるが、学校規範（学則等）も学校という特殊部分社会においては、やはり、同様に、第一次的作用を有するものといえよう。

ただ、学校規範（学則等）が、学校と学生・生徒間の在学関係における基本的規範であり、第一次的作用を有するものであると考えるとき、国家法上の教育諸法規との関係がどうなるのかが問題となろう。学校規範（学則等）は、在学関係を規律する基本的、第一次的規範であるといっても、それは学校という部分社会におけるものであるにすぎない。国家法のような全体社会の法ではない。そしてまた教育は、その私事性が根幹をなすとはいえ、全体社会の中においてそれが規定されるべき性格を持つものでもある。このために、全体社会の観点から教育が規定され、それが部分社会における学校規範（学則等）を規定することになることを排斥しえないであろう。このために、学校規範（学則等）は教育基本法、学校教育法等の教育法令に準拠しなければならないという関係に立つことになる。

この学校規範（学則等）の制定の主体は、学校設置者であり、学校の管理運営の決定機関が具体的な制定権を持っている[5]。これは、学校の教育に対する専門性、学校設置の教育目的達成にもとづくものである。この意味では、学生・生徒は、学校のこのような権限にもとづいて制定した学校規範（学則等）に拘束されるという関係に立つことになる。そして、その拘束を欲しないときは、部分社会であるその学校から脱退するほかないのである。

ただ、このことをもって学校の制定した学校規範（学則等）に、学生・生徒ないし親は一方的、無条件に服従させられるというものではない。学校規範（学則等）は、学校という部分社会の構成主体の共同の意見の発現であることから、その制定への参与が認められなければならない。制定権は学校にあるという意味では一方的に形成されるわけであるが、学校規範（学則等）の本質からみて、それへの参与権は学生・生徒や親その他の教育権者にあるわけである。すなわち、学生・生徒に学校の生活や活動をともに創造し、決定することの可能性が与えられ、学校の風紀や学校活動が、常に学校や授業、学校規則に対する態度を通じてともに決定されていくべきであるし、(6) 親の教育要求権(7)もこのことを根拠として法的に根拠づけられることにもなる。このことは、兼子教授によって「現行教育法下に在学関係を在学契約と捉える見地においては、……各学校ごとの教育自治関係として、父母や生徒等の基本的な合意の下で慣習法的に生徒等の権利の保護範囲・制約が決められていくということが常態なのである」（傍点筆者）として、すでに適切に指摘されているところである。(8)

（1）在学関係における教育遂行関係と基本関係の区別については、市川須美子「西ドイツ教育法学の形成3完」法時四八巻九号七三頁参照。
（2）ヘッケルの「学校関係（Schulverhältnis）」論に依拠するものである。兼子仁・教育法〔新版〕四〇三頁参照、市川・前掲七二頁参照。
（3）兼子仁＝神田修編著・教育法規事典一九頁では、学則について、同様の見解に立つ。
（4）拙稿「教育私法序論」季刊教育法二九号一三六頁（本書**2**所収）参照。
（5）兼子＝神田・前掲書一九頁。
（6）ヘッケルの見解（市川・前掲七三頁参照）。
（7）兼子・前掲書三〇〇頁以下。
（8）兼子・前掲書四一〇頁以下。

三 在学契約論と学校規範（学則等）の拘束性

では、このような学校規範（学則等）が、学校と学生・生徒等の在学関係を拘束し、その法的地位を確定するという法的拘束性は何に基づくものであろうか。特別権力関係論では、特別権力である学校権力にその法的根拠を求めるわけであるが、在学契約論に立つ場合、どのように解するのが、先のような性格をもった学校規範（学則等）の拘束性を根拠づけるにあたって適切であろうか。

このことに関して、これまでの論拠としては、「学則その他の諸規制によって包括的な規律の認められるのは附合契約の性質があることによる(1)」「学校教育の制度的・集団的な性格から附合契約的色彩を帯び(2)」「一種の教育法的身分取得であり、それは広義の在学契約に属し、かつ附合契約である(3)」「学則・規定等は私企業における普通契約条項と異なるものではなく、在学契約は附合契約ということができる(4)」として、附合契約理論にもとづく見解が最も多い(5)。このほかに、在学契約における承諾の効果として学則等の規則に拘束されるとか(6)、特殊の団体的制約―学則など―に従うことを承認したことによるなどのように当事者の承諾を根拠とする見解や(7)、学則は在学契約の約款（根本条項）(8)＝在学契約の一律的契約条項（約款）の性質を持つとして契約の内容であることを根拠とする見解(9)、あるいは学生としての身分を取得することを目的とする行為によって学則や学校当局による具体的指示命令に拘束されるとの見解(10)などがある。

ところで、これらの諸見解はいずれも、かつ当然のことながら究極的には当事者の意思にその論拠を求めており、その限りでは正当である。ただ、当事者の承諾だけにそれを求めることは論拠として不十分である。学生・生徒が学校規範（学則等）の存在を知り、かつ個々の規範内容を認識していたときはともかく、そのような状態にないのが常態である現状において、包括的な承諾をもってなぜに個々の規範条項に拘束されるのかの論拠づけを行なう必要があるからである。また、それが在学契約の契約内容となるためとする見解も学生・生徒が学校規範（学則等）の個々の条項について知っていて、それを契約条項とすることについて承諾しているならともかく、その存在や内容を具体的に知っていたかどうかにかかわりなく、在学契約関係にあるというだけで契約の内容となるというためには、そのための論理が必要となるであろう。またその論理が用意されたとしても、学校規範（学則等）を在学契約の契約内容として捉えることが適切であるかどうか疑問である。

そこで、多数見解の論拠とする附合契約理論は、学校規範（学則等）につき、学生・生徒がその存在や内容を具体的に知っていたかどうかにかかわりなく、拘束性を論拠づけうるという点で、一応、注目しなければならない。しかし、この附合契約理論は一様ではない。このため、それぞれの主張ごとに学校規範（学則等）の拘束性の根拠づけとして妥当かどうかにつき検討されなければならない。しかし、そのひとつひとつについて、ここで検討する余裕がない。そこで、ここでは、その代表的な契約説について検討を加えておくことにする。そして、附合契約理論を論拠とする見解の多くはこの契約説によるものではないかと推測されることから、ここでの検討としては、それで十分であろう。

そこで、契約説によれば、附合契約とは、独占的かつ必需的色彩を持つ恒常組織が契約内容につき不可動条項を一方的に設定し、相手方たる公衆が包括承認、すなわち附合をなすことによって成立する特殊の契約であるということになる。[11] この説は、附合契約の観念の中心をあくまで合意に置き、常に、その効力を意思の分析の基礎の上で立論しようとする思考にもとづくものといえる。[12] このため、学校規範（学則等）の拘束性を論拠づけるにあたって、かかる思考によることが妥当かどうか、またそのことによって学校規範（学則等）を教育法上、正当に把握し位置づけることができるかについて考えなければならない。このことに関し、まず、学校によって提示された学校規範（学則等）を学生・生徒等が一括して、その一つ一つについてまで了知しないままで承認し、これに拘束されるということは、本来の意義の契約と実質において程遠いものとなる。それのみならず、在学契約成立後の学校と学生・生徒との関係も、学生・生徒はこの学校規範（学則等）にもとづいて学校の排他的規律を受ける点で、そこに契約によるよりも法規的支配を認めることの方が実情に近いといえそうである。[13] もっとも、これを法規と同一視するわけではない。そのような法規的支配を受けるかどうかは学生・生徒の自由な意思にもとづく判断に委ねられているわけである。そして、学生・生徒がそれを望む場合においてはじめて、拘束をうけるわけであるが、この拘束の状態が、契約による拘束というよりも実質的内容的には法規的な拘束に類似接着するものとして理解すべきではないかということである。そして、このように理解すべきであることの必要性は、学校規範（学則等）は学生・生徒を直接に拘束するだけでなく、それを通じて親をも間接的に拘束することになるし、またこのことを承認していかなければならない点にある。このような親に対する間接的拘束力を根拠づける場合に、契約説で十分であるかどうか疑問となってこよう。すなわち、在学契約の当事者でない親を契約によって拘束できるかどうかが問題になるからである。それが、法規的な拘束性によるものであるとするとかかる問題に答えうる余地があるのではないかと考えられるからである。このため附合契約説では、どうも学校規範（学則等）の拘束性を考えるにあたって妥当ではないのではないかと思われる。

そこで、私は、その論拠を、自治法規理論に求めてはと考える。自治法規理論は、約款の拘束性を論拠づけるにあたって一つの、かつ有力な理論である。[14]一般の普通契約約款についてこの理論により論拠づけるのが妥当かどうかについては疑問があり、この点は、ここでは留保するが、学校規範（学則等）の拘束性の論拠づけとしては、最も適切な理論であり、かつ在学関係を正しく法理論的に把握できるように思われるのである。

すなわち、自治法規理論によれば、約款は、ある部分社会が自主的に制定した法規であると解されている。そこで、この理論によるということになると、学校規範（学則等）は、その学校という特殊部分社会において自主的に制定された自治法規であるということになる。そして、この学校という特殊部分社会における自治法規は、学校の専門的教育権能にもとづいて制定されることになる。ただ、制定権能が学校にあるとしても、その制定にあたって、学校が独占的排他的にそれを行ないうるということにはただちにつながらない。特殊部分社会における自治法規である以上は、その特殊部分社会を構成する構成員、すなわち学校、学生・生徒、親[15]その他の教育権者もこれに主体的に参画しえてはじめて、それがその特殊部分社会において規範性を有するものとなることは、国の法規と何ら異なるところはないのである。そして、学生・生徒が、その学校の自治法規としての学校規範（学則等）に拘束されるのは、その学校という特殊部分社会に自発的にその意思にもとづいて加入すること、すなわち在学契約によるためである。そして、一旦、加入した後は、その自治規範の具体的規律内容の細目の事前の了知理解とは無関係に拘束される。また、加入後それに拘束され服従することを欲しないときは、この特殊部分社会より脱退するほかはない(16)。なお、さらに、学生・生徒の在学契約によっての特殊部分社会への加入は、それが教育社会という特質にかんがみるとき親もまたその社会へ加入するという関係に立つものと解しえないであろうか。そして、このように解しうるとするならば、学校規範（学則等）の親に対する間接的拘束性もここに見出だすことができるであろう。

（1）東京地決昭四六・五・一〇判時六三一号二九頁。
（2）利谷信義=池田恒男「教育法と民法」有倉遼吉編・教育法学六二頁。
（3）和田英夫「私立大学学生の退学処分問題」判時四八〇号八八頁。
（4）濱秀和「授業料滞納による除籍者の復学請求権」教育判例百選（第二版）一六二頁、一六三頁。
（5）以上のほかにも、兼子仁・教育法（旧版）二二八頁、金子征史「政治活動と学則」学生生活の法律相談（法学セミナー別冊付録）五頁。
（6）大阪地判昭和四〇・一〇・二二判時四三八号一九頁。
（7）最判昭二九・七・三〇の上告理由（民集八巻七号一四六七頁）。
（8）兼子・前掲書（新版）四〇八頁。
（9）兼子=神田・前掲書一九頁。
（10）東京地判昭三八・一一・二〇判時三五三号九頁。
（11）西原寛一・商行為法四九頁。
（12）山本桂一「フランスにおける附合契約理論の素描」法時三一巻三号一三頁。
（13）山本教授も、約款の一般的性格としてこのことを適切に指摘しておられる（前掲一三頁）。そしてこのことは、学校規範（学則等）についてみるとき、ますます明瞭に認識することができるのではないかと思われる。

(14)　田中耕太郎・改正商法総則概論一九三頁、西原・前掲書五二頁など。
(15)　ところで、このような特殊部分社会における自治法規としての学校規範（学則等）の制定に、学生・生徒、親などがどの程度に、またどのような方法によって参画するのが妥当であるかの問題があるが、この問題は、学校教育へのこれらの者の参画と大いに関連性があり、私の専門外のことでもあるし、ここでの当面の問題ではないのでふれないことにする。
(16)　もっとも、いかなる学校規範（学則等）にも、無条件で拘束されそれに服さなければならないというものではない。学生・生徒の人権を無視するような規範や、教育の理念、国の教育法規に反するような規範については、その有効性が問題になるわけであるから、その点では司法的にも争いうるわけである。

四　学校規範（学則等）の解釈適用

まず、学校規範（学則等）の解釈とはどのような意味をもち、その性質はどういうものであるのかが問題となる。学校規範（学則等）は、学校と学生・生徒等間の権利義務関係を定めたものであるが、その解釈は、その権利義務関係の内容を具体的に明らかにするという意味を持つものであることはいうまでもなかろう。そして、このことを前提として学校の学生・生徒等に対する指示命令あるいは諸々の学校措置が行なわれることになる。ところで、このような意味を持った解釈とは、法律的にはどのような性質のものであろうか。このことは、学校規範（学則等）をどのように理解するかによって異なってくる。学校規範（学則等）を附合契約説に立って在学契約の内容と見る立場からすれば、その解釈は意思解釈の原則によることになる。これは、普通の契約の解釈と何ら異ならない。しかし、前述したように、学校規範（学則等）については、自治法規と解するのが妥当であるという立場からすると、その解釈は、法規解釈の原則によるのが妥当ということになる。そして、実際上、学校規範（学則等）の解釈適用にあたっては、このような意識のもとで行われているのではないかと思われる。この意味でも、前述のように自治規範理論の方が適切であるといえよう。

そこで、このような法規解釈という立場に立って、つぎに、その解釈に際して特に重要と思われる原理を指摘してお

くことにする。(1)

第一は、客観的統一的解釈の必要である。学校規範(学則等)の解釈にあたっては、相手方により、また時と場合によって異なった解釈が行なわれてはならないということである。それは、その特殊部分社会における学生・生徒等の法的地位ないし権利義務関係は平等でなければならないという理念によるものである。この点では、契約の解釈では、当事者の意思の探究として個別具体的に妥当な解釈を行ないうるのと異なることになる。

第二は、目的論的解釈でなければならない。学校規範(学則等)は、学校という特殊部分社会における自治規範であるわけであるから、その特殊部分社会における法的関係を適切に規律していけるよう解釈適用されなければならない。それは、教育理念に照らし、その理念が実現するよう実践的目的をもった解釈作業であることを意味するわけである。教育法上、また指摘されているところの教育条理解釈というのもこのことによって容易に導入することができよう。この点でも、契約の解釈という立場からすると、教育条理に従うという場合、それは契約内容の条理的変更ということになり、契約の理論からするならばたやすく行ないえないことになる。

第三は、制限的解釈の必要である。学校規範(学則等)は学校という部分社会の自治法規であるため、それらにより規律されている事項については第一次的に適用されなければならないわけであるが、それをもって自足完了性を有するものではない。それは、教育事項に関しては教育基本法、学校教育法等教育法令を、一般市民としての契約上の権利義務関係については民法を前提として存在する部分社会の法規であるにすぎないことから、それによって規律されていない部分については、その前提としている法規によって補充すべきであるからである。学校規範(学則等)は、むやみに類推拡張すべきではないのである。

つぎに、このような学校規範(学則等)の解釈適用の結果としてなされた学生•生徒等に対する指示命令あるいは教育措置が司法審査になじむかが問題となる。学校規範(学則等)は、部分社会の自治規範であるということになるとその解釈適用の結果については、特殊部分社会である学校の内部的な問題として司法審査の対象から除かれるべきであるとの理論が出てくる可能性がある。[2] しかし、学校規範（学則等）は特殊部分社会の自治規範であるとはいえ、それは教育基本法、学校教育法等教育法令、教育目的にそう慣習や条理、さらには一般市民法秩序を前提として存在するものであり、これらに抵触することになるような学校規範（学則等）自体はもちろんのこと、そのような解釈適用についても当然司法審査の対象となるものと解すべきであろう。このため、とくに学生・生徒等の学習権その他の権利を一方的に制限するような場合には、司法審査の対象となりうるものと解してよいであろう。[3]

（1）　この点は、約款を自治法規として理解し、その上に立っての約款の解釈原理を指摘されている西原教授の理論（前掲書五四頁、五五頁）を援用するものである。

（2）　最判昭五二・三・一五判時八四三号二二頁。

（3）　兼子・前掲書（新版）四〇二頁。

5　在学関係と学校事故賠償責任理論

一　はじめに

学校事故に際しての補償救済の問題は、被害生徒に対する補償救済をいかに達成するかの問題であるとともに、教育理念にもとづいての補償救済法理の形成にかかわるきわめて教育法上の重要な課題である。(1)このため、そこには、損害賠償法分野における被害者救済範囲の拡張理論の検討作業とともに、それが教育理念にかなったものであるかどうかの検討が加わり、そこに、教育法と民法との交錯がみられることになるわけである。

このために、学校事故の補償救済についての一領域ではあるが、今日では、最も有用性のみられる損害賠償責任の分野においても、教育理念からの検討が要請されることになるわけである。学校事故の賠償責任理論を教育理念との関係で検討するにあたっては、教育権論との関係、学校管理論との関係、教師論との関係、教育の内的事項への影響との関係などいろいろな観点からみなければならないが、学校と被害生徒との関係をどうみるかの問題も重要な関連をもつものであることから、かかる観点に焦点を合わせて検討を加えることにする。そして、このような検討は、これまでの在学契約論の問題と深いかかわりを持つものであることはいうまでもなかろう。

(1)　拙著『不法行為法の現代的課題』総合労働研究所、一頁参照。

二　不法行為責任と在学関係

学校事故の賠償責任理論としては、不法行為責任によるのが一般的である。たとえば国公立学校では、教師の教育活動に伴う事故については、国賠法一条により学校設置者である国・地方公共団体に、学校施設による事故の場合は、国賠法二条により学校施設の設置者ないし所有者・管理者である国・地方公共団体に対して賠償請求を行い、私立学校では、教育活動に伴う事故の場合は教師個人については民法七〇九条で、学校設置者については民法七一五条で、学校施設での事故の場合は民法七一七条で賠償請求し、生徒間の事故については、教師個人には民法七一四条二項か民法七〇九条で、学校設置者には民法七一五条で賠償請求するのが一般的であるからである。

ところで、不法行為責任としての構成の場合は、賠償請求権者と義務者との関係については、被害者と加害者という関係において捉えられるだけであり、それ以上の法的関係を前提とするものではない。これが、民事責任の一つの理論としての不法行為責任理論の特徴とするところなのである。このため、賠償請求権者は、被害生徒自身に限らず父母などにも固有の権利が認められ、補償救済の範囲を広げうるという利点があるといえる。しかし、実情では、請求権者が多いからといって全体の賠償額が多くなるというようなこともなさそうであるし、教育理念との関係で賠償責任も考える場合には、被害生徒だけが請求権者であると割り切るほうが筋が通っているようである(1)。

それよりも、このような不法行為責任構成においては、賠償責任を求める者が学生・生徒であり、その責任負担者が教師・学校であるという視点がぼかされてしまうという問題点を内包していることに関心を払わなければならないであろう。もっとも、不法行為責任の前提としての過失の判断にあたって、学校・教師の安全保持義務を考える際に、学生・生徒と学校・教師の関係にあることが考慮されるという意味においては、両者の関係を全く排除したものでないことは確かである。そして、さらには、学校・教師の学生・生徒に対する安全保持義務を教育権保障の一貫であることを主張・

強調することによって、教育理念の実現を図っていくことができるという要素も存在するといえる。しかし、そのような関係的捉え方がみられるとしても、そこでは、学校・教師と学生・生徒、あるいは教育する者と教育を受ける者との関係としてしか捉えられていないことは明らかである。学校・教師と学生・生徒との関係を法律的にみても、それ以上の法律関係が存在するものとして捉えるべきであり、賠償責任の問題も、このことを前提として考えなければならないであろう。とくに、学校との関係についてみるとき、そこには在学関係が存在することは誰の目にも明らかであるにもかかわらず、不法行為責任理論では、かかる関係は、責任理論の前提とされていないという点に問題はないであろうか。いや、学校と学生・生徒間の在学関係の存在を賠償責任の理論形成にあたっての基礎的前提とすることができなかったことが、不法行為責任として理論構成されるにいたったという見方の方が正しいのかも知れない。

とくに国公立学校と学生・生徒との間の在学関係については、これまでの行政法学界においては、国公立学校は、教育の目的達成に必要な範囲と限定において学生・生徒を包括的に支配し、学生・生徒はこれに包括的に服従すべきことを内容とする関係いわゆる公法上の特別権力関係にあるとみられてきたが、[2]このことを前提とする限り、契約責任の範囲ではとらえることができず、結局は、もう一つの責任理論とされてきた不法行為責任によらなければならないということの結果であったとみることができよう。すなわち、不法行為責任によることは、認識的であったか否かにかかわらず、特別権力関係説を背景とするものであることが、知りうるわけである。そして、私立学校では、国公立学校の場合の賠償責任理論につられたという感もないではない。そうだとすると、不法行為責任によることをここでは全面的に否定するものではないが、その背景ないし基礎となった特別権力関係説が、一九六〇年代以降において批判され出し、もはや積極的な学説の支援が得られなくなった現在において、[3][4]学校事故の賠償責任理論として不法行為責任として理論構成することが妥当かどうか、それが教育理念にかなうものかどうかについて再度考えた上で、それによらなければならない。在学関係論の変遷に対応してみるときは、安易に、不法行為責任理論に頼るということには疑問があるわけである。

（1）拙稿・前掲書四四頁。
（2）田中『行政法総論』一二六―九頁、原『公物営造物法』一九二―一四〇頁、山田『公企業法』二〇七頁など。
（3）兼子『教育法』〔新版〕四〇〇―四〇一頁。また、国公立学校の在学関係についての学説・判例と特別関係論批判については、室井『特別権力関係論』参照。
（4）かかる変遷の概要については、拙稿「在学関係と契約理論」季刊教育法三〇号一五〇頁以下（本書***3***所収）参照。

三　契約上の債務不履行責任と在学関係

学校事故の賠償責任理論としては、つぎに学校と被害学生・生徒間の在学関係を在学契約として捉えて、その契約上の債務の不履行として賠償責任を構成することができる。そして、このような債務不履行責任理論は、不法行為責任理論にかかわり、今日、注目されてきているところである。

その先鞭をきったのが日大山形高校事件である。この事件では、私立学校での事故であることもあって在学契約を前提とする債務不履行責任構成で訴求したのに対し、判決では「生徒と学校法人である高等学校との在学関係は、一般に該高等学校に入学する生徒自身と高等学校との間に、生徒は学校の指導に服して教育を受け、所定の授業料を納付する等の義務を負うとともに、学校は生徒に対してその施設を供しその雇用する教員に所定の課程を授業させる義務を負い、生徒の親権者らは生徒の当該入学契約にしいて同意を与えているもの」であるとし、「その在学契約に附随するものとして原告の生命・身体の安全を保持する義務を負」い、その義務懈怠として債務不履行責任が生ずるとしている。[1] 国公立学校での事故についても、原告側では、在学契約にもとづく安全配慮義務の不履行であるとか、[2] 在学及び在寮契約の付随義務としての安全配慮義務の不履行による責任[3]として主張されることが多くなってきた。ただ、これまでは、判例はやや否定的であったが、長野県立須坂高校事件では、それを肯認するという注目すべき判例がみられるにいたっている。[4]
この判例は「生徒が県立高校に在学する場合、右在学関係は、生徒と当該高校の設置者である県との間の契約にもとづいて基本的に成立し、これより生徒は教育を受ける権利を取得し、学校設置者たる県は、生徒に対してその施設を供し、教職員をして、生徒に対し所定の課程を授業させる義務を負う。

もとより、県立高校は行政主体たる地方公共団体としての県が設置経営するものであるから、国民の福祉の増進、教育権等を保障する見地から私立高校等と異なる法的規制がなされ、これにもとづいて教育行政を行うことも当然であるけれども、そのような優越的意思による支配は、在学関係にまで及んでこれを規律するものではなく、右関係はもっぱら合意に基礎を置き、その合意が準拠する教育基本法、学校教育法等教育法令、さらには、教育目的にそう慣習、条理によって補完され、これによって規律さるべき契約関係と解すべきを相当とし、この限りにおいては、県立高校における生徒の在学関係も私立高校のそれと別異に解する必然性はないものといわれなければならない。

そして学校設置者たる県は、当該在学契約に付随する当然の義務として、教育条理及び信義則上、学校教育の場において生徒の生命・身体等を危険から保護するための措置をとるべき義務を負っている」とし、その義務懈怠としての債務不履行責任について判断している。

ところで、学校事故の場合に、契約上の債務不履行責任理論が主唱されるようになったのは、それは突発的な偶然によるものではないという側面を見逃してはならない。それは、学校と生徒・学生間の在学関係についての特別権力関係説が批判され、それにかわる考え方として在学契約説が登場するにいたり、これが通説化してきたことの結果であるといいうるからである。すなわち、在学契約が一般的に承認されてくると、この契約を前提として、学生・生徒に対する学校の安全配慮義務を導き出すことは容易であり、この義務懈怠としての債務不履行責任も当然に問えることになるからである。このために、教育の私事性の強調と、支配命令の関係を脱して合意にもとづく在学関係の形成の意図のもとに主張されてきた在学契約説(5)に立つ者にとっては、その側面からの実践形成のためには、学校事故の賠償責任の理論として、契約上の債務不履行責任理論によるのが、その一貫性からして最も妥当であることを明確に認識しなければならないのである。

また、この際、契約上の債務不履行責任の前提となる安全配慮義務の根拠づけとして、「在学契約上の附随義務」であるとか、「信義則上の義務」であるとか、「ある法律関係に基づいて特別な社会的接触の関係に入った当事者間に一般的に認められる義務」であるとか言われているが、それは、在学契約に内包している当然の主体的義務であるとするだけでよいのであって、他に根拠づけを必要とするものではないとみるべきである。在学契約においては、憲法二六条、教育基本法一〇条および教育条理によるところの「学生・生徒に対して学校における教育計画に従わせ、教育を行う過程において、生命・健康に危害が生じないように万全の注意をなし、物的及び人的環境を整備し、諸々の危険から生徒を保護すべき」義務が当然に内包しているといえるからである。このため、「信義則上の義務」にとどまるものでもないし、一般的に「特別な社会的接触関係にある者の義務」程度のものではなく(6)、本来的義務といえるわけである。それゆえに、その義務懈怠による学校の債務不履行責任は重要であるということになる。

(1)　山形地判昭和五二・三・三〇判時八七三号八三頁。
(2)　盛岡地判昭和五二・二・一〇判タ三六〇号二三二頁。
(3)　東京地判昭和五五・三・二五判時九五八号四一頁。
(4)　長野地判昭和五四・一〇・二九判時九五六号一〇四頁、これらについての判例研究として、拙稿「県立高校の在学契約と債務不履行・国賠法上の責任」季刊教育法三五号一五二頁（本書***7***所収）。
(5)　この点について、拙稿「教育私法序論」季刊教育法二九号一三五頁以下（本書***2***所収）、同・前掲一四九頁以下参照。
(6)　このことから、学校の安全配慮義務を根拠づけるにあたって、国の国家公務員に対する安全配慮義務を認めた最高裁判例（昭和五〇・二・二五判時七六七号一一頁）が引き合いに出されることがあるが疑問である。本判決では、「ある法律関係にもとづいて特別な社会的接触の関係に入った当事者」（筆者傍点）としていることから、契約関係にもとづく場合も含まれるという意味において、この判例を援用することは可能であろう。しかし、その契約関係自体の中に安全配慮義務が内容とされているか、付随義務とみることができるときは、わざわざこの判例を援用する必要はないからである。本判決でもおそらく、契約関係として捉えることのできない法律関係を前提としてか、あるいは契約上の法律関係であってもその契約内容として安全配慮義務を位置づけることのできない場合を前提としていると解するのが妥当ではないかと思われることから、そうだとするとそれは「信義則上の債務不履行責任」の成立の可能性を示したものと解すべきで、かかる意味でも、その援用は妥当ではないといえそうである。

四　信義則上の債務不履行責任と在学関係

学校事故の賠償責任理論として債務不履行責任理論に立ちながら、在学契約を前提としない考え方が新たにみられるようになった。すなわち、東京商船大学生寮新入生飲酒死亡事件で、学生と国立大学との在学・在寮関係は私法上の契約関係とすべきではなく「行政処分によって発生すると解すべきであるが、一方、このことから直ちに大学の学生に対する安全配慮義務が否定されたものではなく、行政処分によって発生した法律関係が一定の目的（大学においては教育・研究目的）達成のための管理権を伴うものである以上、信義則等により、管理をなすべき者（大学当局）は被管理者（学生）の身体・生命・健康についての安全配慮義務を、その法律関係に内在し、又は付随するものとして負うものと解され、この義務の不履行による損害賠償義務は、私法上の契約により大学在学の法律関係が成立した場合と異ならない（筆者傍点）」とする判例がそれである。[1] また、私立学校についてさえ、「『在学契約』なる概念が窮極的に原告主張のような内容に割り切って解することができるかどうかについては若干問題がないわけでもないが、少なくとも、高校が、その教育活動の実践の分野において、生徒の安全を保持する義務（以下、安全保持義務という）を負担していることはいうまでもない（筆者傍点）」とするものも現れるにいたっている。[2] そこで、これらを、いわゆる「信義則上の債務不履行責任」理論として捉えるのが妥当といえよう。ところで、このような理論は、国の公務員に対する安全配慮義務懈怠にもとづく債務不履行責任を基礎づけるにあたって「右のような安全配慮義務は、ある法律関係に基づいて特別な社会的接触の関係に入った当事者間において、当該法律関係の付随義務として当事者の一方又は双方が相手方に対して信義則上負う義務として一般的に認められるべきもの（筆者傍点）」とした最高裁判決を援用するものであることは明らかであろう。[3]

そこで、まず、このような「信義則上の債務不履行責任」なるものを民事責任理論のなかでどのように位置づけるかが問題になるわけである。この点、さきの東京商船大学生寮新入生飲酒死亡事件判決では、「私法上の契約により大学在学の法律関係」を前提にする場合と異ならないとしているが、それは一方的な考え方によるもので妥当性を欠くといってよいであろう。それは私立学校での事故の場合における債務不履行責任との整合性を保つために、国立大学における在学関係を在学契約として捉えなくても同視できる旨を示したかったのではないかと考えられる。しかし、在学契約を前提としての債務不履行責任を主張する者にあっては、その賠償責任は契約責任として捉えているのに対し、「信義則上の債務不履行責任」をはたしてこのように捉えることができるのであろうか。民事責任理論として本質的な違いはないといえるのかどうか疑問だからである。そして、それはまた不法行為責任としても捉ええないとするならば、あえていえば、第三類型すなわち不法行為責任でもない契約責任でもない民事責任類型を形成し、これを学校事故の場合にも援用したものと言えよう。

ところで、このような第三類型の賠償責任理論、いわゆる「信義則上の賠償責任理論」については、古くからそれをみることができるし、また最近に至って特に重要視されるにいたったものである。すなわち、従来から論議されてきた「契約締結上の過失」理論[4]がそれであるし、医療事故の賠償責任理論の議論や製造物責任を基礎づけるために議論されている賠償責任理論[5]などがそれであり、いずれも、被害者と賠償責任主体との関係を契約関係として捉えることが困難であるという事情を前提としながら、契約責任的責任を構成しようとするものである。このため、学校事故に関しての「信義則上の債務不履行責任」理論も、賠償責任理論としては今日承認できないものではない。ただ、いわゆる「信義則上の賠償責任理論」は、新たに形成の過程にあるものであり、その責任法理はコンクリートになっていないもので、今後の検討研究に待たなければならない[6]という実情にあるものである。

そこで、学校事故の賠償責任理論として、このような実情にある理論を持ち出さなければならない原因はどこにあるか、それが、教育理念の観点からみて妥当かどうかについてつぎに検討を加える必要があろう。学校事故において、このような「信義則上の賠償責任理論」を持ち出さざるを得なかった最大の原因は、在学関係を在学契約と解することを否定しながら学校の安全配慮義務を前提とした賠償責任理論を構成しようとした点にあることは明らかであろう。すなわち、特別権力関係説を批判し在学契約として捉えるにいたった通説とそれに依拠しながら単発的ではあるが在学契約を承認しつつある下級審判例(7)に逆行して「行政処分によって発生した法律関係」として捉えようとしたことに帰因しているわけである。このため、そこに潜む問題意識は、特別権力関係説の延長的発想のもとに学校事故を契約責任として捉えようとするもので、これはまさに新しい試みであるとともに、特別権力関係の亡霊をそこにみないわけにはいかないのである(8)。そして、最高裁判決では、大学に関してではあるが「自律的、包括的な機能を有し、一般市民社会とは異なる特殊部分社会を形成している」とするだけであるにすぎないことから、この上に立って、かかる特殊部分社会にかかわる者の信義則上の債務不履行責任として発展形成させ、在学契約の可否を問う芽をつんでしまいかねない危険性をも内包している理論でもあるといえよう。

そこで、「信義則上の債務不履行責任理論」がこのような事情を背景として登場してきたものであることを認識した限りにおいては、あの正しく発展形成してきた在学契約の理論的指向にまさに逆行する論理であることから、軽々にこれに頼ることはあってはならないといえるであろう。

これまでは、在学関係の理論と学校事故賠償責任の理論とは切り離された形で論議されてきたようであるが、両理論は、切り離すことのできないものであることは、ここに明らかになったものと思われる。このために、かかる認識にもとづいて、それは二人三脚を組んで、教育の私事性と意思尊重という基本的思考にかなった教育法の形成のために、検討を加えていかなければならないわけである。その意味においては、学校事故賠償責任理論の側面からみれば、「二」で明らかにしたような「契約上の債務不履行責任理論」の形成に今後は意識的に努力していくことこそが重要であると結論づけできよう。

（1）　前掲東京地判昭和五五・三・二五。

（2）　千葉地判昭和五五・六・二五判時九八〇号一一二頁。もっとも、本判決をここに入れることができるかどうかについては若干の疑問がないわけではない。在学契約であることを認めつつ、その契約内容についてだけ疑問とするのか、在学契約とみること自体を疑問とするのかは明確でないからである。しかし、在学契約を前提として安全保持義務を位置づけているものではないという意味においては同類判例とみることができよう。

（3）　前掲昭和五〇・二・二五。

（4）　北川『契約責任の研究』一九四頁以下、三三九頁以下参照。

（5）　川井健『製造物責任の研究』四頁以下参照。

（6）　このような「信義則上の賠償責任理論」については、今後、検討する予定であり、ここでは留保しておく。

（7）　さきの**二**の注（1）、（4）判例に加わるものとして、大阪地決五五・三・一四。すなわち本判決の研究として、拙稿「大学移転と司法審査および移転処置の可否」季刊教育法三七号一二二頁以下（本書***20***所収）参照。

（8）　同旨の見解は、すでに、宮城教育大事件の国側準備書面㈣にみられるところである

6 教育の安全と過誤——総論——

一 問題の所在

ここでは、公教育にかかわる二つの問題を取り上げて報告する。一は、公教育の安全に係わる問題であり、二は、公教育の内容に係わる問題である。ところで、このいずれの問題も、非常に大きな問題であるし、これまで十分に検討されてきているとはいえない問題であると思われる。また、この二つの問題がどこでどのように接合するのかについても全く検討されて来なかったと思われる。その意味において、今回は、何らかの問題の提起に留まることを断っておきたい。

ところで、この問題は、法的には、教師の教育権と生徒の学習権との関係の問題として捉えることができるが、その現れ方は二つに分けることができる。公教育の安全、あるいは公教育の内容を問題にする場合、第一には、前者に関しては、どのようにすれば安全な公教育を行うことが出来るのかの問題と、後者に関しては、どのような教育をすることが公教育として適切なのか、別の言い方をすれば、教育の過誤とはどういうことなのかという問題、いわゆる「中身」にかかわる問題と、第二には、前者に関しては、公教育の安全を保障するための責任の問題と、後者に関しては、公教育の内容を保障するについての責任の問題という、いわゆる「責任論」にかかわる問題に大別することができる。しかし、われわれの報告は第一の問題については、全く触れていないし、その能力もない。このため、ここでは、第二の問題、すなわち「責任論」に限定して報告することを了承していただきたい。なお、この「責任論」も、さらに区別するならば、どのような法制度にするのが最も適合するかの問題と、現行法制度上において、どのような論理によって責任を求めていくことができるのかの問題に分けることができると思われるが、ここでは主として、後者に重点を置くことにした。

二　公教育の内延と外延の問題

1　公教育の安全の問題

ここでまず問題にする公教育の安全の問題というのは、公教育における児童・生徒の身体、生命に対する安全にかかわる問題を責任論の視点から、問題とするものである。ところで、このような問題については、従来からもすでに、多くの検討が行われ議論されてきている。そこでの議論の中心は、公教育における児童・生徒の身体、生命に対する安全保障の根拠論の問題と、学校事故として現れる安全に対する侵害の生じた場合の被害生徒に対する補償、特に損害賠償を認めるか認めないかの問題に重点が置かれ、最近ようやく教育条件整備論との関係で安全な公教育をするための条件整備が立法論として主張されてきているのが実情である。

しかし、この問題については、今日において教育条件整備論との関係で新しい芽が出てきたわけであるが、補償論においてはやや論議としては停滞気味の感があり、このことが児童・生徒の身体、生命に対する安全保障問題を前進させるためのネックになっているといってもよいように思われる。そこで、ここらあたりで、その責任論を更に進めて進化させることが必要になるわけで、その意味において、その「責任の問い方」論に焦点をあててみることにした。

ところで、公教育の安全保障についての「責任の問い方」論ということになると、以前に教育法学会において「学災法」および「学賠法」の草案が出され、立法論的検討がなされたことがあるが、今回は、そのような視点からのアプローチは、先に述べたように、留保する。どのような責任の問い方が、現行法上、可能であり、またベターであるのかという視点に立って報告をするわけである。

2　公教育の内容と過誤の問題

公教育の内容と過誤の問題は、公教育の指導・評価についての法的な争いの問題であるが、ここでも、教科書裁判や学習指導要領問題のような公教育の内容の中身の問題は取り上げない。公教育の指導・評価についての手続的補償とその責任の問題および、教育内容自体についての保障とその責任の問題を取り上げるだけである。

しかし、これらの問題について、わが国では、ほとんど議論されてこなかったように思われる。わずかに、前者の問題に関連するものとしては、昨日公刊された季刊教育法五五号で、市川＝安達両氏が「教務規定」の問題として、これを議論しているし、後者については、事故研報告を基にして青野氏が季刊教育法五二号に「教育過誤責任」の論稿を載せている程度である。そこで、今回も、市川氏と青野氏の二人に報告してもらうことにした。ただ、これらの問題については、わが国での議論が乏しいことから、今回は、問題提起の意味をも兼ねて、前者については西ドイツ法の、後者についてはアメリカ法での議論を中心に検討するに留める。このため、わが国において、それらの議論がどの程度妥当し有用性をもつものなのか大いに議論していただきたいと思う。ただ、この問題は、わが国においても、これから重要視されなければならない問題であることは確かだと思われるので、深く検討し研究する契機ともなればと願っている。

その現れとして、最近、わが国の判例においても、高校レベルの問題ではあるが、札幌地裁昭和五六年一一月一六日判決(判例時報一〇四九号一一〇頁)が注目される。この判例についての詳細な検討は、青野氏によって行われると思われるが、ここで、その概略を述べるとつぎのようなものである。公立商業高校の生徒が、成績不良を理由として原級留置の措置を受けたことにつき、担当教師や校長らにおいて、生徒の成績不良の原因を把握して教務規定の定める進級基準に達する程度まで教育指導するべきであるのに、これを怠ったとして、在学契約の債務不履行や、不法行為を理由に損害賠償を請求した事案で、第一点として、成績評定は、生徒に対する具体的かつ専門的な教育評価にかかわるものであるから、その基準の設定、判断は、教師の教育的裁量に委ねられているが、それは、究極的には、生徒の学習権を保障するためであるから、客観的に公正かつ平等になされるべく配慮しなければ、それは教育裁量の範囲を逸脱し、成績評定を受ける生徒の学習権を違法に侵害するものであるとし、第二点として、各科目担当の教師は、成績評定の前提として又は教育権の本質をなすものとして、当該科目につき授業などにおける教育指導の具体的な内容、方法などを編成する権能を有し、それは、生徒に対する具体的かつ専門的な教育内容にかかわることから、広汎な教育的裁量に委ねられているが、その内容、方法が著しく教育的配慮を欠く場合、殊に成績不振の生徒に対してこれを全く無視して教育指導をしなかったときには、教育的裁量の範囲を逸脱するものとして義務の履行を怠り、生徒の学習権を違法に侵害することになるとし、ただ、本件ではいずれの事実も認められないと判示したものである。

ところで、この教育の内容についての補償責任の問題と教育の過誤の問題は、さきの判例においても述べられているように、その判断の当否に当たっては、一方では、教育における、学校や教師の教育裁量権と、他方では、生徒の学習権の保障と密接に関連するものであって、その判断において非常に困難な要素がみられる。しかし、この議論は、今後の問題として、将来的に考えていかなければならないとは思われるが、今回は、先に述べたように、そこまで踏み込んでは検討していない。このことについても、了承いただきたい。

3　両者の関係

次に、公教育の安全についての責任の問題と、公教育の内容および公教育の過誤についての責任の問題を一緒に取り上げたことの意味であるが、今日まで、その意味を見出すことができずに困っているわけである。それは、実は、最初は、公教育の内容と過誤に絞ってと考えていたのであるが、多くの方から公教育の安全の問題にも広げてみてはどうかとの助言があり、それに乗っかった後になって、なかなか纏めきれなかったというのが一つの原因である。ただ、そればかりではなく、両者はどこかで結びつくものではないかと思われるのであるが、これまで学会において、そのような観点からの検討がなされてこなかったというのが根本的な原因かもしれない。あるいは、見方を変えれば、そのように結びつけて捉えること自体が無意味であり、誤っているからかもしれない。このため、このことについては、是非、議論していただきたいところである。

ただ、強いて結び付けるならば、両者は、公教育における外延と内延の関係にあるのではないかと思われる。そして、両者が相俟って、初めて、公教育が適切に遂行されていくものと考えられる。また、別の見方をすれば、生徒の学習権についての外延と内延の問題があるともいえる。しかし、その両者のどこが接点となるのかが問題ではないかと思われる。しかし、教育条件整備論においてみられるように、教育条件の整備は、教育の内容の充実にかかわるとともに、教育の安全にかかわる問題でもあるというように、密接に結びついた問題であることが認識されているように、ここでも、そのような関係としてみていくことができるのではないかと、漠然と考えているわけである。

三　公教育に対する法的責任論

ところで、今回の報告では、以上のような諸点が、教育法学の見地からみた場合の論点ということになるわけであるが、これとは異なる視点として、「法的責任論」についても、若干の問題を提起したいと考えている。すなわち、教育の安全についての責任論の中心は、補償の在りかたにあったわけであるが、このほかに、差止請求や給付請求(安全要求請求≡行政介入請求)という方法でいけないものなのかどうか、あるいは補償の在りかたとしても、損害賠償によるべきなのか、それとも災害補償によるべきなのか、そして災害補償による場合の問題点というような点を問題にしてみたいと考えている。また、公教育の内容の保障のための責任ないし、教育過誤責任としての賠償責任の構造――不法行為責任か債務不履行責任か――の問題や、とくに賠償責任論のなかにおいては、医療過誤や弁護過誤における責任と共通するところの過誤責任であることが注目されるわけであるが、過誤責任の一般的な構造や過誤責任に共通する問題点――例えば、すぐれて専門的裁量に委ねられた領域での問題であること――などとの関係づけにおいても問題としていきたいと考えているわけである。

以上、前置きが長くなったが、要するに、教育の内容と安全についての責任の問題を「教育法」の「法」の側面に重点を置いて捉えてみようというわけである。この意味では、「教育」の側面からの検討はネグレクトされており、ここにおいて議論していただければと願っている。もっとも、「法」の側面からの検討といっても、何分にも、これまで余り議論されなかったところが多いことから、報告においても、我田引水で思いつき的な点も多いと思われるし、また、外国のものを紹介してどれだけの意味があるかとの批判もあるかと思われるが、今後の検討の踏台とする意味において、問題提起的な報告に留めることを了承していただきたい。

7 県立高校の在学契約と債務不履行・国賠法上の責任
――長野地裁昭和五四年一〇月二九日判決――

一 事実

X_1（原告）は、県立高校定時制四年生に在学し、同校柔道部に加入し、初段の段位を有していた。そして、同柔道部は、二段の段位を有する同校教諭Aが顧問として指導にあたっていた。ところが、昭和四九年に同県内の校長会主催の定時制高校生のための第三回体育大会が開催され、同校柔道部もこれに参加することになり、X_1も選手として選ばれ、Aの承諾を経て、同校校長Bが参加を承認した。そこで、X_1は、柔道団体戦第二回戦に出場したとき、相手チームの選手で初段の段位を持つCといわゆる自然体のままもみ合ううちに、Cが仕掛けた跳腰の技により、X_1の足が高く跳ね上り、同時に頭部が下になって、一瞬倒立状態のまま柔道場の畳に垂直に近い姿勢で落下したため、頸髄損傷等の重傷を負って、歩行不能となった。

そこで、X_1とその母親X_2は、X_1が在学する県立学校の設置者である長野県Y（被告）に対し、在学契約に内在している生徒の身体・生命に対する安全保持義務に違背したとして債務不履行にもとづく損害賠償を請求するとともに、予備的に、X_1を本大会に参加させるについてA（教諭）とB（校長）に過失があったとして、また校長会の競技運営上に過失があるとして、国賠法一条にもとづく損害賠償を請求した。これに対し、Yは、公立学校の在学関係は契約関係でないから債務不履行の責任を問うことができないこと、本大会は、校長会が主催したものでY県とは関係がなく、公権力の行使にもあたらないので国賠法一条の責任も成立しないとして争った。

二　判旨

1　公立学校の在学関係

「公立学校の在学関係は、教育行政と切りはなした本来の教育の分野においては、優越的な意思が支配し他方がこれに服従する関係にあるとみるべきではない。さらに現行の教育関係法規をみても、公立高校であると私立高校であるとを問わず、学校教育法・教育基本法の適用をうけ、両者は同一の目的をもつ教育機関であるとされているのであって、教育の分野においては本質的な差異を認めていない。そこで、公立学校の在学関係と私立学校のそれとでは、法律上その性質において異なるものではないから、公立高校の在学関係をとくに被告の主張する特別権力関係と解すべき、合理的な理由はない。」

「思うに、生徒が県立高校に在学する場合、右在学関係は、生徒と当該高校の設置者である県との間の契約にもとづいて基本的に成立し、これにより生徒は教育を受ける権利を取得し、学校設置者たる県は、生徒に対してその施設を供し、教職員をして、生徒に対し所定の課程を授業させる義務を負う。もとより、県立高校は行政主体たる地方公共団体としての県が設置経営するものであるから、国民の福祉の増進、教育権等を保障する見地から私立高校等と異なる法的規制がなされ、これにもとづいて教育行政を行うことも当然であるけれども、そのような優越的意思による支配は、在学関係にまで及んでこれを規律するものではなく、右関係はもっぱら合意に基礎を置き、その合意が準拠する教育基本法、学校教育法等教育法令、さらには、教育目的にそう慣習、条理によって補完され、これによって規律されるべき契約関係と解すべきを相当」とする。

2　在学契約上の安全配意義務

「学校設置者たる県は、当該在学契約に付随する当然の義務として、教育条理及び信義則上、学校教育の場において生徒の生命、身体等を危険から保護するたの措置をとるべき義務を負っているものと解される。」「ところで、右の安全を配慮すべき義務は、特定高校において生徒が学校教育を受けることを目的とする在学契約に付随するものであるから、当該在学高校の固有もしくは付随の学校教育活動に際して、その領域において、生徒の安全を配慮すべき義務であって、その領域を離れて他の支配領域においては、……その責任を要求されるものではない。」

そこで、校長会主催の体育大会は、特定高校独自の教育活動ではなく、在学契約を結んで高校の本来の教育活動の領域をもはや離脱しているので、在学契約上の安全を配慮する義務を負うことはない。

ただ、本件大会に参加させること自体は、同校柔道部の体育クラブ活動の延長として、同高校の教育活動の領域に属するため、X_1を選手として参加を承認したことにつき安全配慮義務懈怠があったかどうか問題になるが、A教諭が、X_1は柔道初段の段位を有し、同校柔道部の他の有段者に比較して実力が劣るということはなったこと、柔道技量が未熟であるとか健康状態が適していなかったことなどにより、対外試合に出場しうる能力が欠けていたと判断しなければならなかった事実が認められないことから、試合を遂行しうる技量を有するものと判断し、参加を承諾したことについては教育専門的立場から負わされている安全配慮義務違反があったと言えないし、B校長にも、柔道二段の段位を有し、指導上必要な専門知識に欠けるところのないA教諭の措置に従って参加を許可したとしても、学校管理者として課せられた安全配慮義務懈怠は認められない。

3　国賠法一条の適用の問題

在学関係の法律上の性質は契約関係と解すべきであるが、「そのような関係にあっても、かならずしも国賠法の適用は排除されるものとはいえない。けだし、国賠法一条にいう『公権力の行使』とは、これを広義に解するを相当とするから、公共団体の作用のうち、非権力的な作用もこれに含まれると解すべく、従って、公共団体の公立高校生徒に対する作用も、国賠法一条にいう『公権力の行使』というをさまたげない。」

また「国賠法一条の『公権力の行使』とはこれを広義に解するを相当とするから、本件大会の開催運営のごとく、公立高校生徒に対する被告県の作用は、これにあたると解すべきである。」

4　債務不履行責任と国賠法一条の責任の関係

「両者の適用関係は、ある範囲において競合し、いわゆる請求権の競合関係が生ずるものと解すべきである。」

5　国賠法一条の責任の前提たる過失の認定

㈠　X_1を本件大会に参加させるについての過失の認定　「その主張する過失の前提たる注意義務の内容は、同原告が被告県の債務不履行責任を問うさい前提とした、いわゆる安全保障義務と同様であること」から、前記認定通りこの点での注意義務懈怠がないことから、過失も認められない。

㈡　校長会の競技運営上の過失の認定　⑴対戦相手を抽せんで無作為に組み合わせたとしても「当該選手の柔道経験が皆無であるとか、柔道を習い始めたばかりの初心者であるというような極端な場合なら格別、講道館初段の認定を有する、いわゆる有段者同士においては」、一般的にいって妥当を欠いた措置とはいえない。

⑵　本件大会主催者である校長会が、書類上の審査のみで参加資格を認めたことについても「対戦者の技量ないし健康状態に明白な格差があることを審査のさい見落す等の過誤のある場合は格別」、「初段同士の有段者の対戦において有段者が通常有する受身の技量を以てしても、なお防禦しきれないような技がかかることは、柔道という本来危険を内包している競技の性質上、あり得ないこととは決していえない。」のであるが、あらかじめ、このような危険を回避する措置をとることは、事実上不可能であるため、それをもって開催・運営体制に瑕疵があったということはできない。

⑶　無差別制を採用したことについても「体重の軽量が原因となって選手が試合中に負傷する危険性が高いと認められるような特別の事情がない限り、対外試合において無差別制を採用することをもって、競技運営が妥当を欠くとは一般に断じ難く」、過失があったということはできない。

以上認定の通りであるから、いずれの点から考察しても、現行法制上はその責任を問えない。

三　研究

本判決の判旨は多面にわたり、そのいずれもが注目されるもので、教育判例上、重要な位置づけがなされるものと考えられる。とくに、公立高校の生徒と学校設置者との在学関係を契約関係と解したこと、そして、この契約関係であることを前提として学校事故に際しての損害賠償請求をしていくに際しての重要な論理が展開されていること、さらには、安全配慮義務懈怠や過失の認定判断上の基準がその関連する事項についてではあるが詳細に示されていることに注目しなければならない。そして、本判決については、若干の疑問点はないではないが、総体としてはきわめて優れた判例であり、学校事故裁判のモデルとして活用できるのではないかと考えられる。ただ、判決としては、教育法上、注目すべき重要なものでありながら、被害生徒の損害賠償請求を肯認し得なかったということは、なんとも皮肉である。ここに、改めて、現行法制上の限界を痛感させられ、学校事故補償救済制度を確立していくことの必要性を、いうまでもないことではあるが感じさせられる。

1　公立高校の在学関係の法的性質

公立高校における生徒と学校設置者との在学関係の法的性質をどのように考えるかということに関しては、永い間、通説、判例は、公法上の特別権力関係と解してきたことは周知の通りである。しかし、今日では、「国家の教育観」が克服され、「教育の私事性」を基調とする国民の教育権論が主流を占めるに至って、[1]生徒と学校とを対等な権利主体関係として位置づけ、自由な意思決定にもとづいての学校の自治規範に拘束されながら教育に参加していくという教育観に適合する法理として、在学関係から権力作用性を放逐して、生徒と学校との自由意思にもとづく契約関係であると解する見解が通説となりつつある。[2]しかし、判例には、最近でも特別権力関係とみるものもあるし、[3]これを否定するだけのもの、[4]あるいは単位不認定という教育上の措置[5]や退学処分[6]の法的根拠に「特別権力関係」論を用いないで、学校という特殊部分社会における自律的、包括的な権能にもとづく法規範の存在を基礎に置いているにすぎないものなどがある状態において、判決が「契約関係」であると解したことは、通説的見解を受け入れたものであるとはいえ、今後の判例をリードするリーディングケースになりうるのではないかと思われる。そして、上級審において、この理論の確立されることが待たれるところである。

そして、本判決が「契約関係」であるとする論拠として、在学関係を教育行政と切りはなして捉えていることが注目される。そして、在学関係は本来の教育の分野であり、そこでは優越的意思による支配として規律しうるものではないとみるわけで、この限りではまさに正当である。ただ、このように分けた場合に、教育にかかわる事項のうち何が教育行政の問題であり、何が在学関係上の問題であるのかという区分け論が出てくるわけで、教育法の分野においてこれをどう受け止めるかが問題となるであろう(7)。

ところで、本判決が「契約関係」であることを、公立高校における学校事故に際しての損害賠償請求事件との関連で是認した意義は非常に大きい。私立高校における学校事故による損害賠償請求では、すでに近野君事件の判決で承認されているが(8)、国公立学校の場合には「契約関係」であることを前提として請求されたのに対し、それについては十分な判断がなされず「懐疑的」であるとされてきただけである(9)。このため、本判決を契機として、私立高校における学校事故による損害賠償請求において、その請求原因も在学契約を前提とした債務不履行責任として構成していくことを認めうる可能性が出て来たわけである。そのことは、その請求に際し、責任主体を直接、学校設置者として捉え、指導担当教師等を責任主体からはずしうるという教育条理的配慮を加えうるという意味でとくに重要視されなければならない(10)。このほか、賠償法理論からみるならば賠償責任の前提となる有責性についての挙証責任が転換されているという意味においても重要視される。

2　在学契約上の安全配慮義務

そこで、学校事故を在学契約を前提とした債務不履行責任として把握する場合には、学校設置者の何らかの義務懈怠によるものであるといわなければならない。このため、本判決も近野君事件判決と同様に、学校設置者に、学校教育の場において生徒の生命・身体を危険から保護すべき安全配慮義務のあることを明示し、この義務を、近野君事件判決では単に在学契約に付随するものとして片付けていたが、本判決では、さらに積極的に教育条理および信義則上の当然の義務として捉えるに至ったことはまさに正当である。そこには、この安全配慮義務は、教育権の保障として、生徒の「安全に教育を受ける権利」に対応する学校の義務であり、そのことから、在学契約に際し明示されたか否かにかかわらず在学契約に本質的なものとして内包されているものとの考え(11)に従ったか、すくなくともそれに近づきつつあることがうかがえるからである。

それでは、このような学校設置者の安全配慮義務は、どのような範囲において存在するものであろうか。この点に関し、近野君事件では、学校の課外教育活動の一環として行なわれていた体操部での練習中の事故であったため余り問題にされなかったが、本判決では、学校体育クラブ活動の延長としての性格はもつものの、特定高校独自の教育活動の領域を離脱し、県下における校長会の支配運営下にあった体育大会での事故であることから、とくに問題になるわけである。そこで、本判決では「在学高校の固有もしくは付随の学校教育活動に際して、その領域において」であり、その領域を離れて他の支配領域においては、その義務がないとしている。この考えは、不法行為責任に関してではあるが、県立高校の柔道部で、退部を申し出た部員に制裁的暴行を加えた事例で、指導担当教師には、クラブ活動に関連して発生し得べき集団暴行事件についてはその一切につき防止義務があるのではないとした判例(12)と同趣旨のものであるといえよう。そして、このような領域範囲を決めること、またそのための抽象的基準の立てかたとしては妥当ではないかと思われる。問題は、具体的にどのような場合が、その領域範囲に入るかということである。正課授業、学校行事、課外活動など在学学校の教育活動に伴う事故である場合には、その安全配慮義務の領域の範囲内に該当することはいうまでもなかろう。しかし、本判決の事案のような場合は、その領域範囲についての線引きは非常に困難である。そこで、本判決では、体育大会に参加出場させたこと自体は在学高校の体育クラブ活動そのものの延長として、同高校における教育活動の領域に属し、ここまでは在学契約上の安全配慮義務を負うが、体育大会における柔道試合自体は在学高校の教育活動の領域外であり在学契約上の安全配慮義務は存在しないとして線引きをしている。このような基準による線引きについては、在学高校の代表選手として出場している以上は、その生徒に対し安全配慮義務は消滅したものと考えるべきではないとの反論も予想されようが、有責性のある賠償責任主体が誰であるかという見地から考えていくならば、本判決のような基準での線引きが妥当ではないかと考えられる。このために、在学している学校を代表した形で各種競技大会に出場し、その競技や試合中の事故につき、その学校設置者に賠償責任があるかどうかの問題を考えるにあたっての一つの基準が示されたものということができる。

さらに、このような安全配慮義務は学校設置者自身に課されているわけであるが、実際には教職員を履行補助者として遂行されることになる。その際、教職員によって遂行される安全配慮義務の内容は一律ではなく、それぞれの立場に応じたものでなければならない。そして、このことを認識してはじめて義務懈怠の存否の判断につき正しく行ないうるわけである。この点、本判決は、柔道部の顧問である教諭については「その教育専門的立場から負わされている指導上の」安全配慮義務であるとし、校長については「学校設置者として課された」安全配慮義務であることを明らかにしている。この意味において、安全配慮義務の内容がきめこまかく捉えられらているといえる。

3　国賠法一条の適用の有無

本判決は、国賠法一条の適用しうることを承認している。そのことは、「参加出場させたこと自体」の教諭・校長の職務に関してと、校長会による競技運営に関しての二側面において承認している。そして、両者が一括して捉えられているようである。しかし、国賠法一条の適用の可否を考えるにあたって、両者は、次元を異にして考えなければならない。すなわち、前者との関連においては在学関係を「契約関係」とみた場合でも、そこに国賠法一条にいう「公権力の行使」があると言えるのかどうかが問題になるのに対し、後者の関連においては校長会による体育大会の開催運営が「公権力の行使」にあたるかが問題になり、その論点が異なることになるからである。そして、この二つの問題は、いずれも重要な問題であり、本判決が、これを肯認したということは、非常に大きな意味を持つものであることを認識しなければならないと思われる。

そこで、まず公立高校における生徒と学校設置者の関係を「契約関係」として捉えた場合にでも、国賠法一条は適用されるかについて考えることにする。公立高校の教育活動中の事故につき、国賠法一条を適用すべしとする見解は、今日の通説、判例である。そして、その理由づけとして、わずかに特別権力関係説によるものもあるが、多くは非権力作用説の立場から肯定してきている。(13) この意味では、本判決も、国賠法一条にいう「公権力の行使」を広義に解し、非権力的な作用もこれに含まれるとし、したがって、公共団体の公立高校生徒に対する作用もこれに該当し、適用されるとする点で、共通の見解に立つといえる。しかし、非権力作用説の立場から肯定してきた時点では、公立高校の在学関係を明確には「契約関係」として捉えられてこなかった時代のものである点で、本判決の背景とは異なることに注目しなければならない。とくに、在学関係を「契約関係」とみることの基本的背景が「教育の私事性」、生徒と学校との対等な関係における自由な意思決定にもとづく教育への参加という教育理念にもとづくものであるときでも、「公権力の行使」概念によって捉えることができるのかどうかを考えてみる必要があろう。そこで、このような教育理念を貫徹するために、教育は被教育者の自発性を尊重しながら社会生活自体のもつ教育機能を活用して行なわれる社会的作用とみるべきであるから、民法七一五条を適用することが好ましいとか、(14) 教育活動は、私立学校も国公立学校の場合も同質のものであるから、それから生ずる事故についての賠償責任規定も共通のものであることが好ましいとして民法七一五条を適用すべしとの見解などが存在する。(15) 被害生徒自身についての損害賠償請求に限ってならば、債務不履行責任との競合が認められるのが一般であるから、それによって損害請求をすればよいわけであるから、この教育の理念を貫徹するために、このような解釈も不都合ではないであろう。しかし、学校事故を原因として父母等の慰藉料などにつき賠償請求をしていく場合、債務不履行責任として構成することは困難であることから不法行為責任として構成し請求しなければならない場合も多く存在することになる。このような場合に、民法七一五条より損害賠償の法理として優れた(16) 国賠法一条に持ち込むことの方が好ましいわけであるから、なるべく国賠法一条適用について可能性を探るべきではないかと思われる。

この意味で、本判決が、国賠法一条の適用を肯認したことは正当である。そして、被害生徒自身の被った損害の賠償請求にあたっては、債務不履行責任と国賠法一条責任とが競合すると判示したことも理論的には正当である。ただ学校事故裁判も、教育裁判とみる立場に立つならばそこに教育理念が展開されることが必要であり、この意味では、さきにみたように、債務不履行責任として請求していくことが望まれることになる。そして、父母等の損害についてのみ国賠法一条責任でいくという配慮が望まれる。

つぎに、本判決は、校長会の主催運営する体育大会も、公立高校生徒に対する国賠法一条の「公権力の行使」であるとしている点に注目すべきである。そして、校長会の主催運営というのは便宜的形式的なもので、実質は高体連および県教育委員会の管理・監督下に高校教育上クラブ活動の延長として開催されたものと認められるから「非権力作用」とみて適用されると理由づけている。ここで、校長会を県と関係のない任意団体とせずその実質的判断をしていることは妥当である。しかし、そのことによって、「公権力の行使」についての広義説に立つと国賠法一条の適用が可能といえるかどうか疑問である。この疑いを回避するために、ここでも実質的判断を下して、それが高校教育上のクラブ活動の延長だからであると理由づけるわけであるが、それでは生徒が、在学学校を代表した形で出場するような場合で、主催、運営者が、国や公共団体であるならば、教育活動の延長として「公権力の行使」にあたるというところまで包含されることになろう。そうだとすると高校総体や国体中の在学生徒の事故などについても国賠法一条の賠償責任を求めうるという可能性を示したものといえるからである。

4　安全配慮義務懈怠および過失の認定問題

本判決は、体育クラブ活動の延長としての対外試合に代表選手を選出するについての安全配慮義務の存否の判断、体育大会の開催運営上の過失の存否の判断につき、いくつかの重要な基準を明らかにしており、その面でも、大いに参考になる判例である。この点については、判旨により明らかであるので、紙数の関係上、それにゆずることにする。

(1) 詳細は、拙稿「教育私法序論」季刊教育法二九号一三四頁以下（本書**2**所収）参照。
(2) 詳細は、拙稿「在学関係と契約理論」季刊教育法三〇号一五〇頁以下（本書**3**所収）参照。
(3) 名古屋高金沢支判昭和四六・六・九判例時報六四三号二三頁、名古屋高金沢支判昭和四六・九・二六判例時報六四六号一二頁。
(4) 金沢地判昭和四六・三・一〇判例時報六二二号一九頁。
(5) 最判昭和五二・三・一五判例時報八四三号二二頁。
(6) 最判昭和二九・七・三〇民集八巻七号一四六三頁。
(7) この点は、本判決の直接的問題ではないので検討は保留する。
(8) 山形地判昭和五二・三・三〇判例時報八七三号八三頁。
(9) 盛岡地判昭和五二・二・一〇法と民主主義一一一号三七頁。
(10) 拙稿「学校事故裁判の視点」法と民主主義一一一号二二頁以下。なお、本稿では債務不履行責任として構成することについての長所や短所についても若干検討を加えているので、それを参照していただきたい。ここで、そのことをくり返し述べることを省略する。
(11) 兼子仁「学校事故災害に対する鑑定書―教育法的理論―」一六頁。同旨、拙稿・前掲（法と民主主義）二四頁。
(12) 佐賀地判昭和四七・七・二八判例時報六九一号六三頁。
(13) 詳細は、伊藤進＝兼子仁＝永井憲一編・学校事故ハンドブック〔拙稿〕一六四頁以下参照。
(14) 兼子・教育法（旧版）二二八頁
(15) 森島昭夫「判批」判例評論一四九号三〇頁。
(16) 学校設置者に、民法七一五条一項但書のような、教師についての選任監督上の懈怠のなかったことを理由とする免責主張を認めていないこと、学校設置者の教師に対する求償権行使が故意・重過失の場合に限られていること、学校設置者が被害者に賠償責任を負担するとき教師個人の被害者に対する賠償責任が生じないと解されていることなどによる。

II　学校事故と私法理論

8　学校事故補償救済制度の課題と展望

はじめに

学校事故をめぐる補償につき、近時、活発に検討され推進されてきている。その主な動きとしては、日本教育法学会では昭和四八年に学校事故問題研究特別委員会を発足させ、研究を重ねた結果、昭和五二年春に「学校事故損害賠償法」（以下「学賠法（教育法学会試案）」）、「学校災害補償法」（以下「学災法（教育法学会試案）」）の要綱を発表、日本弁護士連合会でも昭和五一年の第一九回人権擁護大会での決議で、学校災害補償調査特別委員会を設け、昭和五二年九月に「学校災害補償に関する中間意見書――（別添）学校事故による死亡者、重度障害者に対する災害特別補償法案要綱（試案）」（以下「日弁連中間意見書」）を発表、衆議院文教委員会でも、昭和五二年四月に、学校災害に関する調査小委員会を設け、「学校災害に対する補償制度（案）」（いわゆる「木島試案」）を提示するとともに、補償給付金額の増額を主眼とするところの「学校災害に関する小委員会報告」が出されたし、文部省も、この報告を受けて、これまでの日本学校安全会による給付額を大幅に増大させるための予算処置をとるにいたったことにみられる。なお、運動としても、大宮市議会の呼びかけにより、昭和四一年一二月に発足した学災法制定促進全国協議会による学災法制定運動や、日本母親大会による昭和四九年以来の学災法制定促進のための母親運動、あるいは日教組による一連の学校災害補償制度確立のための要求運動など、関係者の広い層にわたって展開されている。このような動向は、学校事故に際してのこれまでの学校安全会による共済給付や、民法あるいは国賠法での不法行為制度、あるいは民法上の債務不履行制度になどによる補償救済では十分にしてかつ適切に対処できないことに対応して、現われたものである。

このことから、これまでの補償救済制度では、どの点が、十分、適切に対処できなかったのか、また、近時、推進、展開されている運動や議論のめざすものは何かにつき検討されなければならない。ただ、この検討がより生産的であるためには、学校事故救済補償制度の基本的視点、それにもとづくところの基本的法理の検討の中で捉えることが必要である。

一　補償救済制度の基本的視点

1　被害生徒救済の要請

学校事故による被害生徒に対し、完全で迅速な補償救済の行われることが、最も重要な視点であり、このことについては誰も異論がないはずである。しかし、現実には、この要請とほど遠い状態にあり、被害生徒の親の負担とされてきた。だが、それが廃疾や死亡などの大きな事故の場合には、経済的にも精神的にも、よく耐えるところではない。そして、毎年約八〇万件を超えるという学校事故の発生によって、一部の者の問題としてではなく、子供を持つ全ての親の問題として、その負担の重さと矛盾性が自覚され、社会問題として顕在化することになる。それはもはや、交通事故による被害者救済の問題につぐ社会的問題といえる。また、この問題は、教育の場での将来を荷うべき子供がその被害者であるという点で、より深刻となる。

では、このように深刻な社会問題に対応して、完全、迅速な補償救済制度を確立するためにはどのような点に留意すべきであろうか。その第一は、現行の補償救済制度の不備を是正することである。昭和三四年に日本学校安全会法が制定され、学校管理下での児童・生徒の負傷、疾病、廃疾、死亡に関して必要な災害救済給付を行なうものとされたが、その給付金額では被害生徒に対し十分に補償救済できるものではなかった。そこで、一般の損害賠償制度によらざるを得ないことになるが、この制度はもともと学校事故補償救済に際しての特殊な状況、すなわち学校、教師と生徒、親という状況を考慮に入れたものではないことから、賠償請求を躊躇し泣き寝入りする傾向が多くみられたし、賠償請求に際しての困難さが存在していた。それには、つぎのような要因が考えられる。①実際問題として、学校・教師に子供の教育を依頼している関係上、これらの者を相手として法的賠償責任を追及しにくいことである。現に、賠償請求をしたことから転校するに至ったという話もこれを裏付けている。②校長や教師個人の有責性を問わなければならないことである。学校設置者に賠償請求をする場合にも教育活動中の学校事故では国賠法一条ないし民法七一五条が適用され、その際、通説、判例では、校長や教師の個人的な故意、過失を問題にしていること、学校施設による事故では、国賠法二条ないし民法七一七条が適用され、その際、学校施設の瑕疵の存否が問題とされ、直接には校長、教師の故意、過失が問われることはないが、学校施設の瑕疵の認定にあたり、設置担当者なり管理・保存責任者の設置、管理・保存上の手落ちが問題とされる場合が多いことから、事実上の有責性が問題とされること、債務不履行による賠償請求（民法四一五条）でも、校長、教師は、学校設置者の履行補助者として、その過失が問題とされるからである。そこで、このことから、教育の場で、最も重要な、教師等との人間関係を保持するため、賠償責任の追及をあきらめてしまうことになる。③被害原因の究明ないし故意、過失の立証の困難さである。国賠法一条ないし民法七一五条では、過失責任主義がとられ、その過失の存在について被害生徒側において立証しなければならないし、国賠法二条ないし民法七一七条の場合も、学校施設の瑕疵についてこれを立証しなければならない。また、その加害行為や学校施設の瑕疵が事故発生の原因であることについての立証（因果関係の立証）も必要である。しかし、学校という場あるいは教育活動中における事故について、これらのことを立証することはなかなか容易なことではない。④被害生徒の有責性の主張が伴うことである。その生徒の被った被害は、生徒自身が招いたものであるとか、そのような教育活動に参加する以上はそれによって生ずる危険を引受けるべきであるとかの主張がなされたり、たとえ賠償請求の認められる場合でも被害生徒の不注意、指示に従わなかったことなどを理由に過失相殺が行なわれがちだからである。そこで、これらの現行制度上の不備を是正するためには、学校事故補償救済の特性に十分考慮を払い、学校設置者の完全無過失責任主義に立つとともに、危険引受や過失相殺の理論を否定したところの補償救済制度を確立することが要請される。

「学賠法（教育法学会試案）」では、第一条で学校設置者の無過失責任の原則を明らかにし、第三条で、学校設置者は「学校運営に伴い、又は学校の施設設備の構造若しくは機能に基づ」く生徒の損害につき賠償責任を負うものと規定しているのは、この考えによるものであろう。

その第二は、子供の人権保障の観点に立つことである。国連の児童権利宣言（昭和三四年）二条では、「児童は、特別の保護を受け、また、健全かつ正常な方法および自由と尊厳の状態の下で身体的、知能的、道徳的、精神的および社会的に成長することができるための機会および便宜を、法律その他の手段によって与えられなければならない」と規定しているが、基本的には、このこととの関係において捉えることが必要である。このため、被害生徒補償救済の要請は、単なる損害の塡補の問題ではない子供の権利擁護の面をも持つものである。「日弁連中間意見書」で子供の発達成長過程における危険に対する保障という観点から捉えるべきであるとしているのは、この視点を具体化したものである。たしかに、この子供の発達成長権保障という観点はいうまでもなく重要である。しかし、それは、子供の一般的な人権擁護の視点から出発するものであり、もし、この観点によるだけであるならば、学校事故補償救済制度は社会保障制度の一環としてしか位置づけられないことになる。このことから、他の社会保障や災害補償制度とのバランス論に対し、説得力のある反論を試みることができないのではなかろうか。この意味で、子供の人権保障の視点に立つことは重要であるが、それだけでは十分でないのである。

その第三は、学校ないし教育活動の危険性を認識し、それによる生徒の被害に対する補償救済を考えることである。兼子教授が、「教育法学会・学賠法」提案理由として、「成長途上にある青少年が恒常的に多様な集団生活を営んでいる学校は、安全保障に万全を期すとしても、なお他の一般の社会分野に比して人身事故の可能性を性質上より多く擁しているという意味で、損害賠償法制の見地からは『危険性をはらんだ施設』であると見ることができ、したがって学校設置者はその危険の発現として事故被害を生ぜしめてしまった場合には『危険責任』たる無過失責任を負うべきことを、特別立法によって法定されてよい理由がある」と述べておられるのも、この視点に立つものである。これは、学校事故補償救済における無過失責任の要請を根拠づけるにあたって、法理論上、最も説得力のある論拠といえる。ただ、危険性の根源を、学校は「危険性をはらんだ施設」であるとする点に求めるだけでよいかは疑問である。「日弁連中間意見書」でも指摘しているように、教育の創造性と発達成長過程にある子供に対する新しい学習の試みに伴う未知の危険性を内包したところの教育活動自体の危険性にも求めるべきである。このことの認識によって、被害生徒救済の要請という視点に限定してみたとしても、子供の一般的な人権保障としての災害補償とは異なる要因を持った事柄であり、他の社会保障制度や災害補償制度とは同列に扱い得ないものであることが理解しうると思われる。

2　教育権保障の一環

憲法二六条は、教育を受けることを国民の基本的人権の一つとして保障している。とくに、この保障は、子供にとっては、人間として豊かな成長を遂げるという生来的な権利の保障として重要である。そして、この子供の教育権の保障の中には、教育権を保障し実施する者には、教育の場である学校において、生徒が教育を受ける過程において生命や健康を損うことのないよう配慮する責任も含まれるものと考えるべきである。そこで、学校設置者は、教育の運営、学校の施設・設備の整備、教師の適正配置や勤務条件などの外的教育条件整備義務を負うことになる。このことによって、学校事故を防止し、生徒の安全に教育を受ける権利を保障していかなければならないのである。それゆえに、学校事故の補償救済の問題は、この外的教育条件整備の一環として捉えられる。(1) それは、いずれも、教育上の安全にかかわる事柄であり、教育の適正な運営、学校の施設整備、教師の適正配置や勤務などはそのための積極的な教育上のコスト負担であるのに対し、学校事故の補償救済はこの安全を欠いたことから生ずる消極的な教育上のコスト負担であるとみることができるからである。(2) このように考えてくるならば、生徒は、教育権保障の一環として安全に教育を受ける権利を持ちながら、教育活動に伴って生ずる危険に、自から甘んじなければならないというように、そのコスト負担は、いかなる場合でも被害生徒側に配分されるようなことはあってはならないのである。この意味で、学校事故の補償救済の問題は、安全な教育のための外的教育条件整備要求との関連において展開されなければならない。それは、単なる被害生徒の補償救済要求にとどまるものではないのである、「学災法（教育法学会試案）」では、第一条で「学校災害における生徒等の被害が教育を受ける権利を侵すもの」として認識し、「学賠法（教育法学会試案）」一条での目的として、被害生徒に対する損害賠償は「学校運営の豊かな展開と施設設備の充実とに資する」ものと定めているのは、これらの考えの反映であり、今後の展開として、とくに、この視点が重要視されなければならないと思われる。

3　教育の歪み解消

現行の補償救済制度が教育に及ぼす歪みとして、つぎのような点が挙げられる。(3)

日本学校安全会の災害共済給付の場合には、学校側も被害生徒側も補償給付をうけようとする点では利害は一致しており、その点では問題は生じない。しかし、この給付申請に必要な安全会への事故報告が学校側で一方的に行なわれていることから、事故発生の真の原因が隠蔽されがちであり、外的教育条件整備に結び付かないし、被害生徒の保護者との間に報告事実の相違に争いが生じ、学校不信を招くことがままあるようである。このことは、学校側が加害者になることから逃避しようとする考えによるだけでなく、日本学校安全会法三七条で、安全会は、被害生徒の損害賠償請求権を、給付額の限度において行使できるとしていることにも起因するものと考えられる。

そして、より深刻なのは、損害賠償制度との関連において生ずる。現行損害賠償制度では、校長や教師の故意、過失や学校施設設備の管理ミスというような有責性が存在しない限り損害賠償が認められないことから、補償救済を認めるために、その前提として、校長や教師の安全保持義務ないし安全管理義務が加重されることになりがちである。とくに、教育活動中の学校事故では、安全保持のための適切な措置が講じられていなかったとする不作為をもって過失が認定される場合がほとんどであるが、この場合にその前提としてのべられている安全保持のための措置内容は観念的で理想に近い内容であることが多いことから、作為の場合よりも、より加重される傾向にあるようである。体育授業中の倒立テスト中に、教師がテストに専念していた際、テスト待ちの生徒が前方回転運動の練習に失敗し死亡した事件で、担当教師はセーフティマットを安全なものと過信し、かつ倒立テストに専念するあまり事故防止注意義務を欠き過失があるとした判例(4)や、課外活動での体操の練習中に、二回転着地の練習に失敗し廃疾者となった事件で、体育担当でない顧問の教師に、体操クラブの練習計画の不備、レギュラー・グループの練習にのみ気をとられていたこと、被害生徒の試みた種目についての予備的練習や万一の危険防止方法の指導が行なわれていないことなどを理由に過失を認定した判例(5)などはこのような傾向にあるものといえよう。前者では、テストの実施という個別指導と他の生徒への注意を要求し、後者では、体操専門指導者に要求されるような能力や行動あるいは全体に対する注意を要求しているからである。そこで、このような安全保持義務の加重傾向が教育に持ち込まれてくると、いきおい安全第一主義の教育に陥りやすくなる。安全性を考える余り、危険回避のための教育内容に萎縮化し、生徒の自主的な活動を制約し、教育に重要な創造性と発展性が損なわれることになる。また、安全性確保の名のもとで、教師の教育活動が組織や行政に一段と拘束され、教育の自由が制約されるという問題も生ずる。また、教師の安全保持義務が時間的にも場所的にも拡張されて行くことになると、放課後、教師の勤務時間外で行なわれるクラブ活動に対する指導や監督がしだいに敬遠され、あるいは、生徒を一刻も早く帰宅させ学校から放逐することも考えられついには課外クラブ活動の廃止という現象まで生じかねない。このため、教科教育に追われ生徒との人格的な接触の少ない現状をせめても放課後に求めてきた途も断たれ教育はすさんだものになり、教育の根本問題となりかねない。さらには、教師の自主的判断による生徒の引率付添も、教師自身により敬遠されがちになるだけでなく、学校設置者側にとっても抑制される恐れも生じ、教師と生徒との人格的接触がなくなり、人格教育が望むべくもない状態になる。なお、さらに校長や教師個人の有責性の追及の結果、校長や教師と生徒との信頼関係が破壊され教育の基礎の崩壊現象が生ずる。

このようなことから、学校事故の補償救済制度としては、教育に歪みの生じないような制度とすることを心掛けなければならない。それには、補償救済の前提として校長や教師個人の有責性を問わないことであり、国ないしは学校設置者の自己責任の原則を確立することであり、その際も、無過失責任主義が貫かれなければならない。

4　教師の地位保障の要請

ＩＬＯ・ユネスコ「教育の地位」勧告（一九六六年）六九項は、「教育の使用者は、学校活動において生ずる児童、生徒の傷害事故に際し、教員が損害賠償を負担させられる危険から教員を保護するものとする」と宣言している。たしかに、教師は生徒に対して教育指導上の安全保障義務を負うものである。この義務は、教師の教育指導の真の専門性と一体的にふくまれており、生徒ひとりひとりの能力発達のしかたに応じた指導の中で遂行されなければならない[6]。そこで、かかる安全保障義務を怠った結果として生ずる学校事故については教師個人が賠償責任を問われるべきだといえるかも知れない。国賠法一条や民法七〇九条、七一五条による賠償請求は、このことからすれば妥当な補償救済制度である。しかし、教師の安全保障義務の程度は具体的に学校設置者ないし学校管理者の尽くすべき事柄との関係においてみるとき、学校事故の発生責任を教師個人にのみ求めることは妥当でない[7]。それは、教育活動に内包する危険の顕在化は教師の努力をもってしても完全に防止できないこと、学校設置者の財政負担に関連するところの学校施設・設備の不備や学校運営や教師配置の不適当性から生ずる事故には教師はいかんともしがたいこと、教師が現実に教育的専門性を維持し発揮しうる勤務条件が満たされていないとなどからみれば明らかである。また、教師に対する直接的な賠償責任追及は教育そのものを破壊してしまうことになりかねないことは前に述べた通りである。ＩＬＯ・ユネスコ勧告は、このような要因を考慮したものと考えるならば、この勧告に従って、学校事故の補償救済制度を考えていくことが適切であるといえる。

（1）　兼子仁「戦後教育判例の概観」教育判例百選八頁。同・教育権の理論一〇四頁、拙稿「学校事故をめぐる救済法制」有倉編・教育法学二二四頁（本書***9***所収）。同「学校事故裁判の視点」法と民主主義一二一号二五頁。

（2）拙稿「判例研究」季刊教育法二四号九八頁、同・前掲（法と民主主義）二五頁。
（3）詳細は、拙稿・前掲（教育法学）二三一頁以下参照。
（4）大阪地判昭和四七・八・三〇学校事故関係裁判例集一二八頁。
（5）山形地判昭和五二・三・三〇法と民主主義一二一号四〇頁。
（6）兼子仁「学校事故災害に対する鑑定書」二〇頁。
（7）兼子・前掲二一頁参照。

二　補償救済の基本法理

補償救済制度の基本的視点が、以上述べて来たような点にあるとするならば、そのための基本的法理としてつぎの諸法理が導き出されることになる。

1　国および学校設置者の自己責任の原則

国は、子供の人権保障および生徒が安全に教育を受ける権利保障の最終的責務を負うものであることから、その保障の一環としての学校事故の補償救済につき、最終的な補償責任主体でなければならない。この意味では、学校安全会の共済補償給付のように、生徒の保護者に共済掛金を負担させるというような制度は、早速に改められなければならない。今日、各界から主張されている学災法制定は、この観点からみるとき正当である。ただ、学災法制定の主張は、ややもすると子供の教育権保障の面がなおざりにされ、被害生徒の損害塡補第一主義に陥りがちである。このため、社会保障や一般的災害補償と結合づけられその特性が見失われるという危険性を帯有している。

学校設置者（国・地方公共団体・学校法人）はまた、自己責任としての賠償責任主体として位置づけられなければならない。学校事故補償救済は、教育保障の一環の問題として、最終的には、国が責任主体であるが、教育権保障の具体的実現としての外的教育条件整備責任主体は、直接的には学校設置者である以上、補償救済という教育上の消極的コスト負担者として、被害生徒に対しては自ら損害塡補の責任を負担しなければならないのである。そのことはまた、学校設置者は学校という危険をはらんだ施設ないし教育活動に内包された危険の支配者ないし管理者であること、生徒に対する直接的安全保持義務負担者であること、教育の歪み解消に有効的であることからも要請される。このことから、学校事故の防止という観点から損害賠償請求において、教師個人の責任を加重したり被害生徒の救済面からのみてむしろ教師個人に賠償責任を認めるべきだとする見解[1]には、賛同できない。そこで、現行法制度上も、国賠法一条や民法七一五条の適用に際し、代位責任説に立つ通説、判例に抗して、国賠法一条については国、公共団体の公務運営に際しての人的瑕疵による損害に対する責任を定めたものとする見解[2]、民法七一五条については、民法七一七条は物的施設の瑕疵についての賠償責任を規定しているのに対比して、使用者の「人的組織上の瑕疵」による使用者自身の賠償責任を規定したものとする見解[3]に従って自己責任として構成することが望ましいし、債務不履行理論によって学校設置者自身に在学契約上の安全保持義務懈怠にもとづく賠償責任を求めることも、検討されなければならない。しかし、いずれの場合にも現行法理論上は限界のあることから、学校設置者の自己責任の原則を明確にした救済法制が望まれる。

2　賠償責任における無過失責任の原則

学校事故の補償救済の改革を唱える多くの者の主張の中心は、この無過失責任の導入であるといってよい。しかし、その論拠があまり明確でないことや主張の内容においていささか混乱がみられるようである。まず、無過失責任にもとづくべきだとする論拠としては、被害生徒の救済が容易になることにあるようである。しかし、無過失責任は、過失責任に代り、損害賠償責任を根拠づけるための法理であることから、学校設置者は過失なしになぜ賠償責任を負わなければならないかにつき、このような理由だけでは法理論的には十分に根拠づけられるものではない。そこで、この点については、学校という「危険をはらんだ施設」ないし教育活動に内包する危険を支配するものとして、その危険に伴って生ずる損害につき、過失の有無を問わず賠償責任を負うべきであるとの危険責任に求められなければならない。そして、この危険責任にもとづく無過失責任の法理は、公害や自動車事故、その他危険な施設から生ずる事故に際しての責任法理として今日世界的に認められてきているものであるし、国賠法制定に際しても、行政より発生する危険に対する責任として無過失責任とすべきであるとの主張[4]がみられることから、十分に根拠づけとなりうるものである。

無過失責任の原則は、また損害賠償責任の法理として主張されなければならないのである。元来、災害補償においては、補償責任負担者の法理論上の責任根拠論はそれほど問題ではなかったのである。その際の論点は、被害者に対する補償救済の必要性論であった。このため、災害に対する補償としてならば無過失の場合でも行なわれてきたのである。そのことは現行法制度上の学校安全会による災害共済給付においても同様であり、この意味では学校災害においてすでに無過失の場合の災害補償制度は存在するのである。これに対し、損害賠償責任の場合には、教師などの故意、過失の存在が責任根拠とされており、このために無過失の場合は賠償責任が否定されてしまうことになり、被害生徒の救済に欠けることになる。そこで、このような不都合を解消するためには、どうしても無過失責任の原則によらなければならないということである。

無過失責任の原則は、さらに学校設置者についての責任根拠であることを認識しなければならない。教師の無過失責任という主張は教師を責任主体とした場合の責任根拠を意味するものであり、学校設置者の自己責任の原則に立つとき無意味である。そこで、学校設置者は、教師の故意、過失を問わず、学校事故に際しては、常に事故の責任として賠償責任があるものとの意味において、無過失責任を主張すべきである。

なお、無過失責任の主張に対しては、教師の故意、過失を問わないとすることから、教師無責任論につながるものとの反論が予想される。たしかに、この場合には、教師は被害生徒との関係では賠償責任を負うものではないし、被害生徒側からその有責性を問われることもない。しかし、それだからといって、教師の責任を全く不問に付するということにつながるのではない。社会的には、刑事罰の適用を受けることもあるし、学校設置者との関係では、労働契約に基づくところの契約責任や学校設置者との関係において民法七〇九条の要件を備える場合には不法行為などの問われることを否定するものではないからである。

3　損害賠償と災害補償の関係

学校事故の補償救済に際し、損害賠償も災害補償も、いずれも被害生徒の救済をめざすものである点では共通している。それでは、これを一元的に制度化することができるのか、それとも両立させることによって何らかの意味を持つものであるのかを考えてみることが必要となる。(5) この点で、労働災害についてみるならば、現行法上は、無過失責任、定率補償の労災補償と過失責任、実損塡補の損害賠償の両立がみられ、相互に有用な作用を発揮しているといえる。とくに、定率補償に甘んじる場合は故意、過失を問わず補償されるのに対し実損塡補を求める場合は故意、過失を実証すればよいという点においてお互いの役割を果し合っている。この点は、共済制度であることを除けば、学校安全会共済災害給付と不法行為や債務不履行による損害賠償請求との関係と同じである。そこで学校安全会給付を共済制度であることを止め学校災害補償として発展させるだけで学校事故における補償救済制度の目的が達成されるのかどうかが問題となる。たしかに、それに伴って補償給付額が増大するならば被害生徒の補償救済という点では十分にその目的を果しうる。だがしかし、学校事故補償救済制度の視点はそれだけではなかったはずである。他方で、現行の損害賠償制度を併置させておくときは、代位責任および過失責任主義であることを前提とした教育の歪みを解消することや教師の地位保障の目的を達成することはできない。また、学校事故は教育権の保障の一環としての外的教育条件整備義務責任と密接に結び付いたものであることから、学校事故を契機として、学校設置者に対しその責任を追及し、安全に教育を受ける権利の実現を迫ることも望みえない。このようなことから、学校災害補償についての充実した制度が確立した段階であっても、学校設置者の自己責任と無過失責任の法理を基調とした学校事故損害賠償責任の制度が、現行の損害賠償の特別法として制定されることが必要ではないかと思われる。

(1)　上井長久「学校事故に関する裁判の動向と問題点」ジュリスト五九八号三八頁。
(2)　今村成和・国家補償法九六頁、同「学校事故と法的責任」季刊教育法四号一〇頁。

（3）拙稿「企業の責任と被用者個人の責任」乾＝平井編・企業責任二一七頁。
（4）山田準次郎「欠陥を残す国家賠償法」綜合法学一巻五号九頁。
（5）無過失責任主義の下での損害賠償制度と災害補償制度については、今後、本格的に検討されなければならない重要な課題である。そこでここでは、学校事故補償救済制度の面からのみ若干の検討を加えるにとどめた。

むすび

学校事故補償救済制度のめざす目標は、被害生徒の補償救済につきるものではない。それは、教育の理念を遂行させるための最低限度の教育条件の整備に関する問題である。このため、一般的な災害補償や損害塡補の理論と同様の次元で捉えられ論じられるべきことではない。それは、きわめて教育法学上の問題なのである。そこに、この問題を考えるにあたっての発想の転換が求められるのである。

ところで、これまでの論議や運動において、被害生徒の救済の面に集中してきた感が強い。その延長線上において現われたのが、現行の学校安全会の災害給付を、保護者の負担を伴なわないで増額させるという処置であるといえる。このため、このような処置については、一応の評価が行われているようである。[1] しかし、これまでの検討からもわかるように、このような処置では根本的に問題が解決されたわけではないことも明白であろう。また、この処置が学校事故補償救済制度の展開にとって一歩前進といえるかどうかも疑問である。

（1）後藤襄「学災法制定をめぐる動向」季刊教育法二五号一〇五頁参照。

9　学校事故をめぐる救済法制

一　序説――その視点

学校事故に際しての補償救済がいかなる原理原則に基づいて行なわれるべきかは教育法学における重要な課題である。学校事故の補償救済問題は、直接には教育の外的事項にかかわるもので外的教育条件の整備と密接に結び付いているためではあるが[1]、それよりもより重要なことは一般的にみられる教育の外的事項の内的事項への影響、とくに教育内容、教育方法に影響が生ずる恐れのあるがためである[2]。このため学校事故の補償救済を考えるに当たっては、被害生徒に対する補償救済範囲の拡張とともに教育理念に基づいての補償救済法理の形成に留意しなければならない。ここに、学校事故の補償救済問題には、損害賠償法分野における今日の一般的傾向としての被害者救済範囲の拡張法理の検討作業とは同列に位置づけえない要素が包含されているのである。

かかる問題意識に立って、最近、増えてきた[3]学校事故の補償救済法理についての論議およびその運動をながめてみると未だしもの感がするとともにその視点においてなお突込んだ議論の展開が必要ではないかと思われる。とくに、被害生徒に対する補償救済範囲の拡張とその完備に重点が置かれているようである。このことはもちろん重要であることは否定できないが、それだけでは労働災害に対する救済と同様の理念にとどまり補償救済法理において最も重要視されなければならない教育理念との関連づけを見失うことになるのではないだろうか。学校事故を「学校災害」的に捉え学校における教育や施設に関連して生ずる被害よりも広く光化学スモッグや給食の食中毒による被害をも包含してその補償救済を考えようとする傾向[4]において、教育理念抜きの〝救済〟性の重視に陥る危険のあることを否定できないのではなかろうか。子どもの人権保障＝児童・生徒の人権保障という面から「学校災害」的に被害生徒に対する補償救済を広め確立していくことは必要である[5]。しかしこの要請だけでは災害が「学校の管理下」において発生したとの特色はあるにしても、本質的には労働災害における労働者の人権保障さらには社会一般に生ずる災害に対する市民の人権保障と同質の問題であるにすぎず教育法的課題としてよりも一般的な災害救済の問題としてしか捉えることができない。そして学校事故の補償救済の問題が、もしその点だけにあるとするならば、これまでの国家賠償法一条および二条、民法七〇九条・七一四条・七一五条・七一七条の解釈理論の発展形成によってかなりの部分においてその目的を達成できるであろうし、さらに不十分な点があるとするならば保険制度の活用で補うことができる。しかし、この問題が被害生徒の補償救済を終局的な目的とするものではあるが、その達成だけで満足できない面が存在する点に問題の重要性があるのである。もっとも、これまでの論議において、学校事故の補償救済の問題が教育理念との関係で捉えられて来なかったというのではなく、むしろそこにこの問題の発端があり、その時々において検討されてきたこと[6]を否定しているのではない。補償救済理論を教育の外的事項の現況との関連において捉えようとする立場や外的教育条件の整備促進に結び付けようとする立場[7]、またその教育理念との関係での補償救済のための適用法規や構成要件の論議[8]などがそれであり、いずれも重視しなければならない視点である。ただ、最も重要視されなければならない補償救済理論の教育内容、教育方法という内的事項への影響につき余り多くは論議されていないし、このことの結果として被害生徒の救済面にウエイトが置かれる傾向にあることを危惧するわけである。学校事故の補償救済問題を単なる被害生徒の補償救済にとどめず、教育の外的事項との関連で、さらには教育の内的事項との関連で捉えて初めて教育理念に基づいた補償救済の原理原則を見出すことができるのではないだろうか。そのことから、この問題は、教育法学上最も基本的な教育権問題に結び付くものであり、一般的な災害救済理論の問題を超えて教育法学特有の問題として位置づけられることになる。

ここでは、このような視点からこれまでの論議を補う意味で学校事故の補償救済のこれまでの理論や法制について検討し、かつ、補償救済法制のための理念を思索検討しようとするものである。なお、この検討に当たっては、以上のような視点からの検討の必然的結果として、学校管理下における教育活動に伴って、被教育者という特殊の立場にある生徒・児童を被害者とする事故に際しての補償救済に限定するとともに教育的な見地において最も共通性のみられる国・公・私立の小・中・高校の児童・生徒の事故に限定した。このような限定づけは、その範囲を拡大することによる問題検討の本質的部分が曖昧になることを避けるためであり、ここでの検討を踏まえてさらにその範囲を拡張することの今後の検討を否定するものではない。

二　現行救済法制とその批判

学校事故に際しての補償救済を直接の目的とする現行法制としては、不法行為に基づく損害賠償（国賠法一条・二条、民法七〇九条・七一四条・七一五条・七一七条）、債務不履行に基づく損害賠償（民法四一五条）、日本学校安全会の災害共済給付（学校安全会法）、教育災害のための保険制度などがある。

(1)　不法行為に基づく損害賠償は、学校事故の補償救済法制として最も重要なものである。とくに、被害生徒の補償救済の面からみるとき、その事故によって生じた損害をほぼ完全に塡補することを目的とする点で優れている。ただ、そのためには一定の要件を備えることが必要であり、学校事故によって生じた損害が常に塡補されるものではない点で、補償救済面での欠点が存在するし、とくに教育理念の見地からみた場合、問題が多い。

ところで、不法行為に基づく損害賠償によっての補償救済に際しては、第一に、教師の教育活動中の生徒の事故の場合には教師個人の責任として民法七〇九条による不法行為が、学校設置者の責任として民法七一五条と国賠法一条による不法行為が問題となる。とくに学校設置者の責任追及に当たっては、私立学校での事故の場合は民法七一五条によることになり問題はないが、国公立学校での事故の場合は民法七一五条を適用するのか国賠法一条を適用するのかについて争いがある。[9] その主たる争点は、①教育作用が国賠法一条適用に際しての要件とされている「公権力の行使」といえるかどうか、②私立と国公立学校とのバランス論、③両法条適用に際しての実益性の有無にあるが、一般的見解および判例は国賠法一条適用説に傾斜しているといえる。ここでは、その論争につき検討することを留保するが、学校事故の補償救済の法制度としてみるとき、国賠法一条適用説は補償救済法理としてはより優っているし、民法七一五条適用説は教育理念との関係およびバランス論において優っているといえる。補償救済法理の面からみるときは、被害者救済の観点では実質的に異なるところはないが、今日の通説に従うとき、国賠法一条適用の場合は民法七一五条適用の場合と異なり教師個人の賠償責任が生じないこと、また学校設置者による民法七一五条一項但書のような免責主張が認められていないこと、学校設置者の教師個人に対する求償権が民法七一五条では常に行使できる（同条三項）のに対し、故意・重過失の場合に限られ教師個人の負担が軽減されていることにおいて優っている。[10] 教育理念面からみるときは、国賠法一条適用説の論者においても、[11] この点を配慮され、学校管理下にある生徒・児童の地位は「国家統治権に由来する命令・強制の作用ではなく、教育という授益作用の目的を達成するための手段に過ぎないから、右と同種の権力作用でないというのは正当であろう」。しかし、学校事故の特色は、まさに「校長及び教師は、営造物主体の有するこの権利に基づいて、教育計画をたて、生徒児童をそれに従わせ、また彼等を懲戒することもできる」。学校管理下に置かれた生徒・児童の身について起こるものであり、この学校管理権の行使を国家作用の一種と解し、これが「公権力の行使」に当たるとの主張がみられ、注目に値する。国賠法一条の補償救済法理面での優越性を生かし、教育理念を配慮しての現行法制の適用のため理論構成としては示唆に富むものである。しかし「営造物主体の有する〔この〕権利」に基因させていることと、「公権力の行使」概念にはめ込まざるを得ない点でやや難点があるといえよう。それよりも、「今日の教育は、被教育者の自発性を尊重しながら社会生活自体のもつ教育機能を活用して行なわれる社会的作用で」、「教育を本来的な国家作用とみる国家的教育観と対立する考え方」にあるとの観点から「教育主体の意思の優越性は著しく減退し、もはや、教育は法的には権力作用ではなく、非権力的な社会作用」とみて国賠法一条の適用を否定する見解[12]の方がより説得力が感じられる。私立と国公立学校とのバランス論の観点からみた場合、国賠法一条適用説論者は、責任主体が国または公共団体であるということは、私人対私人の関係とは区別する理由となり得るもので、現に国賠法の存在そのものが、全体として、このことを示していると主張される。[13]たしかに、現行法制の下での補償救済面からの見解としては、国立病院と私立病院の場合などと同様にそのアンバランスは是認せざるを得ないかも知れない。しかし教育作用としての両者の本質的な共通性を前提とし、それの維持を目ざすとき、適用法制の違いから教育内容や教育方法に与える影響に差異が生じないといい切れるだろうか。やはりできる限り統一的な適用が好ましいのではないだろうか。そして以上のような問題の存在することは、現行法制では教育理念に基づいての補償救済が十分に行ないえないことの一端を示すものといえる。

第二に、学校施設の設置または管理の瑕疵に基づく生徒の事故の場合は、私立学校の際は民法七一七条、国公立学校の際は国賠法二条の不法行為が問題となる。学校事故の補償救済の問題が、外的教育条件整備と結び付いていることからすれば、現行ではなるべくこの両法制に基づいて、その請求原因を構成するよう努力することが望まれる。[14]この意味において、電気かんな事件の判決（広島地判昭四二・八・三〇下民集一八巻七・八号八九九頁）で、物的設備の瑕疵とせず教師の使用指導上の注意義務に違反した過失として構成したことは妥当でなく、管理の瑕疵と構成すべきであったといえる。[15]そして、この場合にも現行法制では国賠法二条の「営造物」とは物的設備全般をいい、それに動産も含まれるが、民法七一七条の「土地の工作物」とは土地に接着して人工的作業を加えることによって成立したもので、動産を含まないことから私立と国公立学校で不均衡が生ずることになり好ましくない。

第三に、生徒間事故で加害生徒が責任無能力者である場合は、民法七一四条の不法行為が問題となる。教師は、加害生徒の親権者等の法定監督義務者に代わって監督する者との理解による。[16]生徒間の事故では、一般に、教師の過失を前提とする民法七〇九条・七一五条、国賠法一条の不法行為、または学校施設の設置・管理の瑕疵を理由とする民法七一七条、国賠法二条の不法行為による補償救済を求めることが困難であることから、現行では、被害生徒の補償救済のために、このように構成せざるを得ないのであろう。しかし、生徒を親権者等の法定監督義務者に代わって保護し監督する義務は、本来学校設置者にあり、教師は、その機関としての地位において職務上の義務を負うにすぎないこと、学校事故に対する責任は親権者の監督義務とは次元を異にすることから、民法七一四条の適用は適切でない。このため、今後は、生徒間事故をも含めての補償救済法制を考えなければならない。

(2)　債務不履行に基づく損害賠償は、いわゆる在学契約に基づく学校設置者の生徒の保護監督義務違反を理由とするものである(民法四一五条)。学校設置者が、生徒の保護監督義務を故意・過失など有責で履行しなかったため生徒に事故の生じた場合に認められる。これは、一般的な契約理論に基づくもので、より積極的な学校事故の補償救済を求める限りにおいては、この法制に満足することはできない。

(3)　日本学校安全会の災害共済給付は、本来学校事故の補償救済のために設けられた法制である(学校安全会法一条)[17]。この災害共済給付は、学校管理下での児童・生徒の災害に対し、医療費(療養費月額五〇〇〇円未満の場合は一〇分の三、五〇〇〇円以上の場合は一〇分の四、支給期間は五年間)、廃疾見舞金(四万五〇〇〇円〜一二〇万円)、死亡見舞金(二〇〇万円)が給付される。これに対し共済掛金(例えば義務教育では一人年額一八〇円で、このうち六割ないし四割が保護者負担、高校全日制では一人年額三〇〇円で、保護者全額負担)を、災害共済給付契約を締結した学校設置者が安全会に支払うことになっている。この制度は、その給付に当たり教師等の故意・過失、学校施設の瑕疵の存否を問題としないことから不法行為によるよりも補償救済範囲が広いこと、争訟期間を要しないという利点があるが、給付額が少ないこと、掛金制度で父母にも経済的負担を負わせていることに問題があるといわれている[18]。たしかにこれらの問題は早晩に解消されなければならない。給付額の増額と父母負担をなくすことによって達成でき、その結果として補償救済面ではその目的に近づくことができるかも知れない。しかし、この制度は、教育理念面からみて問題がないといえるだろうか。学校事故を国民の前から隠蔽することになる恐れはないだろうか。現に、安全会への事故報告が学校設置者側で一方的に行なわれていることから、それが訴訟の場に登場した時点で、被害生徒の保護者との間に報告事実の相違に争いが生じ、学校不信を生じさせているといわれている。このような状況でその学校事故が、外的教育条件整備の不備に基因するものであるとき、国民の教育権行使を阻害することにもなりかねない。学校事故の原因がどこにあるかを明確にし、国民の批判にさらすことこそが教育理念に基づいての補償救済として重要であると思われる。そのためには、補償救済は司法の場を通じて行なわれることが好ましいといえる。

(4)　教育災害のための保険制度の利用は、今日、注目されてきている。全国市長会や、全国町村会では学校管理者賠償責任保険のしくみを設定するにいたっている。しかし、この保険制度は、学校事故による損害賠償金支出に伴う財政負担の軽減を目的とするもので、被害生徒の補償救済とは直接的に関係するものではない。また保険制度としては、学生教育研究災害傷害保険のように、学生の傷害・死亡の場合に一定の保険金が直接に支払われる制度もある。しかし、保険制度はもともと補償救済に備えるのが目的であって、その面では有用性を発揮しても、学校事故の補償救済に際しての問題解決には役立ち得ない。

(5)　なお、このほか、都道府県、市町村が条例などで設けている見舞金支給制度もあるが、補償救済制度としては十分なものではない。

以上検討してきたように、現行の補償救済法制の下では、不法行為に基づく損害賠償制度がよりよいものといえる。そこで、さらにこの不法行為制度に基づいての学校事故補償救済に際しての問題点とくに教育理念との関係での問題点のいくつかを指摘し、学校事故補償救済の理念を探究しようと思う。

三　不法行為制度による学校事故補償救済の問題点

民法七一五条と国賠法一条による補償救済の場合にとくに問題となるのは、教師に「故意又は過失」があることを前提としている点である。これは、学校事故の場合には、多くは生徒・児童に対する安全保護義務違反の存否の問題として現われる。もっとも、教師の生徒に対する暴行や懲戒のような能動的加害も問題にならないわけではない。しかし、いずれにしても、この場合には、被害生徒が補償救済を受けるためには、教師の有責性の有無を争わなければならない。このため、補償救済の要求を契機として、教育の最も重要な基礎となる教師と生徒という人格的な結び付きや相互信頼関係の失われる恐れのあることは想像に難くない。補償救済か相互信頼関係保持かという二律背反の問題を内包させているわけで、この点は早急に解消しなければならない課題である。また教師の安全保護義務違反に関連してみるとき、これが認容されない限りは被害生徒の補償救済が否定されることになる。このため、補償救済を認めるために、判例は極力これを認容する傾向にあり、その前提として教師の安全保護義務を加重することになる[19]。そのことが外的教育条件の整備と関係なく行なわれることによって問題がますます重要となる。体育授業時間での倒立テスト中にテスト待ちの生徒が前方回転運動の練習に失敗し死亡した事件で担当教師はセーフティ・マットが安全なものと過信し、かつ倒立テストに専念するあまり事故防止注意義務を欠いたとした判例（大阪地判昭四七・八・三〇）や、技術科授業中に刃を上向きに定置した電気かんなを使用して負傷した事件で安全性を完璧に保障しうる送材板を用いずに電気かんなを例外的使用法たる定置使用させたことおよび小木片を削らせていたことに教師の過失を認容した判例（広島地（三次支）判昭四二・八・三〇下民集一八巻七・八号八九九頁）などをみても、前者ではテストの実施と他の生徒への注意を要求していること、後者では教師に対する十分な安全教育を含む転換教育のなされていないことを考慮されていないことなど[20]からその過失認定に問題が残る。そして、このことは、安全第一主義の教育に陥りはしないかと懸念される。教育における安全性確保はいうまでもなく重要なことである。しかし安全性を考える余り、とくに技術科や体育など機械器具や高度のテクニックを要する科目において危険回避のための教育内容の萎縮化が生じないだろうか。また生徒の自主的活動を制約することにならないだろうか。教育に重要な創造性と発展性はこのことによってもまた損なわれるのではなかろうか。さらに教師の個人的な「故意・過失」を問題にすることの不当性に注目して、国賠法一条にいう「故意・過失」とは公務員の主観的責任要件とは関係のない「公務運営の瑕疵」を意味するとの主張とか、校長以下全教員及び同中学校に対し指導助言を行う立場にある市教育委員会の各教育委員、教育長、指導主事、教育課長」の過失とみて行政運営の過誤に求めようとする判例（津地判昭四一・四・一五判例時報四四六号）などがみられる。[21] 民法七一五条による責任も、同様に、人的組織の瑕疵として理解することもできる。[22] そして、このような理解は、学校設置者の代位責任から自己責任への移行理論として現行法制では注目してよい。被害生徒と教師個人との直接的紛争の緩和を期待できるからである。しかし、学校運営の瑕疵や教育行政運営の過誤を問題とするとき、安全性確保の名のもとで、教師の教育活動が組織や行政に一段と拘束され、教育の自由が制約されることになりかねない。このため、教師の有責性を要件とすることは、学校事故の補償救済法制としては妥当ではないのである。

このことは教師の能動的加害の場合にもいえる。教師の生徒に対する暴行や過度の懲戒の場合に、教師の有責性を前提とする補償救済は一般的に当然視されるかも知れない。しかし、能動的加害の場合も、女生徒暴行的な場合と学内盗難事件調べ中の殴打や懲戒行為の逸脱の場合とは事情が異なるのではなかろうか。後者では教育的要素の存在を考慮しなければならないからである。そこで、どの程度が教育的であるかが問題となるし、教育的配慮のもとで行なわれた行為が結果的に有責行為となることもあり、このことから、生徒をしかったり懲戒することに教師は消極的にならざるを得ないことになる。生徒に対する人格教育を望む者にとってはやはり一つの問題といえる。そして、教師の能動的加害が、教育的配慮によるものか単なる暴行かの判断の困難さを考えるとき、女生徒暴行的な場合をも含めて教師の有責性を問うことなく学校設置者に損害塡補責任を課する方が学校事故の補償救済としてはより良いのではないかと思われるからである。

また、教師の安全保護義務は時間的、場所的にも拡張されて行く。これは、学校設置者に、学校教育と関連ある生徒の事故についても広く補償救済責任を課す目的のためであろう。特別教育活動の一環として行なわれていた放課後の柔道クラブ活動での練習中の負傷事件で、指導担当教師には「勤務時間外においてもその職務上の義務として生徒の生命身体の安全につき万全の注意を払うべきであり、勤務時間外の故をもってその指導監督を放棄するとせば、柔道練習を止めさせるなどして危険の発生を防止すべき義務がある」との判例（熊本地判昭四五・七・二〇判例時報六二一号七三頁）がその代表例である。このことから、放課後、教師の勤務時間外で行なわれるクラブ活動に対する指導や監督は、しだいに敬遠されがちになる。とくに、そのクラブ活動に対する専門的知識を持ち合わせず、名目的にのみその立場にある多くの教師としては、それにたずさわることを拒否しがちになるのも無理がない。このため、教科教育に追われ生徒との人格的な接触の少ない現状をせめても放課後にそれを求めて来た途もとだえ、ますます学校教育はすさんだものになり、教育の根本にかかわる大きな問題となりかねない。そして放課後の課外クラブ活動を廃止する学校も現われてきていると聞く。たしかに課外クラブ活動を学校教育の中でどのように位置づけるかは今後の大きな問題であり、このこととの関係でその当否を考えていかなければならない。今後の問題としてこれを社会教育化していくことも考えられる。しかし、現状では、そのための社会的施設と社会的基盤が不足しており、学校教育の中で受け止めていかなければならないのではなかろうか。このような現状にあるとき、補償救済面がネックになって廃止されることは教育上問題が残る。また、教師の許可を得て放課後、自主的に体操の練習をしていた場合も、教職員の保護監督上の義務が存在するとの見地に立つ判例（但し、この判例は義務違反を認めていない。大阪地判昭四五・七・三〇判例時報六一五号）もみられる。この場合もまた、教職員はそこまでの保護監督義務を負いかねるとして、生徒を一刻も早く帰宅させ学校から放逐することになりかねない。生徒の自主的な活動が阻害されよう。このほか、時間的、場所的な拡張は、教師の自主的判断による生徒の引率付添も、学校設置者側によって抑制される恐れも生じよう。

民法七一七条と国賠法二条による補償救済の場合は、教師個人の有責性が問題となることは比較的少ない。このため、安全保護義務違反が外的教育条件の不備と結び付くことの多い現状から、なるべく両法規に基づいて補償救済を認めていくよう努力すべきである。しかし、この場合には、土地の工作物あるいは営造物の設置・保存・管理の瑕疵の存否が問題とされる。このことから、この瑕疵の存否の認定にあたり、その設置・管理者の安全性を保つ責任が問題とされ、その責任を欠いていたことをもって瑕疵ありと認定されることがままある。そこで、瑕疵は、設置・管理者の安全保護義務違反の客観化にすぎないとする見解もみられる。[23] 体育授業中砂場にスコップが埋没放置されていたのをみすごしていたため生徒が負傷した事件で担当教師の安全性確認に落度があったとして管理の瑕疵を認めた判例（神戸地（尼崎支）判昭四六・五・二一判例時報六四七号七四頁）などがその典型例である。このように、この場合にも、管理担当教師の有責性が一応問題にされることになり、これまで述べてきたような教育上への影響が予測される。

民法七〇九条による補償救済は、教師個人の被害生徒に対する賠償責任を問題とするものである。これまでの通説では、民法七一五条によって学校設置者に賠償責任の認められる場合は同時に、民法七〇九条によって教師個人に賠償責任を求めることも可能としているが、国賠法一条による場合は教師個人の賠償責任は否定されている。なお、民法七一七条、国賠法二条の場合で管理担当教師の安全性確認義務違反の結果として設置・管理の瑕疵が認定される場合には、教師個人に、民法七〇九条による賠償責任の認められることが多いであろう。この場合はいずれも教師の故意・過失という有責性が前提となる。そこで、教師に過失がある以上は教師個人に賠償責任を認めても教師の教育活動が萎縮するとは思われないとの見地から国賠法一条の場合にも教師個人の賠償責任を認めようとする見解もある。[24] しかし、これまでみてきたように、学校設置者に賠償責任を課するため間接的・便宜的に教師の有責性を問題とすることにさえ教育上の支障が予測され学校事故の補償救済制度としては好ましくないことからして、民法七〇九条による教師個人の賠償責任を否定する方向に進むのが妥当と思われる。教師の故意・重過失による場合、あるいは能動的加害の場合にも、学校教育の場において生じたものである被害生徒の補償救済関係に限り同様にみてよいのではなかろうか。しかし、このことによって教師の責任をいっさい不問にするというのではない。刑事責任はいうまでもなく、民事責任としても、被害生徒に補償救済を行なった学校設置者との関係において、不法行為が成立する限り（できれば故意・重過失に限って）、認めるべきである。しかし、これは民法七一五条三項、国賠法一条二項の求償権とは異なる性質のものである。現行法制においても民法七一五条、国賠法一条を学校設置者の自己責任規定と解するならば、解釈論としてこのような考えに近づけることが不可能ではない。しかし、それが通説・判例となりうることが困難とみられることから、学校事故の補償救済法制として、特別立法化が望まれる。

四　むすび

以上、学校事故の補償救済に関する現行法制を概観しかつその問題点をあげてみたわけであるが、学校事故の補償救済に関しては現行法制では十分でないことが明らかになったと思われる。とくに教育理念との関係においてその問題が多い。このためなおさらにどのような教育理念のもとにどのように学校事故の補償救済を法制度化していくかにつき検討し、その法制度化を急がなければならない。そして、その際は、学校事故の補償救済責任は学校設置者の固有の責任(自己責任)とし、教師と被害生徒との直接的紛争関係を回避すること、いかなる者の有責性をも前提としないこと、学校教育に関連する場合の事故を広く包括するものであることと被害生徒の補償救済の時点では個人的賠償責任を追及し得ないものとすることを基本的理念とすることが望まれる。そして、教師等の個人的賠償責任は故意・重過失の場合で不法行為の成立するときに限り学校設置者に対してのみ負うものとすべきである。もっとも、この場合の不法行為の成立に際しては外的教育条件の整備状況を考慮に入れて判断されなければならないものとする。なお、学校事故の補償救済問題は学校事故の防止に必要な外的教育条件整備の改善と関連させて理解すべきことから、補償救済に際しその学校事故の原因が明らかにされた時点で、しかるべき機関(司法など)による外的教育条件改善を提案あるいは命令できるよう制度化することも必要であるかも知れない。

(1)　兼子仁「戦後教育判例の外観」同『教育権の理論』(一九七六年、勁草書房)一〇四頁。なお、「内的事項」「外的事項」概念も、兼子教授の見解に基づくものである。

(2)　最近の新聞報道にみられるように、学校事故賠償を契機として課外クラブ活動の教育的重要性を認めながらも、これを禁止しようとする傾向の生じてきたことは、その典型例といえるものである。
(3)　永井憲一「学校事故問題研究の重要性と理論的課題」ジュリスト一九七五年一〇月一五日号一五頁以下参照。
(4)　「学校事故」概念より「学校災害」概念への移行の傾向は、最近とみに強くなったように感じられるが、その用語的使用法の適否は論外として、そのことが補償救済における救済面および救済範囲拡張面とのみ結び付けての結果とするならば、やや危惧を感ずる。
(5)　このような観点から書かれたものとして伊藤進・野村好弘編『子供の事故に備える法』(有斐閣)参照。
(6)　日本教育法学会での「学校事故問題研究特別委員会」の発足とその活動は、このことを端的に示している。また永井教授(最近では前掲論文など)、兼子教授(同『教育法』九三頁以下および前掲論文など)の常に主唱されるところであり、私見も、両教授の見解に負うところが多い。
(7)　今村成和「学校事故と法的責任」季刊教育法四号・一九七二年夏季号四頁以下。佐々木亨「技術教育と児童・生徒の災害」季刊教育法四号三三頁、尾山宏「特別教育活動における教育の責任とその限界」季刊教育法四号四七頁、兼子「前掲論文」八頁、永井「前掲論文」一九頁など。
(8)　兼子・前掲論文九三頁以下、尾山・前掲論文五八頁注(6)(7)、森島昭夫「判批」判例評論一四九号三〇頁。
(9)　この詳細は、今村・前掲論文九頁以下、吉崎慶長「学校事故と国家賠償法」判例タイムズ二九五号二六頁以下参照。
(10)　もっとも、ここに掲げた優越性に対し実際の解釈適用において実質的な差異のないことから反論を受けるかも知れない。私自身も、民法七一五条が適用される場合の加害被用者=教師自身の賠償責任を排除するための理論構成を試してみている(「被用者の個人責任」乾昭三・平井宣雄編『企業責任』所収)。しかし、ここでは、このような議論を承知の上で、もっぱら法制度として優越性を問題としているのである。
(11)　今村・前掲論文一〇頁以下、同「中学校の柔道クラブ活動における傷害事件」『教育判例百選』一三四頁。
(12)　兼子・前掲書九三頁以下、同旨、森島・前掲三〇頁。
(13)　今村・前掲論文一一頁。
(14)　尾山・前掲論文五八頁参照。
(15)　今村・前掲論文一五頁。
(16)　加藤一郎『不法行為(増補版)』一六八頁。山本進一『注釈民法(19)』二六一頁。
(17)　詳細は、伊藤昊児「学校事故とその救済の実態」ジュリスト一九七五年一〇月一五日号二四頁以下参照。
(18)　平原春好「わが国における学校事故救済法制史」ジュリスト一九七五年一〇月一五日号三四頁。

(19)　詳細は、上井長久「学校事故に関する裁判の動向と問題点」ジュリスト一九七五年一〇月一五日号三六―三七頁参照。
(20)　佐々木亨「技術科授業中の負傷と国家賠償」『教育判例百選』(一九七三年、有斐閣)一二六頁。
(21)　今村・前掲論文一五頁。
(22)　拙稿・前掲(「被用者の個人責任」)参照。
(23)　谷五佐夫「公の営造物の設置と管理の瑕疵」林良平・中村俊昌編『判例不法行為法』二八一頁以下。なお、今村教授はこの見解に反対されている(前掲論文一五頁)。
(24)　上井・前掲論文三八頁。

10 教育をうける権利からみた学校事故

はじめに

憲法二六条は、教育をうけることを国民の基本的人権の一つとして保障している。とくに、この条項の基底には、子どもが学習によって自らの可能性を開花させ、人間として豊かな成長を遂げるには、子どもの生来的な権利であるとする子どもの教育権保障が観念されているといえる。

このことは、判例によっても、「教育を受ける権利を保障する憲法二六条の背後には、国民各自が、一個の人間として、また、一市民として、成長、発達し、自己の人格を完成、実現するために必要な学習をする固有の権利を有すること、特に、……子どもは、学習要求を充足するための教育を自己に施すことを大人一般に対し要求する権利を有するとの観念が存在していると考えられる。換言すれば、子どもの教育は、教育を施す者の支配的権能ではなく、何よりもまず、子どもの学習をする権利に対応して、その充足をはかる立場にある者の責務に属するものとしてとらえられているのである。」(1)とかく「近代および現代においては、個人の尊厳が確立され、子どもにも当然その人格が尊重され、人権が保障されるべきであるが、子どもは未来における可能性を持つ存在であることを本質とするから、将来においてその人間性を十分に開花されるべく自ら学習し、事物を知り、これによって自らを成長させることが子どもの生来的権利であり、このような子どもの学習する権利を保障するために教育を授けることは国民的課題である……」(2)と、判示され、明らかにされている。

そして、このような教育をうける権利が、学校教育のなかでどのように保障されなければならないかについては各方面から論議されてきているが、本稿では、生徒の身体や生命を損なうことになる学校事故との関係においてどのように展開されるべきであるかにつき若干の検討を加える。しかし、この問題については、今日、それが意識され、断片的には触れられてはいるが未だ本格的検討を見るにいたっていないのが、実情である。そこで、本稿でも、将来の本格的検討のためにその問題状況を明らかにするに留める。

(1)　最高大判昭和五一・五・二一判時八一四号三三頁。
(2)　東京地判昭和四五・七・一七判時六〇四号一頁。

一　教育をうける権利と学校事故問題のかかわり

学校事故問題に教育をうける権利がどのようにかかわってくるかについては、つぎのような諸説がみられる。

「教育をうける権利保障のなかには、教育権を保障し実施する者には、教育の場である学校において、生徒が教育を受ける過程において生命や健康を損なうことのないよう配慮する責任もふくまれると解すべきである。[1]」「学校事故は、この子どもの安全教育権の侵害である。」とか、「そもそも、国民の教育を受ける権利（憲法二六条一項）には、安全で健やかに教育をうけることの国家による条件整備的保障がふくまれていると解される。そこで国民は、教育を受ける権利の損傷を意味する学校災害上の被害について、法律にもとづいて国に対し安全な補償を求めてよいであろう[2]」とか、「現代の公教育制度にあっては、学校の設置管理はたんに子ども・生徒等に学習の利益を与えるというのにとどまらず、国公私立を問わずすべて学校の設置管理は子ども・生徒等の教育をうける権利を保障する責務をになう作用であって、学校事故は安全に教育を受ける権利の損傷として学校設置者にその回復の責務を当然生ぜしめるものである[3]」とか、「この法律は、学校災害における生徒等の被害が教育を受ける権利を侵害するものであることにかんがみ……[4]」とか、「この法律は、国において、児童・生徒の有する教育の場における発達成長権を保障することが、公共の責務であることを確認して、迅速かつ適正な補償を行い……[5]」などの主張がみられる。

そこで、これらの見解によるならば、教育をうける権利は、学校事故とのかかわりにおいては、まず、「生徒の安全教育権」とか、「教育の場における発達成長権」となって展開されているといえる。そして、これらの権利は、表現こそ違え生徒の教育にかかわっての身体・生命に対しての安全要求権である点では共通しており、異なるものではない。このような生徒の安全要求権は、教育に内在する危険性に向けられたものであり、教育をうける権利の具体的発現形態として、当然に認められるものである。

すなわち、教育は、生徒を初歩の段階から各自の可能性を追求しつつ、人間的能力を伸ばし、心身を鍛えることにあるが、その過程においては、常に可能性を試みつつ前進していかなければならず、留まることは許されない。このため、そこには、常に、危険性が予想される。また、このような教育を行う場である学校では、発達成長途中にある生徒の集団学習生活を通じて、それを実施するわけであるが、同世代の子ども、生徒が集団学習生活を行うものであるから、そのこと自体にすでに危険性を内包することになる[6]。そこで、教育をうける権利のある生徒が、このように予想される危険に遭遇することのないよう要求できるのが当然と考えられるからである。

そして、このような危険性に対しては、それが顕在化しないように努力するのが、教育を授ける者の義務でもあるからである。

（1）　拙著『学校事故の法律問題』五頁。
（2）　永井憲一『教育法学の展開と課題』二八〇頁。

（3）　兼子仁『教育法〔新版〕』五二三頁。
（4）「学校事故災害補償法」要項案（日本教育法学会試案）。
（5）「学校事故による死亡者・重度障害者に対する災害特別補償法案要綱」（日弁連試案）。
（6）　兼子・前掲五二二頁。

二　教育をうける権利と学校事故防止条件整備保障

学校事故にかかわって、最も重要なことは、学校事故の発生を未然に防止することである。このために、さきに述べたような学校や教育に内在する危険につき、教育を授ける者は、未然の防止のための条件整備を行う義務があることは明らかである。

このようなことから、「学校設置者は、教育の運営、学校の施設・設備の整備、教師の適正配置や勤務条件などの外的教育条件整備義務を負うことになる。このことによって、学校事故を防止し、生徒の安全に教育を受ける権利を保障していかなければならない」[1]とか、「教育を受ける権利」には、安全で健やかに教育をうけることの国家による条件整備的保障がふくまれるとか[2]、生徒に対する学校側の安全保障義務には、学校設置者の学校の施設・設備や教職員の配置・勤務条件などの教育条件整備的保安義務も含まれているなど主張されている[3]。このようなことから、教育をうける権利は学校事故防止条件整備を要求する根拠ともなる。

教育条件整備は、本来は、子どもの教育をうける権利を保障していくために、国公立学校では、「教育行政は、……教育の目的を遂行するに必要な諸条件の整備確立を目標として行わなければならない。」（教育基本法一〇条二項）により、国や地方公共団体の教育行政の任務として負担しているものであり、私立高校では、「学校の設置者は、その設置する学校を管理し、法令に特別の定のある場合を除いては、その学校の経費を負担する。」という国公立学校と共通する規定の適用を受けて（学校教育法五条）、教育行政の教育条件整備性を定める教育基本法一〇条二項が類推適用され、学校設置者たる学校法人に課されているもの[4]である。そこで、学校事故防止条件整備は、この教育条件整備の一内容であるとともに、独立の義務であって、国や地方公共団体、あるいは学校設置者たる学校法人の負担にかかるものであるといえる。

このため、学校事故防止条件整備の要求は、直接的には学校設置者たる国や地方公共団体、学校法人に対してなされるものではあるが、最終的には生徒の教育につき義務のある国において負担されなければならないものであるといえる。このことから、学校事故防止条件整備の要求は、生徒の積極的な基本的権利として認められるものであり、そのことを認識してその権利を行使していかなければならないのである。

このような観点にたって、学校事故を見るとき、学校事故防止条件整備の不備によるものが多く、この点にもっと関心を持って検討していかなければならないといえる。その一、二を挙げると次のようである。

小学校の水泳訓練中の事故で、判例が、生徒に対しては、プールや水泳場の性状を確認させ注意を促すこと、遊泳中の監視態勢を十分に整えておくこと、生徒を直ちに救助できる態勢をとっておくことなどをあげて責任を認めた[5]のは、教育活動上の学校事故防止条件整備の不備を指摘したものといえるし、高校一年の男子生徒の体育授業で、一〇名ずつ四組に分けて倒立テストを行っていたときに、テスト待ちの生徒が練習中失敗して死亡した事故で、テスト待ちの生徒に練習を認めるときは補助者を付けるべきであるとして適正な人員配置の不備を指摘して責任を認めたもの[6]、中学校二年の生徒が体育実技でアスファルト舗装の校庭で転倒し重傷を負った事故で、中学校の校庭は、運動・遊技等の急激な活動の場所として使用されるものであるから、アスファルト舗装にすることは機能上安全性の点において欠けるとして責任を認めたもの[7]などは、教育施設の設置、整備にあたっての不備を指摘してのことである。

教育条件整備に関しては、今日、相当に注目され、研究や検討が行われてきている[8]。それは、子どもの教育権の保障として好ましいものであることは言うまでもない。ただ、そのなかに、教育権の保障の一環として学校事故防止条件整備も含まれるものであることにつき、どれだけ認識をして行われてきているかはやや疑問である。教育条件整備の検討にあたっては、この点が十分に認識されなければならないのである。

そして、この点を認識しての検討の出発点としては、前述のような判例の示す学校事故防止条件につきまず検討を加えなければならないであろう。それは、学校事故判例における過失の判断は教育活動中の安全注意義務の指針となるし、学校事故における因果関係の問題は学校の生徒に対する安全保持義務範囲を策定することになるし、学校事故判例における瑕疵の判断は教育施設の設置・管理にあたっての安全基準となるというように、学校事故防止条件と深くかかわっているからである。[9] しかし、かかる見地からの検討は最も遅れているように思われ、教育をうける権利の保障の為には学校事故の問題に取り組む者において、あるいは教育条件整備を研究する者において、早急に着手しなければならない問題と言える。

なお、このことによりイギリスにおける一九四四年教育法一〇条二項のように「公立学校施設が法令の定める安全基準を充たすよう保障することは、地方教育当局の義務である。」として、将来的に展開していくことが可能になるし、これも、イギリスにおいて見られるように、教育行政当局がそれを充たさない学校施設を設けていることは法令の定める安全義務に違反したものとして、きびしく賠償責任を求めていく根拠[10]にもなりえよう。ただ、その際、それが学校施設に限定されるにすぎないのであれば、今日の国賠法二条の適用状況からみてそれほどの進展とはいえない。そこには、教職員の配置・勤務条件等をも含めたものでなければならない。このことによって、教育活動中の事故の多くを教師の個人過失としてではなく、学校の組織過失としてただしく捉えていくことができるのである。

(1)　拙著『学校事故の法律問題』五頁、同『不法行為法の現代課題』二一一頁。
(2)　永井憲一『教育法学の展開と課題』二八〇頁。
(3)　兼子仁『教育法〔新版〕』五二三頁。
(4)　兼子仁『教育権の理論』二三四頁。
(5)　松山地西条支判昭和四〇・四・二下民集一・四・六六二頁。

(6)　大阪地判昭和四七・八・三〇学判一二八一一五〇頁。
(7)　東京地判昭和五一・九・一三判時八五四号八六頁。
(8)　教育法学会の教育条件整備研の活動がその端的なあらわれである。
(9)　拙著『学校事故の法律問題』二三頁以下。
(10)　兼子仁『教育法〔新版〕』五三六頁

三　教育をうける権利と学校事故補償制度

学校事故が生じた場合、生徒の被害を如何にして補償するかは切実な問題である。教育をうける権利は、この学校事故補償制度と深くかかわり、これを考えるにあたっての理論的根拠となるものであることに留意しなければならない。それは、教育をうける権利を保障し、実施する者には、教育の場である学校において、生徒が教育をうける過程において生命や健康を損なうことのないように配慮する責任も含まれるものと考えられるから、学校事故防止条件整備保障が求められ、そのことの為に教育の適正な運営、学校の施設設備の整備、教師の適正配置等のため、教育上の安全にかかわっての積極的費用負担が求められる。学校事故は、かかる教育上の安全保障の不十分な結果として現出するものであることからすると、消極的な教育上の費用負担として、その者において負担していかなければならないものであると言えるからである。(1)

このことは、日本教育法学会の「学校事故災害補償法試案」や「学校事故損害賠償法試案」において正しく認識されている。学校事故災害補償法試案の第一条で「学校災害における生徒等の被害が教育を受ける権利を侵害するもの」と規定し、学校事故損害賠償法試案一条の目的として、被害生徒に対する損害賠償は「学校運営の豊かな展開と施設設備の充実とに資する」ものと定めていることによって知りうるところである。

そこで、かかる観点から学校事故補償制度を考えるとき、学校事故における補償はまず国によって負担する方向で考えていかなければならない。このことは、「学校災害にかんして国が補償責任を負うべき原理的根拠は、つぎのように考えられる。がんらい憲法二六条の国民の『教育を受ける権利』には、安全に教育をうけることの国家による条件整備的保障がふくまれている。そこで国民は、教育をうける権利の保障不十分・損傷を意味する学校災害については、法定の学校制度について積極的な条件整備義務を有するはずの国にたいし、法律にもとづいて完全な補償を求めてよいであろう。」このため「国費中心の国を主体とする学校災害補償制度」を確立する必要があるとか、[2]「……国民は、教育をうける権利の損傷を意味する学校災害上の被害について、法律にもとづいて国に対し完全な補償を求めてよいであろう。」「……法定の学校制度について積極的な条件整備の役割を予定されている国が、統一的に補償義務を負うこととすることが、迅速かつ完全な被害者救済のためには適切であろう。とりわけ年金給付をふくめて大規模な完全補償を予定するときには、国を主体として、国費を主たるうらづけとする災害補償制度の確立こそがのぞましい。[3]」などが主張されている。かかる主張はきわめて妥当といえる。

かかる意味において、一九六六年に大宮市議会の呼掛けで結成された「学災法制定促進全国協議会」や七三年以来の日本母親大会の国に向けての「学災法」制定要求の運動は、教育をうける権利に基づく要求運動として、高く評価されなければならない。

なお、国による補償は、教育をうける権利の塡補回復処置としてなされるものであることから、それが多分に社会保障的性格を持つものではあるが、一般の社会保障とは区別して、別の制度として設けられなければならないのである。[4]

かかる見地に立つとき、かつて、第八〇国会衆議院文教委員会における学校災害に関する小委員会において、廃疾年金制度採用の可否をめぐって、第一に、年金制度ということになると社会保障的性格が濃厚になり、一般の廃疾者に対する社会保障制度との調和を考えなければならないこと、第二に、所得実績のない児童生徒に高水準の年金を設定することは、他の諸制度との均衡が崩れ、とくに労災法の障害補償年金を上回ることになり好ましくないこと、第三に、公費負担とすることは、他の社会保障制度との均衡上難しい等が強調されたことは、[5]学校事故災害補償制度についての正しい理解に基づくものではなかったと言える。[6] それは、学校事故災害補償の問題を考えるに、生徒の被害救済のみに関心が向けられ、教育をうける権利とのかかわりにおいて捉えられてこなかったことの結果であり、このことを十分に認識した上でもう一度考え、運動を展開していかなければならないのである。

　このことは、今日、従来にも増して重要性をもってきている。それは、生徒の被害救済を中心とする損害賠償請求事件において、最高裁は、やや消極的ともみられる判決をしてきており、[7] 補償制度の充実が再度求められてきているからである。

　また、学校災害に対する補償は、国の費用負担によって行われなければならないことも、それが、教育をうける権利にもとづくものであるからである。学校災害に対する補償は、教育をうける権利を保障していかなければならないところの国の責務だからである。そして、生徒は、教育をうける権利の一環として安全に教育をうける権利を持ちながら、教育活動に伴って生ずる危険に、自ら甘んじなければならず、その結果として、教育をうける権利保障の不十分さのあらわれである学校災害による費用負担につき、いかなる場合でも被害生徒側に配分されてはならないからである。

　このような見地からみると、現行の日本学校健康会の災害共済給付には、若干の問題があると言える。この災害共済給付制度は、健康会と学校等との間で災害共済給付契約が締結され、共済掛金の支払われている限り、学校管理下の災害につき一定額が保護者等に支払われるものである。このため、この給付制度は、国による補償を目的とするものでもないし、損害を賠償するものでも、災害保険でもなく、加入学校の設置者ならびに保護者の相互援助的な共済救助制度であるにすぎない。[8] それは、国による補償からほど遠いものである。とくに、給付財源は一部生徒側の負担による共済掛金によっていることが問題である。さきに述べたように、学校災害による費用負担につき、いかなる場合でも被害生徒側に配分されてはならないとの原則にかなうものではないからである。

　もっとも、この共済掛金については、学校設置者も負担しているし、昭和五三年度からは、保護者負担を据置きにするため国庫補助が行われるようになり、事務費補助に留まらず給付財源についても一部国によってまかなわれるようになったことから、それらの点では、ごく一部につき国による補償があるということになる。このことから、補償救済は、国の負担において行うべきであるとの国民的要求に一歩近付いたことになる。

しかし、それだけで、国の責務を果たしたというわけにはいかないことは明らかであろう。ただ、もし、かかる方向が進展して、国の補助が増え、さらに給付財源の全部につき負担するに至るならば、その原理にかなうことになり、望まれるところである。そして、もし、そうなった場合には、この災害共済制度は質的転換がはかられたことになる。だがしかし、「全額公費負担の補償を創設することは、現行の法体系上無理がある」との関係者の見解(9)から推測するとかかる方向への進展は期待しえない。

さらに、もう一つの問題は、災害共済給付金の支払請求権者についてみられる。この支払請求権者は、学校設置者と保護者であるが、保護者が請求するときは、学校長（国立）、教育委員会（公立）、学校法人理事長（私立）を経由しなければならないという間接請求になっていることである。教育をうける権利にもとづいての補償請求にあたって、かかる間接的にしか請求できないというのはいささか問題ではなかろうか。自己固有の権利として直接的に請求できるものとすべきであろう。

(1)　拙著『不法行為法の現代的課題』二一一頁。
(2)　兼子仁『教育法〔新版〕』五三〇頁。
(3)　永井憲一『教育法学の展開と課題』二八〇頁。
(4)　兼子・前掲五三〇頁、永井・前掲二八〇頁。
(5)　遠藤「日本学校安全会の給付の改善」ジュリスト特集一〇号三一五頁。
(6)　拙稿「学校事故と学校安全災害共済給付制度」ジュリスト六九一号八二頁（本書***13***所収）。
(7)　最判昭五七・二・一八判例タイムズ四九四号一七五頁が、その代表といえる。
(8)　拙稿・前掲論文ジュリスト六九一号七九頁。
(9)　遠藤・前掲論文ジュリスト特集一〇号三一四頁。

おわりに

学校事故の問題を教育をうける権利とのかかわりにおいて、いくつかの点につきみてきたのであるが、総じて言えることは、学校事故の問題をかかる観点から捉えるものは少ない。もっとも、その芽生えは全くないわけではない。二、三において、それのみられることは、以上の検討によっても明らかであろう。ただ、それは、まだ芽生えの状態であり、かかる観点からの検討は十分に行われているわけではない。そこで、もし、これが契機となってさらに総合的に検討されていくことになればと考えている。

そして、学校事故問題解決のネックは、この辺にありそうに思われ、それが教育をうける権利に根ざすものであることが、一般に認識されない限り、根本的解決は望み得ないであろう。このためにも、検討が更に深められていかなければならないと思われる。

11 学校事故をめぐる教師の権利と責任

一 学校事故と教師の安全注意義務

学校事故判例の事例は、学校の物的施設による事故の場合と、人為的原因による事故の場合に大別される。このうち、教師の権利と責任の問題と最もかかわりのあるのが、後者の場合であるといえる。

そこで、本稿では、後者に関する最近の判例（ただし、網羅的に収拾したものではなく、『判例時報』『判例タイムズ』『判例地方自治』より、最高裁判決昭和五八年二月一八日以後のものを、目につく限りにおいて拾いあげたものである）を素材にして、判例の見解を整理することにする。

なお、後者の事例の場合にも、それが他の生徒による加害の場合、教師自身による加害の場合、教師の懲戒行為に伴う加害の場合などにわけることができる。しかし、前二者の場合は、その加害に対する教師の過失が問題とされる点では共通していることから、これを区別しないことにする。

そして、そこでの中心は、教師は、生徒に対して、どのような場合に、どの程度の身体生命に対する安全注意義務を負うのかの問題、すなわち、教育上の安全に対する責任の問題が中心になるわけである。

なお、教師の懲戒行為に伴う加害の場合は、その懲戒行為が違法な行為になるかどうかが中心であり、教師が教育を遂行するうえにおいて、生徒に行使できる権利の範囲が問題とされることになるし、責任の問題に関連しては、加害行為と被害との因果関係が、法律上は問題になるわけであるが、本稿では紙数の関係から、その検討を留保する。

二 教師に安全注意義務違反がないとした最近の判例

(1) 町立中学校の体育館内で、クラブ活動であるバレーボール部とバスケットボール部が両側に分かれて練習をしていたところ、中学二年生の被害生徒が、トランポリンを倉庫から無断で持ち出し、ほぼ中間の壁側に設置して遊んでいた。そこで、加害生徒がバレー部の練習の邪魔になると注意したが、聞き入れなかったため、倉庫に連れ込んで、手拳で顔面を殴打し、左眼を失明させた。

この事故で、最高裁は、「顧問の教諭を始め学校側に、生徒を指導監督し事故の発生を未然に防止すべき一般的注意義務」はあるが、「課外のクラブ活動が本来生徒の自主性を尊重すべきものであることに鑑みれば、何らかの事故の発生する危険性を具体的に予見することが可能であるような特段の事情のある場合は格別、そうでない限り、顧問の教諭としては、個々の活動に常時立会い、監督指導すべき義務まで負うものではない」とし、本件のトランポリンの使用をめぐる喧嘩が、教諭にとって予見可能であったかどうかを判断することが必要であるとして、教師の過失を認めた原審を破棄している(最高裁判決昭和五八・二・一八判例タイムズ一〇七四号五二頁)。

ここでは、一般的注意義務の存在を認めてはいるが、課外クラブ活動に教師が必ず立ち合う義務はないとしていること、生徒間の喧嘩による事故について、そのことが予見される場合でなければそれに対する注意義務はない、としている点が注目される。

(2) 公立小学校五年の被害生徒が、放課後に、担任教諭の許可を得て教室に居残り、図工ポスターを作成していた際、同級生の加害生徒が飛ばした画鋲つき紙飛行機が左眼に当たり、負傷した。

この事故で、最高裁は、自主授業において、教師が常時在室することや、自習時間中の途中に、教室に戻って自習状態を確認するまでの注意義務はないし、画鋲つき紙飛行機で遊ぶことは過去になく、いわば突発事故であることから注意義務違反はなかった、とする原審を認容している（最高裁判決昭和五八・六・七判例時報一〇八四号七〇頁）。

ここでは、自習時間において、在室監視義務のないこと、画鋲つき紙飛行機での事故は予見できなかったことであるから、注意義務違反はない、と判断したわけである。

(3) 公立中学校二年の加害生徒が、同級生の被害生徒が教諭に告げ口したのに腹を立て、口論して殴りかかるなどの乱暴をした後、被害生徒が階段を駆け下りようとしたので、洋傘を投げつけたところ、頭頂部に当たり死亡した。

この事故で、判例は、加害生徒は特別に粗暴な生徒というわけではなく、被害生徒に敵意を抱いていたような状況も何ら認められないことなどから、加害生徒がこのような危険な行為に出ることは、教諭において予見できなかったとして、指導・監督上の注意義務違反はないとしている（岐阜地裁判決昭和五八・六・一五判例時報一〇九七号九七頁）。

ここでは、教師には、加害生徒が洋傘を投げつけるような粗暴な行為をすることについて、予見できなかったので、注意義務違反はない、と判断したわけである。

(4) 公立小学校四年生の加害生徒ら三人が、校庭に設置されている回旋塔のリンクにつかまって回転させて遊んでいたところ、被害生徒が、突然、回旋塔のリンクに結びつけられていた紐につかまったため、相当の速度で回転してきた加害生徒と衝突、転倒した。

この事故で、判例は、学校には事故の発生を防止すべき一般的注意義務はあるが、それを超えて、教師等が「常時現場に居合わせて児童の行動を十分に監視し、児童が危険な行動に出たときには直ちに制止するなどして、事故の発生を防止すべき注意義務があるということはできない」とし、本件回旋塔による遊戯中に事故が生じたことはなかったこと、使用について一般的な指示を与え注意を促していたことから、常時居合わせていなかったとしても、注意義務違反はないとしている（東京高裁判決昭和五九・四・二六判例時報一一一八号一八一頁）。

ここでは、回旋塔による遊戯行為は、それほど危険なものではなく、それに伴う事故については、一般的に違法性のないことを前提として、教師には、回旋塔の使用についての一般的な注意をすることは必要であるが、通常、回旋塔による生徒の遊戯行為に居合わせるまでの注意義務はない、としたことは注目される。

(5)　高専山岳部員が、顧問の教諭に引率されて、登山の合宿行事に参加していたときに、天候が悪化し、強い吹雪となってきたので、ルートを変更して下山中、被害生徒を含む六名とOB一名が、表層雪崩に巻き込まれ死亡した。

この事故で、判例は、教師らの下山の決定および下山中の行動過程において、事故現場が危険な沢筋であるとの予見可能性がなかったとして、注意義務違反はないとしている（東京地裁判決昭和五九・六・二六判例タイムズ五二八号一三一頁）。

ここでは、表層雪崩に巻き込まれたことについての予見可能性の有無の判断が、キーポイントとなっている。

(6)　道立高校のスキー大会で、ゴールで時計係をしていた被害生徒が、バランスを失ってコースを外れて滑走してきた加害生徒と衝突し、頭部骨折した。

この事故で、判例は、注意義務程度・内容は、事故発生の予見可能性があり、被害者の自力による回避が困難であるため、指導者において回避措置を採るべきことが社会通念上期待されるか否かによって決まるとし、本件では、一般的注意はなされており、「選手がコースを外れたとしても、これを注視する時計係がこれを回避することは容易であり、時計係の自力による回避を期待することはもっともである」ことからすると、ヘルメットの着用、防護柵の設置、係員の複数化等の措置を講じていなくても、注意義務違反はないとしている（札幌地裁判決昭和五九・一〇・二四判例地方自治一三号五九頁）。

ここでは、教師の注意義務の程度・内容を判断するうえにおいて、被害生徒の自力による事故回避の可否との関係が重視されており、注目される。

(7)　私立高校一年生の被害生徒が、野球部の合宿練習で、ランニングをしていて体調に異常を感じ、地面に倒れ意識不明になった後、医師の診療を受けたが、日射病で死亡した。

この事故で、判例は、部長の指揮監督の程度は、部員らの判断力を前提とする程度で足り、経験則上、何らかの疾病・事故の生ずることが予見されるときは格別、「そうでない限り、部員らの練習の模様を逐一監視することまで要求されないものと解するのが相当」として、注意義務違反はなかったとしている（盛岡地裁判決昭和六〇・二・二一判例タイムズ五五五号二四八頁）。

ここでは、教師には、通常、課外クラブ活動についての逐一監視義務はない、としているわけである。

(8)　公立小学校五年の被害生徒が、体育授業のサッカー中に、他の加害生徒の蹴ったボールで左眼を負傷した。

この事故で、判例は、サッカーには、蹴られたボールが他の児童に当たる事態が当然予測されるにもかかわらず、体育授業として肯認されているのは、「体育授業に参加する児童に危険予知やその回避能力を養成し社会生活上必要なものを体得するという児童の体育授業の意義や効用に寄与する」からであるとし、本件は、加害生徒が、ボールを敵陣に向かって夢中で蹴り返したのが、偶然、追ってきた被害生徒の顔面に当たったというのが実情であるとして、教師に、注意義務の違反はない、としている（大分地裁判決昭和六〇・五・一三判例タイムズ五六二号一五〇頁）。

ここでは、教師が、一般的な注意義務を尽くしている以上は、教育に内在している危険性の顕在による事故については、被害生徒において負担すべきである、との考えが示されているといえる。

(9)　公立中学校一年の同級生間で、休憩時間中の教室内で、加害生徒が被害生徒に手拳で顔面を殴打し、傷害を負わせた。

この事故で、判例は、本件は、偶発的に発生した事件であり、本件事故の発生を危惧するような、緊迫した具体的状況はみられなかったことから、教諭をはじめ学校側に、その予見可能性が肯認できないため、保護義務違反があったとはいえない、としている（神戸地裁判決昭和六〇・九・二六判例時報一一八二号一二三頁）。

ここでは、生徒間の暴力事件につき、教師等に予見可能性はなかったと判断し、注意義務違反を否定している。

三　教師の安全注意義務違反を認めた最近の判例

(10)　町立小学校六年生の生徒が、体育授業のサッカーの試合中に、他の生徒が至近距離から蹴ったボールの直撃を受け倒れたが、再びしゃがみ込んだので、教諭が、大丈夫かと声をかけ、保健室で診てもらうよう勧めたが、そのまま元気に試合を続けた。しかし、事故後一カ月ほど経過したときに、右眼に異常が生じ、失明するに至った。

この事故で、判例は、教師には、「被害の発生若しくはその拡大を阻止するという事後措置義務」があり、そのために「児童の保護者に対し事態に則して速やかに事故の状況等を通知し、保護者の側からの対応措置を要請すべきである」のに、かかる義務を怠った義務違反がある、としている（東京高裁判決昭和五八・一二・一二判例時報一〇九六号七二頁）。

ここでは、事故後の状況報告という事後措置義務まで認めたことは、注目される。

(11)　公立中学校三年生の、夏休みの予定表づくりなど学級活動にあてられた授業中に、加害生徒が投げた手製手裏剣（学用下敷を星形に切り抜いたもの）が左眼にあたり、白内障の傷害を負った。

この事故で、判例は、学級活動という生徒の自主性を重視する授業内容であっても、教師が在室し、加害生徒が下敷片を製造していることを知りながら、自席を離れて一五分以上もそれを投げる遊戯行為をしていたこと、事故の発生したことをすぐには気づかなかったことからすると、注意義務の違反があるとしている（東京地裁判決昭和五八・一二・一二判例タイムズ五二二号一五七頁）。

ここでは、教師が、事故現場に居合わせ、事故の発生が予見できたにもかかわらず、何らの注意もしなかったことに注意義務違反がある、としたものである。

(12)　県立高校一年生でハンドボール部員であった被害生徒が、運動場で課外活動としてコート整備をしていたところ、同じく課外活動としてフリーバッティングをしていた野球部員である加害生徒の打球が頭部に当たって負傷した。

この事故で、判例は、校長は、狭隘なグランドで、常時運動部六クラブの練習を確保しなければならない、ということに困難な客観的要請があるとはいえ、「指導監督を担う顧問教諭ら間において積極的に打合せ、計画し且つ厳守するよう事故防止のため人的物的な仕組みないし体制の確立と実行を具体的に指示し、もって事故の発生を未然に防止すべき注意義務を負担している」のにこれを怠った、として注意義務違反を認めている（福岡地裁小倉支部判決昭和五九・一・一七判例時報一一二二号一四二頁）。

ここでは、狭隘なグランドでの練習に伴う危険を予見して、その防止措置を取っていなかったことにつき、注意義務違反を認めたものである。

(13) 県立高校二年生の被害生徒が、課外のクラブ活動としての化学部での紙ロケット推進用火薬の製造中に、誤って火薬を爆破させ、左手切断の重傷を負った。

この事故で、判例は、顧問の教諭は、化学準備室に在室し、混合火薬に赤リンを混入する、というきわめて危険な行為をするよう示唆しておきながら、その後の指導・監督を全く怠ったことには、重大な注意義務違反がある、としている（神戸地裁判決昭和五九・一・三〇判例タイムズ五二五号一五五頁）。

ここでは、教師は、混合火薬に赤リンを混入することの危険に対する防止措置を取らなかったことに注意義務違反がある、とみている。

(14) 県立高校三年生であった被害生徒が、保健体育の授業時間内から終了後にかけて、十数名の同級生からウレタンマットでサンドウィッチ状にされ、足で踏みつけられるという集団暴行を受けたため、両手両足が麻痺するという障害者となった。

この事故で、判例は、教諭の監視しうる場所で、公然と多数の生徒によって行れたというのであるから、教諭は、集団暴行を発見してこれを制止し、安全を保持すべき義務を怠ったというべきである、としている（最高裁判決昭和五九・二・九判例地方自治五号、七六頁）。

ここでは、教師が監視し得る状態にあったことを重視して、集団暴行についての予見義務違反と、事故防止義務違反があった、としている点が注目される。

⒂　市立中学校三年生の被害生徒が、体育授業中に、担当教諭の指導のもとで、水泳の走り高飛び込みの練習をしていて、空中でバランスを崩し、直角に頭部から突っ込み、全身麻痺の障害者となった。

この事故で、判例は、助走つき飛び込み方法は、学習指導書によらない指導方法であり、飛び込みに際して、水底への頭部の激突の危険性を内包するものであることは、教諭にとって十分に予見できたのであるから、そのような方法によることを指示したことに、注意義務の違反がある、としている（東京高裁判決昭和五九・五・三〇判例時報一一一九号八三頁）。

ここでは、教師の教育にあたっての不適切な指導が注意義務違反となる、としている。

⒃　市立小学校六年生の被害生徒が、二階廊下の踊り場で友人二人に手をつかんで振り回され、そのまま前方に倒れて、肋骨骨折の傷害を負った。

この事故で、判例は、教師は、被害生徒が他の生徒から暴行を受けていたことを知っていながら、その原因を究明し、再発の防止のため適切な措置をとるべきであったのに、それをしなかったことは、多少の暴行は大目に見られるという意識を助長することになるし、指導上の義務をつくしていなかったということになる、としている（長野地裁判決昭和六〇・二・二五判例タイムズ五五四号二六二頁）。

ここでは、教師において、被害生徒に対して暴行の行れるのを予見することが可能であった、として注意義務違反を認めている。また、生徒間暴行の生じているのを傍観することは、暴力行為発生の背景になっている、と指摘していることは注目される。

四　教師の注意義務違反に関する最近の判例についての若干の検討

教師や学校の生徒に対する生命身体についての注意義務に関する最近の判例のうち、⑴の判例は、最高裁判例としては最初のものであり、注目される。

そして、この判例においては、教師や学校の生徒に対する注意義務について、次の三点が判示されている。第一に、教師や学校は生徒に対して一般的安全注意義務を負っていること、第二に、課外クラブ活動との関係での教師の立ち会い義務は、一般的安全注意義務の内容ではないこと、第三に生徒間の喧嘩事故については、特別に予見される状況にない限り、注意義務はないことである。

このため、この判例は、学校事故における教師の注意義務違反の判断にあたって、やや厳格に解する態度を示したもの、とみることができる。そこで、これまでの判例においては、教師の注意義務違反につき、やや安易に認めてきたことに対する反省ではないか、ともいわれている。

そのことは、⑵の最高裁判例にも受け継がれているようである。もっとも、同じ最高裁判例のなかにも、⒁のように注意義務違反を認めたものがある。しかし、この判例では、教師は、集団暴行行為の行われる場所に居合わせて、予見が可能であったために、義務違反を認定したものであって、先の二判例と矛盾するものではない。

そこで、このような最高裁判例の見解が、下級審判例へも影響を及ぼすことになったかどうかである。それは、これらの判例以前の判例と比較しなければ正確にはいえないが、感覚的には、本稿で紹介したように、教師の注意義務違反を認めるのに、やや慎重な判例が多くなった、といえそうである。その意味では、学校事故についての責任を考えるうえにおいて、若干の変化が生じつつある、といえそうである。

そこで、かかる傾向にある最近の判例理論につき、若干要約してみると、次のようなことがいえそうである。

第一に、教育活動に内在し、直接起因する危険に対しての一般的な安全注意義務の存在を承認しつつ、これに違反する場合には、当然ながら、注意義務違反を認めていることである。

そこで、(1)・(2)・(5)・(9)の判例の場合については、その事故はこのような教育活動に本来的に内在する危険ではない、と判断することによって、一般的な安全注意義務を果たしている限りにおいて、注意義務違反を否定したものである。

また、(4)・(6)・(7)・(8)は、内在し、直接起因する危険によるものであるが、教師において一般的注意義務を果たしている以上、その危険は被害生徒において回避するか、その危険を甘受しなければならないとするものである。

そこで、被害生徒に、その危険の回避や甘受をどこまで負担させられるものか、という問題が生じてこよう。

これに反して、(13)や(15)は、教育に内在し、直接起因する危険の顕在化であり、かつ(13)では、とくに危険性の高い行為であるとともに、それに対応するための一般的な指導を怠ったことから、(15)では、助走つき飛び込みという危険な指導を行ったことから、一般的安全注意義務に違反する、としたもので、妥当な判断といえる。

ところで、この一般的安全注意義務と関連して、(10)は、事故後の保護者に対する事故通知義務を認め、この懈怠を認定したことは、注目される。このような事後措置義務としての通知義務が、今後も一般に承認されるかどうかは、判例の集積をまたなければならないが、被害の拡大を防止する義務として、承認されるべきものと考えられる。

第二に、教育活動に直接起因しない事故のような場合は、それが学校という場において、あるいは生徒間において生じたときであっても、その事故の発生を予見していたか、予見できたという特別の事情のない限り、注意義務違反にはならない、としていることである。

(1)の課外活動に伴う喧嘩、(2)の画鋲付紙飛行機事故、(3)の傘を投げるという粗暴な行為による事故、(5)の登山中の天候悪化による事故、(9)の教室内での傷害事件などは、教育活動に直接起因する事故ではないとみて、予見可能性のなかったことから、注意義務違反はなかった、としたものである。

これに対して、(11)・(14)・(16)も教育活動に直接起因する事故ではないが、それらの事故の発生は、教師において予見していたか、予見できたのに事故防止の措置をとっていなかった、として注意義務違反を認めている。しごく当然の判例といえる。

第三に、学校事故の現場に立ち会って指導・監督していることが必要かどうかの問題であるが、教育活動に内在し、直接起因する事故でない場合には、そこまでの義務はない、とするのが判例の理論といえる。(1)・(2)がそれである。

もっとも判例は、(4)・(7)では、教育活動に伴う事故の場合にも、それが被害生徒において回避すべきか負担すべき事情にあるときは、同じく立ち会い義務はないとしている。このことからすると、事故の発生がとくに予見できるなどの特別の事情のないときは、一般的には、立ち会い指導・監督する義務はない、と考えているともいえよう。

しかし、これと反対に、学校活動に直接起因する事故でない場合でも、教師がその場に居合わせながら、事故防止のための措置を講じなかったときは、注意義務違反があるとしている。(11)・(14)が、それである。

これは、事故の発生を予見していたのに、事故回避義務を尽くさなかったことによるわけであるから、当然である。この場合は、教育活動に直接起因する事故か否かにかかわらず、注意義務違反は認められよう。

以上のような最近の判例の動向を前提とするならば、学校事故に対する教師の責任としては、教育活動に直接起因する事故については、その事故を回避するための一般的な注意義務がある。教育活動に直接起因のものでない事故については、それが予見できる限りにおいて、事故回避の責任がある。

さらに、事故の発生を予見しているときは、漫然と放置しておくことは許されないことであり、その結果として事故が発生したときは、当然に責任がある、ということになる。

12　学校事故と子ども

はじめに

学校事故の問題は、教育にかかわる者にとって、非常に重要であり、切実な問題である。これは、生徒が学習によって自らの可能性を開花させ、人間として豊かな成長を遂げる過程において生ずるマイナス要因であり、生じてはならない出来事であるが、しかし、それは学習のための教育に内在している構造的危険の顕在化として、回避することが非常に困難な事柄だからである。この学校事故の問題については、これまでもいろいろな角度から種々論じられてきているが、本稿では、「これからの教育」を考えるにあたって、現在どのような問題が生じてきているのか、この問題をどのように位置づけ、捉えていくべきかにつき、法的視点から、若干の検討を試みるものである。

一　学校事故と最近の最高裁判決

学校事故の現時の問題の一つとして重要なのは、最近において、三つの最高裁判例がでたことである。学校事故に関する最高裁判例は、極めて少なかったことからするとそれだけでも注目されるところであるが、それに加えてより重要なのは、いずれもが、教諭に過失がなかったとして、被害生徒による賠償請求を否認していることである。このことは、これまで下級審判例において、多少のばらつきはあるにせよ総じて教諭の過失を認め被害生徒による賠償請求を肯認しようとするのが一般的傾向であったと解し得る（拙著『学校事故の法律問題』一三一頁以下参照）ことからすると、かかる傾向に歯止めをかけようとするものとして由々しき問題であるといえる。そこでまず、これら判例の論理につき若干検討することにする。

最判昭和五八年二月一八日（民集三七巻一号一〇一頁）〔判例1〕では、町立中学校の体育館で、課外クラブ活動としてバレーボール部とバスケットボール部が両側に分かれて練習をしていたところ、X（中学二年生）らがトランポリンを無断で持ち出し、その中間の壁側に設置して遊んでいたところ、バレーボール部員であるA（中学二年生）が練習の邪魔になるので遊びを止めるよう注意し、Xがこれに反発したので体育館内の倉庫に連れ込み手拳で顔面を殴打したため、一カ月後外傷性網膜全剝離で失明した事案で、バレーボール部顧問の教師に過失があったとした原審を破棄し差戻している。その理由としては、まず、課外クラブ活動に対する顧問教諭の事故防止についての一般的な注意義務の存在することを認めながら、そのための立会義務については「課外のクラブ活動が本来生徒の自主性を尊重すべきものであることに鑑みれば、何らかの事故の発生する危険性を具体的に予見することが可能であるような特段の事情のある場合は格別、そうでない限り、顧問の教諭としては、個々の活動に常時立ち会い、監督指揮すべき義務」はないとし、また代わりの監督者を配置せずに体育館を不在にしていたことが過失であるとするためには「トランポリンの使用をめぐる喧嘩が同教諭によって予見可能であったことを必要」とするとしている。そして、その予見可能性を判断するための基準を示して破棄し差戻したわけである。

最判昭和五八年六月七日（判例時報一〇八四号七〇頁）〔判例2〕では、市立小学校五年生の児童Xが放課後担任教諭の許可を得て教室内で図工ポスターを製作していた際、すでにポスター製作を終えながら教室に残っていた同級生Aの飛ばした画鋲つき紙飛行機が左眼にあたって負傷した事案で、担任教諭に監督上の過失はないとした原審判決を支持し上告を棄却している。その理由としては、「小学校の校長及び担任教諭に所論の注意義務の違反はな」いとするだけである。ところで、原審では、担任教諭として放課後一部児童に居残り学習を許可したこと自体はなんら不当な措置ではなく、また居残り学習の必要でない児童が在室していたとしても、なんらかの具体的な危険の発生を予測しうべき特段の事情がない限り、速やかに帰宅するよう指示して職員会議に赴いたことに注意義務違反はなく、画鋲の保管管理についても特に注意義務に違反した事情はないし、画鋲を固定した紙飛行機遊戯は過去になかったのであるから、本件事故は教諭にとって事前に危険を予測できなかった突発事故であったというべきであるとしており、これを支持したものである。

最判昭和五八年七月八日（判例時報一〇八九号四四頁）〔判例3〕では、Xらの長男でY県立高校三年生で同校のラグビー部に所属しているBが、同校のラグビー部員Cが高校選抜チームの選手として試合に参加するため、競技の支度をしてその応援および見学に赴いたところ、別に予定されていたラグビー協会主催の社会人チームによる試合の出場選手が不足していたので、D高校ラグビー部の顧問兼監督で県高校ラグビー強化合宿指導員であったE教諭の要請により、D高校ラグビー部員とともにこれに参加したが、相手チームのFにタックルされて転倒し、負傷を受け、翌日死亡した事案で、E教諭の行為は公権力の行使としての職務を行うにつきなされたものといえるし、かつ社会人チームとの練習試合に参加させたことは保護監督の注意義務違反にあたるとした原審を、いずれについても否定し破棄差戻をしている。その理由としては、Bの参加がE教諭の呼び掛けによるものであるとしても当然に競技中E教諭の指揮監督下に置かれたというものでもないし、Bの練習試合への参加がD高校ラグビー部のクラブ活動の一環としてなされたとみる余地もないことから、E教諭の公権力の行使としての指揮監督下にあったと判断することはできない。また、対戦相手である社会人チームの年齢が二二、三歳でBリーグの上位の実力であると認定するだけで、高校生を同チーム相手の練習試合に参加させることによって死亡事故等が発生することを予測できるまでの技能、体力の較差があったかどうか何ら審理しないままE教諭の注意義務違反を認定したことは妥当でないとしている。

ところで、以上の三つの最高裁判例をもとに学校事故についての裁判所の見解をながめてみると、学校事故における賠償責任については、一見、かなりシビアに捉えているようにみえる。そして、最高裁は、このような基準を示すことによって学校事故裁判につき一定の指針を与えようとしたもの（植木哲「判批」民商法雑誌九〇巻一号七二頁）とみることもできる。もし仮にそうだとしても、この三つの最高裁判例によって与えられている指針の対象となる領域は、ごく限られた範囲においてであることに留意しなければならない。それは、これらの事故は生徒間の喧嘩や遊戯を原因として生じた突発的事故であったり、課外クラブ活動の延長上であるが場所的には学校の管理から離れ、しかも一般の人との関係で起こった事故であることから、教育活動そのものに内包する危険が顕在化して生じた事故に対する賠償責任の問題はその射程範囲には入っていない（同旨、織田博子「学校事故に関する最高裁の二判決」季刊教育法五三号一〇五頁、拙稿「学校事故賠償責任と最高裁判決」判例タイムズ四九二号二九頁）といわなければならないからである。このため、この三つの最高裁判例を学校事故における賠償責任の問題を考えるにあたっての一般的基準とすることは、誤りであることを認識しておくべきである。ただ、この三つの最高裁判例は、本来的な学校事故にかかわっての先例となるものではないとしても、学校の教育活動と密接に関連して生ずる児童生徒の事故についての先例となりうる要素を持つことは否定できないことから、ここに示された見解のうち特に問題となる二つの点につきそれが妥当な指針であるかどうかにつき検討しておくことが必要となる。

その一は、教諭の過失の有無である。この三つの最高裁判例では、教諭の過失を認定することについては否定的である。判例1では、顧問の教諭が立ち会い、監視指導する義務のあるのは危険性を具体的に予見することが可能であるような特段の事情のある場合に限るとし、また喧嘩が教諭にとって予見可能であったことを必要とするとして過失の認定に否定的であり、判例2では、居残り学習の必要のない児童が居残り、紙飛行機遊戯をしていたとしても具体的な危険を予測しうべき特段の事情のない限り帰宅を児童の自主的判断に委ねていても注意義務違反にならないし、画鋲を固定した紙飛行機遊戯は過去になかったことから事前に危険を予測できない突発事故であるとして教諭の過失を否定した原審を支持し、判例3では、練習試合に参加させることによって死亡事故等の発生が予測できるまで相手チームとの技能、体力に較差があったかどうか審理しないのは過失の認定上不尽の違法があるとしていることにみられる。そこでは、過失判断の前提として、事故の発生の予見可能性を問題にしており、このことはこれまでの過失論と異なるところはないが、その予見可能性の存否につき、予見可能性のあることを当然の前提とはしていない点が注目される（織田・前掲一〇九頁）。このことは、下級審判例でも、教育活動に内在する危険性の顕在化とはいえない学校事故では同様の見地に立つのが一般的であり（織田・前掲一〇六頁）、かかる判例と異なるところはない。この意味では、教育活動に内在する危険性の顕在化として生ずる学校事故では、危険を予見することが一般的に可能であることを前提にして、そのうえで危険防止のためにいかなる措置をとるべきであったかを問題にするのとはやや異なるものといえる（拙稿・前掲二九頁）。また、このような予見可能性の存否の判断を、事故に直接関係のある教諭個人についてのみ行っている。これも、従来からの過失判断の前提とされてきたことである。このようにみてくると、この三つの最高裁判例は、いずれの面においても、従来の理論に従ったものであるにすぎないといえる。ただ、その理論の適用にあたって、少しその認定において厳しすぎたのではないかとの非難は免れえないであろう。それは結果的には、学校事故に対する本質的問題の理解に欠けているがためではないかと考えられる。それだけではなく、教育活動に内在する危険性の顕在化とはいえない学校事故であっても学校教育活動の一環として生じた事故であるとみるべきであり、そのように解するならば学校全体の事故防止体制にかかわるものとして、その予見可能性を問題にするにしても、それをこれらの判例のように教諭個人の問題として捉えるべきではなく学校全体としての組織的な問題として捉えていくべきではないかと思われる（拙稿・前掲三一頁。同旨、植木・前掲八三頁、山口純夫「判批」判例時報一〇九七号二〇六頁）。このような観点に立つならば、判例1では体育館使用にあたっての学校全体としての安全管理体制が、判例2では自主学習にあたっての組織的な安全義務が問題とされ、事故が発生していることからすると予見可能性の存在を前提として考えて行くことができるのではないかと思われる（判例1に関しての詳論は、拙稿・前掲三一頁参照）。なお、判例3についても、事故の性質上、組織過失よりも教諭の個人過失に焦点が合わせられるのもやむを得ないとの見解もみられるが（西埜章「判批」判例時報一一〇五号二〇八頁）、この場合でも国体高校ブロック予選を高校の教育の一環とみるならばそれに対する学校の組織過失を問題にすることができるのではないだろうか。

その二は、教諭の職務行為の判断についてである。判例3では、他校の生徒に対しては当然に指揮監督すべき職務上の義務はないことを前提にしているが、その前提は一般的には妥当としても、本件でそういえるかどうかは問題である。そこで、原審は教諭の呼び掛けによる他校生徒の練習試合への参加を自校のラグビー部員と同様に指揮監督下において自校のラグビー部のクラブ活動の実施のなかに採り込んでこれを肯認したわけであるが、それはかなり苦しい論理といわざるを得ないであろう。それは、自校のラグビー部のクラブ活動として位置づけなければならないところに原因があるのである。そこで、学説には、D教諭は、ラグビー協会の副会長で、県高校ラグビー強化合宿の指導者であったことなどから、社会通念上職務と関連性があるとみられる（山口・前掲二〇七頁）とか、人的要素を特に問題とする体育関係の事故において、かつ教育的見地を重視するとき一考の余地がある（植木・前掲七八頁）として肯定する見解が多い。そのことは正当であるとともに、他校の教諭といえども学校教育活動に関連して生じた事故であるならば、その学校の組織的安全義務を補助する職務上の義務があるとみることもできるのではないだろうか。そこでは、学校教育活動が一校内に止まらずそれが他校との係わりにおいて、さらには連盟に加入して行われる限りにおいては、他校の教諭もまたその関係する範囲においてはその学校の教育活動に伴う危険防止のための注意義務を代行するものとみるのが教育的見地から見て妥当ではないかとの考えが前提とされているのである。

二　学校事故と教育を受ける権利

学校事故の問題を考えるにあたっては、学校事故は教育を受ける権利と密接に結び付いた問題であるということの自覚を国民のすべてが持つ必要がある（拙稿「教育をうける権利からみた学校事故」季刊教育法五〇号一〇二頁以下（本書***10***所収）

参照)。憲法二六条は、教育を受けることを国民の基本的人権の一つとして保障している。そこで、判例によっても、「教育を受ける権利を保障する憲法二六条の規定の背後には、国民各自が、一個の人間として、また、一市民として、成長、発達し、自己の人格を完成、実現するために必要な学習をする固有の権利を有すること、とくに、……子どもは、学習要求を充足するための教育を自己に施すことを大人一般に対し要求する権利を有するとの観念が存在していると考えられる。換言すれば、子どもの教育は、教育を施す者の支配的権能ではなく、何よりもまず、子どもの学習をする権利に対応して、その充足をはかる立場にある者の責務に属するものとしてとらえられているのである」(最判昭和五一・五・二一判時八一四号三三頁)としている。そして、学校事故問題が教育をうける権利にどのようにかかわってくるかについては、「教育をうける権利保障のなかには、教育権を保障し実施する者には、教育の場である学校において、生徒が教育を受ける過程において生命や健康を損なうことのないよう配慮する責任もふくまれると考えるべきである」「学校事故は、この子どもの安全教育権の侵害である」とか(拙稿『学校事故の法律問題』五頁)、「現代の公教育制度にあっては、学校の設置管理は単に子ども・生徒等に学習の利益を与えるというのにとどまらず、国公私立を問わずすべて学校の設置管理は子ども・生徒等の教育をうける権利を保障する責務をになう作用であって、学校事故は安全に教育を受ける権利の損傷として学校設置者にその回復の責務を当然生ぜしめるのである」(兼子仁『教育法(新版)』五二三頁)などの主張がみられる。そこでは、教育をうける権利は、「生徒の安全教育権」とか、「教育の場における発達成長権」となって展開されており、このことのゆえに、学校事故は生徒の教育にかかわっての身体・生命に対しての安全要求権の侵害とみなされることができるからである。

ところで、学校事故をこのように教育を受ける権利から派生する安全要求権の侵害と位置づけるならば、学校事故の問題にかかわって基本的に、つぎの二つの要請が、教育を受ける権利の具体的内容として捉えられよう。

第一に、学校事故で最も重要なことは、学校事故の発生を未然に防止することであるが、これに関連して、教育をうける権利は学校事故防止のための条件整備を要求する根拠となり得ることである。このことは、「学校設置者は、教育の運営、学校の施設・設備の整備、教師の適正配置や勤務条件などの外的教育条件整備義務を負うことになる。このことによって、学校事故を防止し、生徒の安全に教育を受ける権利を保障していかなければならない」(拙稿・前掲五頁、同『不法行為法の現代的課題』二一頁)とか、「教育を受ける権利」には、安全で健やかに教育をうけることの国家による条件整備的保障がふくまれるとか(永井憲一『教育法学の展開と課題』二八〇頁)、生徒に対する学校側の安全保障義務には、学校設置者の学校の施設・設備や教職員の配置・勤務条件などの教育条件整備的保安義務も含まれている(兼子・前掲五二三頁)などの主張となって現れることになるのである。そして、このことによりイギリスにおける一九四四年教育法一〇条二項のように「公立学校施設が法令の定める安全基準を充たすよう保障することは、地方教育当局の義務である」として、将来的に展開していくことが可能になるし、また教育行政当局がそれを充たさない学校施設を設けていることは法令の定める安全義務に違反したものとして、きびしく賠償責任を求めていく根拠にもなりえよう(兼子・前掲五三六頁)。そして、その条件整備は、学校の物的施設に限定されるものではなく、教職員の配置・勤務条件等の人的設備をも含めたものでなければならない。このことによって、教育活動中の事故の多くを教諭の個人過失としてではなく、学校の組織過失としてただしく捉えていくことができるのである。

第二に、学校事故が生じた場合の被害生徒に対する補償の問題に関連して、日本教育法学会の「学校事故災害補償法試案」や「学校事故損害賠償法試案」において正しく認識されているように、「学校災害における生徒等の被害が教育を受ける権利を侵害するもの」と捉え、国家による無過失責任の原理による完全補償を根拠づけることになろう。そして、学校事故が教育に内在する危険の顕在化であることをも併せて考えるならばそのことはなおさらのことといえよう。かかる意味において、一九六六年に大宮市議会の呼掛けで結成された「学災法制定促進全国協議会」や、七三年以来の日本母親大会の国に向けての「学災法」制定要求の運動は、教育をうける権利に基づく要求運動として、高く評価される。

む す び

学校事故にかかわっての現況を最近の最高裁判例についてみるとともに、学校事故に対する基本的な位置づけにつき検討してきたが、その両者間において、著しい差異のあることが明らかになったのではないかと思われる。判例において、被害生徒の補償請求が否定されるに至る原因の多くは、現行法での賠償制度が過失責任主義によっていることと、その過失の認定を教諭個人を基準にして判断しようとするところにある。しかし、そのことは、被害生徒に対する補償を考えるにあたっては基本的には、無過失責任の法理によるべきであること、教諭の個人過失としてではなく、学校の組織過失として捉えていくべきであることの要請とは対立するものである。このため、そこではまず現行法制度においては、極力、学校の教育条件整備の不備としてその組織過失を問題としていくべきであり、将来的には無過失責任の原理による補償制度を設けるよう努力すべきである。なお、後者の問題に関しては、現行の日本学校健康会の災害共済給付制度をもってこれに代えることや、この制度を充実させることによってそれがかなえられるものでないことに留意すべきである。この給付制度は、国による補償を目的とするものでもないし、損害を賠償するものでも、災害保険でもなく、加入学校の設置者ならびに保護者の相互援助的な共済救助制度であるにすぎず、根本的に異なった考えに基づくものだからである。

13　学校事故と学校安全会災害共済給付制度

はじめに

学校事故は年毎に増加し深刻化しつつある。それは、日本学校安全会による災害共済給付件数をみても、昭和五一年度には九八万件を超え、一〇〇万件に近づいている。そして、そのような学校事故のうち死亡が二一九件、廃疾が六五九件も含まれている。なお、この事故件数は、給付件数にすぎず給付請求のなされなかった事故や、日本学校安全会に加入していない学校での事故、あるいは大学での事故などを含めるとさらに厖大な件数になるものと思われる。このため、学校事故の問題は、件数といい次代を担うべき子供が被害者であることからする深刻さといい交通事故に匹敵するほどの社会的問題であることをまず認識しなければならない。

そこで、このような学校事故による被害生徒に対する救済制度を完備することは、「被害者の救済」としての見地からのみても他の場合と劣らず重要であることはいうまでもないが、そのことにとどまらず、それは、「子供の教育」に大きな影響を与えるものである点で、他の被害者救済制度とは同列に捉えることができないという側面を持っている。そして、この側面を常に考慮しながらその救済制度を考えていくのでなければ、それは適切なものとなりえないのである。

一　被害生徒救済制度の概要

学校事故による被害生徒に対する特別の救済制度の公的なもので主なものとしては現在つぎのようなものがある（なお、個別大学のものとして、龍谷大学の学生災害事故療養費等給付制度というきわめて注目すべき制度もあるが、私的なものであるのでここでは省略する）。

(1)　日本学校安全会災害共済給付制度　この制度は、昭和三五年に日本学校安全会法が制定され、日本学校安全会が設けられ、保護者と学校設置者による共済掛金を給付財源として、学校の管理下における児童生徒等の負傷、疾病、廃疾、死亡に関し災害共済給付を行なうことを内容とするものである。この制度の対象となる学校は、大学以下のすべての学校、すなわち小学校、中学校、高等学校、高等専門学校、幼稚園、盲学校、聾学校、養護学校、さらに保育所であり、昭和五二年度における加入率は、義務教育諸学校では九九％、全体としては九五％であるといわれている。このため、この制度は、学校事故による被害生徒に対する救済として非常に大きな役割を果たしており、その制度のあり方や給付内容は被害生徒の救済を考える上で重要な影響を与えることになる。そこで、ここでも、この制度につきのちに、さらに深く検討する。

(2)　学生教育研究災害傷害保険　学校安全会災害共済給付制度からは大学が除かれているため、大学での事故に際しての救済制度として発足したのが、この保険制度である。この保険制度は、昭和五一年に、財団法人学徒援護会がとりまとめを行なう団体加入の傷害保険として実施されたが、初年度加入状況は国立大学九四％、公立大学七三％、私立大学二六％で、全大学の学生数の約一二％であるといわれる。それは、学生数の少ない国公立大学や理工科系大学に集中し、学生数の多い文科系私立大学の加入が少ない。これは、文科系私立大学では、学校事故に対する補償救済をおろそかにしているからではなく、私立大学連盟などでも真剣に検討されて来ているのであるが、この保険の保険料が高く多数の学生を抱える私立大学ではその負担が厖大になること、また、その割には保険金給付があまりにも制約されていることにあるといわれている。すなわち、この保険によってカバーされるのは、学生が在籍する大学の正課中若しくはこれに準ずる教育研究活動中——指導教員の指示で卒論・学位論文研究に従事している間や、全学又は学部単位での入学式、オリエンテーションなどの学校行事参加中——に生じた急激かつ偶然な外来の事故によって身体に傷害を被った場合であり、死亡保険金一、〇〇〇万円、後遺障害保険金四五万円〜一、五〇〇万円、医療保険金は治療期間に応じて七、〇〇〇円〜一五〇、〇〇〇円である。このため、文科系私立大学で最も多くみられる課外・クラブ活動中の事故についてはカバーされないことになり、これでは問題の解決のためには役立ちえないとして敬遠されるのも無理からぬことである。ましてや、私立大学では、課外・クラブ活動を大学の教育の一環にはめ込むべきではないかという論議がなされている状況からして、受け入れられるものではない。このようなことから、大学以外の学校については、十分とはいえないまでも学校安全会災害共済給付によって被害生徒が救済されるという状況にあるにかかわらず大学での事故についてはそのような制度さえなく、学生個人個人であるいは個別大学で補償救済のための手当をしなければならないという実状にあるといえる。しかし、このような実状は、いつまでも放置するわけにはいかない。そこで、学校安全会災害共済給付制度への加入の途を開くことが考えられまた一部では主張もされているが、事故率や給付額からみてもこれを同一に取り扱うことは妥当でないであろうし、この制度自体が学校事故に対する救済制度としては十分なものではなく、過渡的なものとして評価できるにすぎないことから、かかる考えや主張は妥当であるとはいえない。このため、学校事故に対する救済制度は、本来どうあるべきかを再考しつつ、大学での事故に対する救済制度を早急に考えなければならないであろう。

(3)　児童・生徒災害見舞金制度

この制度は、府県単位で組織を作り、児童・生徒一人あたりに対する一定の会費を徴収して、学校管理下の事故の場合に見舞金を支給するものである。青森・兵庫・大阪・愛媛・香川・岩手の各府県などに存在し、岩手県では、死亡一、〇〇〇万円、廃疾一級一、三五〇万円とかなりの見舞金が支給されている。しかし、この制度は、日本学校安全会の災害共済給付が不十分であったこととあいまってそれを補充するというのが目的であり、これによって十全な救済を図るという意図を持ったものではない。このため、学校事故の補償救済制度としては、この種のものに本来的に期待することのできないことはいうまでもない。

二　学校安全会災害共済給付制度の検討

(イ)　共済給付の性質　日本学校安全会の災害共済給付は、安全会と学校等との間で災害共済給付契約が締結され、共済掛金の支払われている場合に限り、学校管理下の児童・生徒の災害につき一定額につき、保護者等に行なわれるものである。このため、この給付制度は、学校事故に対する補償を目的とするものでも、また損害を賠償するものでもない。あるいは災害保険に類似するがそれとは同一ではなく、加入学校の設置者ならびに保護者の相互援助的な共済制度であるにすぎない。この給付制度のこの性格を確認することは、今後、学校事故の救済制度を考えるにあたって重大な意義を持つのである。

(ロ)　任意加入制　なお、災害共済給付契約の締結は強制されていない。任意である。このため、この給付制度に加入していない学校の児童・生徒の学校事故については、故意・過失が立証できれば、学校等加害者に損害賠償として救済を受けることができるが、それ以外の場合は何らの救済もえられないことになる。この点では、労災保険と同様に、原則としてその対象となっているすべての学校に加入強制させる方向に進むべきである。

(ハ)　給付条件　この共済給付によって救済されるのは、学校の管理下における児童・生徒の災害についてである（安全会法一九条）。学校の管理下というのは、①児童・生徒が学校が編成した教育課程にもとづく授業を受けているとき（正課授業、特別教育活動、学校行事等の時間中）、②児童・生徒が学校の教育計画にもとづいて行なわれる課外指導を受けているとき（林間・臨海学校や進路・生活指導中）、③休憩時間中に学校にあるとき（授業開始前後の時間中）、その他校長の指示・

承認にもとづいて学校にあるとき（放課後など）、④通常の通路、方法により通学するとき、⑤その他、文部大臣がこれに準ずると定めた場合である（施行令三条二項）。災害というのは、①負傷（療養費五〇〇円以上のもの）、②疾病（給食中毒、日射病、溺水、その他負傷による疾病）、③廃疾、④死亡である。そして、学校の管理下での災害である場合は、児童・生徒の故意・過失を問題にしないで給付される。ただ、高等学校や高等専門学校の生徒については、以上のような学校管理下の災害であっても、それが生徒の故意に起因するときは廃疾・死亡についての給付は行なわれないし、重過失による廃疾のときは廃疾見舞金の支給を行わないことができるとしている（施行令一二条三項）高等学校や高等専門学校の生徒についてのこのような故意・重過失の場合の免責給付条項は、労災補償の場合と同様の考えにもとづくものと思われる。高等学校や高等専門学校の生徒は、事故防止についての判断能力もあることから、義務教育課程を終えて就労した者と同様に取り扱うべきであるとの考え方にもとづくものと想像できるが、学校事故の場合の救済の問題は、被害生徒の救済という面の他に教育ないし教育理念とのかかわりにおいて考えられなければならないことから、その妥当性について疑問が残る。またこの給付は、学校や第三者の故意・過失による事故あるいは無過失、不可抗力での偶然的不慮の事故にかかわらず学校管理下の事故であれば行なわれることになっている。このため、その学校事故が、学校設置者や第三者の無過失あるいは不可抗力によるものであって、被害生徒がいずれからも補償救済されない場合には、被害生徒の救済として直接役立つことになる。

㈡　損害賠償責任との関係　ただ、学校設置者や第三者に、その学校事故につき故意・過失などがあり国家賠償法や民法にもとづいて損害賠償責任のある場合については、直接的な被害生徒の救済制度とみることができないようである。学校事故につき学校設置者や第三者に国家賠償法や民法にもとづき賠償責任のあるときは、学校安全会は、その給付の限度において被害児童・生徒の有する損害賠償請求権を取得して学校設置者ないし第三者に給付相当額を求償できる（安全会法三七条）としていることや、被害児童・生徒が学校設置者や第三者から損害賠償を受けたときは、その価額の限度において、給付を行なわないことができる（施行令二条三項）としていることから、被害生徒の救済は、損害賠償制度によるべきであることを前提としているものといえる。このことは、この給付制度が、学校設置者や保護者の掛金による共済という仕組みになっていることから、他に、明らかな賠償責任負担者のいる場合はその者に負担させるのが当然であるとの考えによるものとして、「共済」給付制度であることに起因するマイナス面を顕示したものである。そして、安全会法三七条や同法施行令二条三項の規定の結果として、その学校事故が学校設置者や第三者の故意・過失その他の有責性によって惹起したものであることが明らかなときは、給付されないことになるであろう。このため、学校設置者としては、給付請求に際し、その学校事故につき責任のないように配慮するのが道理であり、そのためにもっぱら被害児童・生徒側の過失によるものであるかのごとく報告され、そのことが保護者に知れることによって教育の場にふさわしくない感情的トラブルに起因した裁判上の争いが生ずるという事例がまま知られている。このことは、学校安全会の災害共済給付制度が、「学校教育の円滑な実施に資することを目的とする」としていることと矛盾しており、このことについて再考する必要があるものと思われる。とくに、今日の学校事故裁判では、学校側の安全保持注意義務を過重することによって学校設置者の賠償責任を広く肯認する傾向にあることを考え合わせると、安全会法三七条のような規定は少なくとも加入者である学校設置者や保護者に対する関係では、削除されるべきではないかと思われる。

もっとも、昨年の日本学校安全会法の一部改正に際し、学校設置者が、あらかじめ特別の掛金を支払って、災害共済給付契約に免責の特約を付したときは給付の価額の限度で損害賠償の責任を免れることができ、学校安全会から求償されることのないように改められている（同法三六条の二）。この特別の掛金の額は、児童・生徒一人当たり年額一〇円（通教生の場合は一円）である。このため、このような免責を受けうる学校設置者については、その学校事故が自己の故意・過失によるものであるかどうかにつきとらわれることなく給付請求を行ない被害生徒が災害共済給付によって救済されることから、今後は改正前のような問題は生じないかもしれない。この意味では一歩前進のようにみえる。しかし、この免責制度の導入は、もともとは給付金額が高額になりかつ学校設置者の賠償責任の肯認される場合が多くなってきたことから、学校設置者自身、学校安全会からの求償にたえられなくなりつつあるのでそのような賠償責任を学校設置者全体で共済して分担し負担するという趣旨にもとづくものであるにすぎない。また多少うがった見方をすれば、学校安全会が安全会法三七条にもとづき賠償請求権を取得しても加入学校設置者に対しそれを強行に行使できないことからコゲつきが生じ、その額が多額になるし強行使をすれば摩擦が生ずるという事情も加味されているのではないかとも想像される。

そこで、以上のような状況からすると、この免責制度はあくまでも経済的事情によるものであって教育理念にもとづく学校事故救済制度をめざしたものでないといえる。さらに、学校設置者は特別の掛金を払い込みこの免責制度を利用できるし、また利用することになるのが普通であるが、加入保護者等にはこのような制度がないという欠点がある。このため、ごく稀ではあろうが、学校管理下での児童・生徒同士での事故で、加害生徒の保護者に民法七一四条の監督者の責任が問われる場合、あるいは校長など管理職者個人に民法七一五条二項の代理監督者責任が問われる場合などのように学校事故で保護者や学校関係者個人の賠償責任が肯認される場合には、そこに教育の場にふさわしくない対立が賠償をめぐって生ずることになる。このようなことからすると、この免責制度の導入では、さきに述べたような点は抜本的には解消されたわけではないといえよう。そこで、この災害共済給付を存続させるとしても、この制度の究極的目的である「学校教育の円滑」を図るために、制度として、災害共済給付と損害賠償責任の関係を再検討する必要があるのではないだろうか。そこでは、登下校中の交通事故加害者のような者との関係では、安全会法三七条の規定を設けることは妥当としても、学校設置者、保護者、教職員との関係で妥当かどうかきめ細かく再考する必要があるように思われる。そして、ここらあたりから、一般的な補償救済制度とは異なる学校事故特有の教育理念にもとづいた救済制度へと脱皮できるのではないだろうか。

なお、この災害共済給付は、損害賠償請求に際し、給付金の限度において損益相殺の対象となるとするのが判例の立場である。

(ホ)　給付財源　学校安全会の給付財源は主として共済掛金によっている。この共済掛金は、**表1**のような金額におい

表１　掛金金額表（児童生徒等１人当たり、年額）

	掛金額	負担区分	
		設置者	保護者
	円	円	円
義務教育諸学校	300	150	150
高等学校（全日制）	600	150	450
〃　（定時制）	230	70	160
〃　（通信制）	89	29	60
高等専門学校	1,000	240	760
幼稚園	105	20	85
保育所	135	50	85

（注）　沖縄県については、別に定める特例による。

て学校設置者と保護者によって負担している。ただ、昭和五三年度からは、給付金の増額改訂にともなう共済掛金の負担増加分につき、保護者負担を据置にするために国庫補助が行なわれるようになった。これは、これまで学校安全会の事務費の大半については国庫補助金によってまかなわれていたが、給付財源については共済掛金にのみ依存してきたことからすると新しい方向づけである。この方向づけの進展過程において、国庫補助金を増額しまず保護者負担をなくすことが急務である。このことによって、学校事故についての補償救済は、保護者負担によるのではなく国の負担において行なうべきであるとする近時の国民的要求に一歩近づくことになるであろう。そして、義務教育課程では、憲法二六条が「義務教育は、これを無償とする」と明言していることの実際的裏付けとしての意味をも持つことになる。もっとも、学校事故のすべてを対象として、「いわゆる無過失責任主義による全額公費負担の補償を創設することは、現行の法体系上無理があると思われる」とする関係者の見解（遠藤丞「日本学校安全会の給付の改善」ジュリスト総合特集一〇号・教育三二四頁）から推測するならば、保護者負担をなくするということは進展過程の延長線上においても期待しえないようであるし、そのことは現行の給付制度とは質的に異なる補償制度が実現しない限り望みえないようである。このため、給付財源への国庫補助金導入も学校事故の救済制度の進展からみてそれほど期待できないのではないかと思われる。

(ヘ)　給付請求　災害共済給付金の支払請求権者は、災害共済給付契約に係る学校設置者または保護者である（施行令八条一項、二項）。ただ、保護者が請求するときは学校長（国立）、教育委員会（公立）、学校法人理事長（私立）を経由して支払請求書を提出するという間接請求方式になっている（施行令八条三項）。この方式は事務処理上都合がよい反面、学校設置者によりチェックを受けることも考えられ、保護者による権利としての給付請求権の行使が制約されることも考えられる。また、給付金の支給に際し、学校設置者側の誠意による損害賠償金か損害補償金であるかのようにして支払われ、トラブルを惹起する事態が多いといわれている。この災害共済給付制度では、学校事故をめぐっての加害者側と被害者側が共済しているのであるから、加害者側を経由しなければ給付請求できないというのが妥当かどうか、類似の補償救済制度とも比較検討しながら再考することが必要であろう。

なお、この給付請求権は、給付事由の生じた日から二年間行使されないときは時効によって消滅するという短期消滅時効がついている（安全会法三八条）。また、この権利については、譲渡、担保設定、差押えが禁止されている（安全会法三九条）。

表2　給付の種類と額

医　療　費	療養費の月額が 5,000円未満は3割 5,000円以上は4割 13万円を超える場合は 3万9,000円に療養費用の月額の1割加算 支給期間－5年間
廃疾見舞金 （一　時　金）	1級 1,500万円 8級　295万円 14級　33万円
死亡見舞金	1,200万円

＊　通学途中の事故は上記の1/2である。

(ト)　給付金の種類と支給額　災害共済給付により支給される給付金の種類と支給額は**表2**の通りである。支給額については、昭和五三年度から廃疾見舞金と死亡見舞金が二倍～四倍程度引き上げられ、これまでの低額給付に対する批判から逃れることができたし、他の補償救済制度よりも良くなったといえる。しかし、これも死亡見舞金などのように、予防接種法にもとづく給付額一、一七〇万円を参考として横に並べたにすぎず、パイオニア的な給付額ではない。もっとも、判例が、学校事故に対する賠償額として、これまでに認定してきた金額にはかなり近接しているようである。この意味では、この給付金額の引上げは、今後の学校事故裁判の件数をかなり抑圧するという効果を生じしめるかもしれない。本来的には、学校事故の救済をめぐって裁判上の争いの生ずることは好ましくないし不幸なことであり、これを回避することが学校事故救済制度の果たすべき任務の一つであることからすると、それは好ましいことであるといえなくもないが、現行の状態のもとでは、むしろマイナスに作用する面の方が多いのではないだろうか。それは、現状のような学校事故の救済制度のもとでは、賠償請求訴訟を通じてその質を高めていく必要があると思われるからである。一般的に、賠償請求訴訟が補償救済制度を改善する契機となることはよく知られている。労働災害に関連して、最近、賠償請求訴訟が多くなってきたのも、労災補償では十分に救済されないという実情にあることから、この改善が遅々として進まないことに対する警鐘でもあるのである。賠償請求訴訟の結果は補償救済制度のパイオニア的役割を果たすものであることを常に認識し、これを手段として用いるのも一つの方法である。ところで、この意味では、廃疾見舞金や死亡見舞金が**表1**の額にとどまらざるを得なかったのは賠償請求訴訟での賠償額算定にも原因があるようである。それは、賠償請求訴訟では、学校事故の際には被害生徒の過失を認め過失相殺を行なうことが多くその結果としての賠償額が参考に用いられているのではないかと思われるからである。しかし、学校事故の賠償請求訴訟では過失相殺理論を用いることは妥当でないと思われる（拙稿「学校事故裁判の視点」法と民主主義一二一号二七頁）ことから、まず訴訟の次元でそれを実現するのでなければ完全補償への途は多難であろう。

つぎに給付金の種類につき医療費および一時的な見舞金とされている。ところで、このことに関連してみると、昨年の給付内容の改訂に際し、衆議院文教委員会における学校災害に関する小委員長報告にあった廃疾年金制度については取り入れられていない点に留意しなければならない。学校事故の補償救済制度に対する取り組みとしては、あまり歯切れのよくなかったこの小委員長報告ではあったが、この廃疾年金制度についてだけは多少期待が持たれたにもかかわらず、それが実現されていないということは残念でもあり、その理由を知ることは学校事故の補償救済制度を検討していく上において重要なポイントになるといっても過言ではなかろう。そこで、このことにつき関係者の見解をやや詳細にみておくとつぎのようである。第一に、年金制度ということになると社会保障的性格が濃厚になり、一般の廃疾者に対する社会保障制度との調和を考えなければならないこと、第二に、所得実績のない児童生徒に高水準の年金を設定することは、他の諸制度との均衡が崩れ、とくに労災法の障害補償年金を上回ることになり好ましくないこと、第三に、将来における年金額の引上げに必要な財源措置として、将来の保護者に負担させることは適当でないし、公費(国又は設置者)負担とすることは他の社会保障制度との均衡上むずかしいということである(遠藤・前掲三一五頁)。

ここで明らかなように、廃疾年金制度の認められなかった理由は、もっぱら他の社会保障制度との調和・均衡論にあるのである。これが、補償救済制度を考えるにあたっての、いわゆる「横並び論」といわれるもので、行政当局の思考の根幹をなすものである。そして、この「横並び論」は衆議院文教委員会学校災害に関する小委員会の委員や参考人の間でも、これをどう破るかは難問であるとして論議された問題である(第八〇回国会衆議院文教委員会学校災害に関する小委員会議録第二号)。たしかに、学校事故の補償救済制度を生活保障や社会保障的に捉える限りにおいては、社会保障制度全体との調和・均衡論は無視することのできない論理であるといえる。しかし、学校事故の補償救済の問題は、このような社会保障的な側面だけに終始してはならないのであって、それは教育とのかかわり、あるいは国民の教育権の保障の一環としての側面をも持っていることに留意するならば、このような「横並び論」の制約を受けることなく、その目的にふさわしい制度の導入を考えることができるのではないだろうか。

さらに、このこととも関連することではあるが、これまでの補償救済制度にみられるような給付の種類にとどまらず、学校事故によって身体的障害を蒙った場合にはその生徒の学習能力が阻害され、あるいはその後発達成長を続ける上で長期のハンディを負わなければならないことに注目して、それを補完しうるような給付内容につき考慮することが必要ではないかと思われる。この点では、日本弁護士連合会による「学校事故による死亡者、重度障害者に対する災害特別補償法案要綱(試案)」にみられるような、療養中の修学のための特別修学費補償とか、療養中または廃疾に至った後の職業訓練を望むものに対する職業訓練費補償というようなものは積極的に取り入れて行くべきであろう。すなわち、学校事故の救済にふさわしく、きめ細かい給付の種類を検討していくこともこれからの課題である。

三　学校事故補償救済制度の基本的課題
――むすびに代えて――

学校事故に対する救済の最も中心となる日本学校安全会災害共済給付制度につきその概要をみながら問題となる諸点を検討してきたが、そこで明らかになった個々の論点の上に立って、学校事故の補償救済制度は基本的にどのような方向に進展しなければならないかにつき考えておく。

その第一は、学校災害補償制度への展開である。現行での共済給付は、救済という側面に限ってみた場合、他の補償救済制度と比較して決して見劣りするものではない。しかし、この制度は、保護者をも加えた共済制度にすぎない点で、質的に大きな違いがみられる。そこで、また、量から質への転換を図ることが当面の課題となる。ただ、このことは、そう容易なことではないようである。かつて最初に、学校事故の救済の制度化が問題となったときに、社会党が「……災害補償に関する法律」として提出したにもかかわらず、これについては実質的な審議がほとんど行なわれずに、災害共済給付制度が誕生したことや、近年における大宮市議会を中心とした地方自治体による「学災法」制定要求や、教育法学会による「学校災害補償法要綱」の提示、日弁連によるさきに述べた「災害特別補償法案要綱（試案）」の提示にみられるように「補償制度」化への要請にもかかわらず、災害共済給付額の増額にとどめられたことなどからみても明白である。

第二に、国による完全補償の実現である。とくに、補償責任主体が「国」であることに力点を置くべきである。このことは、さきの「共済制度」の止揚と結びついてくる。この点では、教育法学会の学災法要綱第三で国の補償義務を明規しており注目される。すなわち、学校事故に対する補償救済は、国民の教育権に対応して教育を行なう義務者としての国の義務の一環であり自己責任としてこれを遂行しなければならないことを確認する必要があるのである。学校事故の救済制度を考えるにあたって今日までこの点を強調することが欠落していたことは不幸である。それは、無過失責任にもとづく補償という点にのみ目を向けていたせいではないだろうか。無過失責任にもとづく救済という側面だけからすれば、現行の災害共済給付制度もその範ちゅうに入りうることから、その点のみを強調することはどれほどの意味を持つのか疑問である。無過失責任主義の強調は、学校事故に際しての賠償責任理論においてこそ意味をもつものである。

第三は、学校事故補償制度を生活保障や社会保障的なものとしてのみ捉えがちな一般的傾向から脱皮することである。このことは、最も、重要なことである。そのためには、学校事故の補償救済の理念というものを十分に確立してかからなければならない。このことについてはここでは省略するが（拙稿「学校事故補償救済制度の課題と展望」法律のひろば三一巻三号四頁以下（本書*8*所収）参照）、社会保障的なものにつながる被害生徒救済の要請とともに教育の歪み解消や教育権の保障などの問題と密接に結び付くものであることを認識すべきである。そして、このことによって、学校事故の補償救済として最も適合した救済制度を設けるにあたって最大の障害となる「横並び論」をも克服できることはまえに述べたとおりである。

なお、このことは、学校事故の補償救済制度の場合に限られるものではない。その他の補償救済制度を考えるにあたっても、社会保障的なものにとどまるのか、それとも他の要請も加味されたものとして考えるのかにつき考慮されなければならないものと思われる。すなわち、災害に対する補償救済のパターンは一様ではないということを認識することが重要であり、その一つの典型を学校事故の補償救済にみることができるのである。

14 学災法・学賠法制定の方向

一　制定の動向と課題

学校事故は、年々増加するばかりである。それは、交通事故につぐ事故件数である。このような状況からみて、学校における生徒の事故に対する救済として、適切な制度が要請されることになる。

それは、被害生徒の救済を第一主眼とするべきであることは言うまでもないが、それにつきるものではない。教育の理念ないし教育権の確立との関係において考えていかなければならない重要な課題なのである。それは、学校として、教師として、父母として、生徒としてまた社会人として回避できない課題である。

ところで、学校事故による被害生徒の救済問題につき、近時、活発に検討され推進されてきている。運動としては、昭和四一年一二月の大宮市議会の呼びかけにより結成された学災法制定促進全国協議会があり、「小野寺君を守る会」（岩手）、「近藤君を守る会」（山形）、「植村君を守る会」（高知）などのように個々の被害者救済運動も活発であるし、昭和四九年の日本母親大会で「学災法制定促進」が母親運動の重要課題とされ、あるいは日教組による学校災害補償制度確立要求運動の展開、最近では学校事故弁護団が発足したし、学校事故被害者の会の発足も予定されている。

一方、内容的検討としては、日本教育法学会が昭和四八年に学校事故問題研究特別委員会を発足させ、研究を重ねた結果、昭和五二年春に「学校事故損害賠償法（以下、学賠法）」と「学校災害補償法（以下、学災法）」の要綱を発表したし、日本弁護士連合会でも昭和五一年に学校災害補償調査特別委員会を設け、昭和五二年九月に「学校災害補償に関する中間意見書―(別添)学校事故による死亡者、重度障害者に対する災害特別補償法案要綱(試案)」を発表した。衆議院文教委員会でも、昭和五二年四月に、学校災害に関する調査小委員会を設け「学校災害に対する補償制度(案)」を提示し「学校災害に関する小委員会報告」を出した。

そして、このような動向のなかで、昨年、日本学校安全会法と学校保健法の改正が行われた。被害生徒の救済に直接関係のある安全会法改正の目玉は死亡見舞金を一、二〇〇万円に、廃疾見舞金(一級)を、一、五〇〇万円に引きあげたことである。

このことによって、当面は、被害生徒の救済に役立つものと評価する者が多い。しかし、被害生徒の救済の法制度として、一方では国賠法(とくに一条と二条)や民法(不法行為規定や債務不履行規定)にもとづく損害賠償により、他方では学校安全会の災害共済給付によるとする図式には何らの変更もみられないのである。

このため、学災法・学賠法制定の動きは、このような図式を変革することを目的としていたことからすると、今後もなおその動きは継続させなければならない。給付金の増額だけを評価しておし止められてはならない事柄である。そのためには、もう一度、ここで、学校事故の救済の基本的視点を理解し、学災法・学賠法の制定はそれとどのように結びつくものなのかを考えておく必要があるのではなかろうか。

このような観点に立って、日本教育法学会が発表した学賠法および学災法要綱をながめてみることにする。

二　学賠法の目的

第一の目的は、学校設置者の自己責任の原則を確立することである。

これは、学校設置者(国・地方公共団体・学校法人)自体が、学校事故に対する法的賠償責任主体であり、教師個人はその責任主体ではないとするものである。

この考えは、学校事故の補償救済は、教育権保障の一環の問題として、最終的には国が責任主体ではあるが、教育権保障の具体的実現としての教育の運営、学校の施設・設備の運営、教師の適正配置や勤務条件などの外的教育条件整備の直接の責任主体は学校設置者であることから、被害生徒に対する損害塡補の責任についても自ら負担すべきであるとの考えによる。

そのことは、また、学校設置者は学校という危険をはらんだ施設ないし教育活動に内包された危険の支配者ないし管理者であること、生徒に対する教育上の安全保持義務負担者であることなどからも要請される。

なお、このことに関し教師もまた責任主体とならないのはおかしいとする考えがある。たしかに、教師は生徒に対して教育指導上の安全保障義務を負うものである。しかし、教育活動に内包する危険の顕在化は、教師の努力をもってしても完全に防止することができない場合の多いことから、教師個人に賠償責任を負担させることは多くの場合に妥当でない。

また、教師に対する直接的な賠償責任追及は、教師と生徒との対立を生み、教師の自由な教育活動をさまたげ、教育の理念とされる信頼性、創造性、発展性を損ない、教育上、大きな歪みを生みだす原因になりつつある現状からみても、妥当な考えではない。

ただ、ここでは、教師は被害生徒に対し、法的にもまた実際上も直接的な賠償責任主体ではないし、かつ賠償責任関係に立たないというだけのことであって、学校事故に関しては、いかなる場合でも、責任がないとして、教師の無責任時代をもたらすことを意味するものではない。このことについてはのちにさらにみることにする。

なお、賠償責任主体に関しては、現行法上は、学校施設による事故の場合は学校設置者であるとされているが（国賠法二条、民法七一七条）、教育指導中に生ずる事故については、原則として担当教師個人が責任主体であり、学校設置者はこの教師個人の責任を代わって負担しなければならない立場にあるだけである（代位責任）と考えられている。

もっとも、債務不履行を根拠とする場合は、学校設置者が法的責任主体ということになるが、それでも教師はその履行補助者として、事実上安全保持義務につき過失がなかったかどうかにつき判断される対象とされている。学賠法は、教師を現行法上でのこのような立場から解放しようとするものである。

第二の目的は、学校設置者に無過失責任を課することである。

これは、学校設置者に、学校事故に対して落度があったか否かにかかわらず、賠償責任を負わそうとするものである。このことによって、被害生徒は、学校側の落度の存否を争うことなく賠償を受けることができるし、学校側も生徒と対立するというようなことから逃れることができる。

かかる無過失責任の原則は、賠償責任法理としては被害者救済の極致に達したものである。そこで、自己の落度によって他人に被害を及ぼした場合においてはじめて賠償責任があるとする賠償責任原理の一般原則に反し、学校事故の場合には、なぜこのような無過失責任を根拠づけることができるのかにつき考えておかなければならない。

その第一は、子どもの教育権の保障のためである。学校設置者は、教育の場である学校において生徒の生命や健康を損なわないよう配慮する責任があり、これが教育権保障の一面であることからすれば、そこに生じた学校事故もその消極的な側面での責任負担として捉えるべきだからである。

第二に、危険なものを支配する者は、その危険から生じた損害について、故意・過失を問わず賠償責任を負うべきであるとする、危険責任の考えにもとづくものである。

すなわち、成長途上にある青少年が恒常的に多様な集団生活を営んでいる学校は、安全保障に万全を期すとしても、なお他の一般の社会分野に比して、人身事故の可能性を性質上より多く擁しているという意味で、危険をはらんだ施設であることを理由として、あるいは教育の創造性と発達成長過程にある子どもに対する、新しい学習の試みに伴う未知の危険という教育活動自体の危険性を理由として、これらの危険を支配している学校設置者は、その危険の発現として生じた事故損害に対して、危険責任たる無過失責任を負うべきだといえるからである。

第三の目的は、完全無過失責任としたことである。

無過失責任といわれるものの中にも、その成立のための要件において若干のニュアンスの差がみられるものである。しかし、学賠法では「学校運営に伴ない、または学校の施設設備の構造もしくは機能に基づいて」受けた損害につき、賠償責任があるとしている。そこでは「学校運営の不備」や「設備の欠陥」などは要件とされていないのである。

これらを要件とすることになると、過失の客観化と変わりないことになるし、被害生徒からの賠償請求に際し、この点を立証し、争われることになり不都合だからである。そしてもし、「不備・欠陥」を要件とする場合には、運用の仕方によっては現行法制と大差がなくなることからも、明確にしたわけである。

このことによって、学校事故が発生したならば、それが天災事変の不可抗力によるものであるか、第三者による加害行為にもとづく場合でない限り、学校設置者が賠償責任を負わなければならないことになる。もっとも、学校運営や施設・設備によるものでない限り賠償責任がないわけであるから、この点では争点が残るが、それはやむを得ないであろう。

第四の目的は、教師個人の被害生徒に対する責任のないことを明らかにしたことである。

学校設置者の自己責任の原則を確立したことからすれば当然のことではあるが、民法等の規定によっても個人責任を追及することができないとしたものである。

この結果、学校設置者が被害生徒に対して賠償金を支払うのは、教師個人に代わって支払うという代位責任によるものではないことから、教師個人に求償していくということは認められないことになる。

このことは、ＩＬＯ・ユネスコ「教員の地位勧告」（一九六六年）六九項において「教員の使用者は、学校活動において生ずる児童・生徒の傷害事故に際し、教員が損害賠償を負担させられる危険から教員を保護するものとする」とした宣告に沿うものである。また学校教師の身分尊重を規定した教育基本法六条二項にもかなうことになる。

ただ、このことによって教師の無責任時代を結果するものではないことは前に述べた通りである。それは、学校設置者から関係教職員に対し、労働契約を前提とした職務上の義務に違反していないかどうかとの関係において責任を追及されることもあるだろうし、教師の行為が学校に対する関係で一般的不法行為（民法七〇九条）を成立させる場合であったならば、これにより賠償請求を受けることもあるからである。

ただ、いずれの場合も、学校事故に対し、教師に故意または重過失のある場合に限るべきである。さらには、刑事責任の追及も免れることができないからである。

第五の目的は、学校教育法に規定するすべての学校に共通に適用されることになる。

このことによって、現行法では、国・公立学校は国賠法にもとづき、私立学校は民法にもとづいて処理され不統一であった点を解消した。

第六に、とくに定めていない事柄については民法の適用を予定している。

しかし、この点は、再考を要するようである。とくに、被害生徒にも過失のある場合に、民法上の過失相殺の規定が適用されるかどうかで問題となる。被害生徒の完全補償をめざす意味からも過失相殺を認めるべきではないし、子どもの教育権の保障ないし危険責任の考えから無過失責任が導入されていることからしても、過失相殺は認めるべきではないからである。現状において、訴訟上、常に、被害生徒の過失が主張されているという好ましくない結果からもいえることである。

三　学災法の目的

第一の目的は、学校事故を生徒の教育を受ける権利の侵害として捉えていることである。

これは、子どもの教育を受ける権利には「安全に教育を受ける権利」が当然に含まれるものと考え、憲法二六条一項にもとづく教育権の保障として、学災法を位置づけたものである。この意味で、学災法は、単なる被害生徒の救済のための制度ではないということを認識しなければならないわけである。

第二の目的は、被害生徒に対する完全補償の原則を明らかにしたことである。

このことは、労災保険法や公害健康被害補償法で「公正な」補償とするにとどまっていることと比較すると、きわだった特長である。とりわけ重大廃疾事故による悲惨な状況を考えるとき、父母負担ではまかないきれないことからして、とくに重要な原則である。現行の学校安全会の給付とは比較にならない思い切った原則の確立である。

その完全補償の中には、死亡補償や療養補償に限らず、廃疾年金やあるいは職業訓練手当、特別修学手当というようなものも含まれるのである。

第三の目的は、迅速補償の原則を明らかにしたことである。

これは、一般的な災害補償制度の生命であって、当然のことである。このために学校災害補償委員会を設置し、原則として二週間以内に補償給付の仮決定をし、それにもとづく給付をすることにしている。

第四の目的は、補償給付の責任主体が国であることを明らかにしたことである。

子どもの教育を受ける権利の最終的保障機関が国である以上、当然のことといえる。この点では、現行の学校安全会による給付とは根本的に異なっている。学校安全会による給付の場合には、国家からの財政補助を受けているにしても、学校設置者および父母による共済制度にもとづいているわけで、学校事故の損失負担者は生徒側にあるとする思想であるからである。

このため、学校安全会法がいくら改善されていっても、その延長線上にあるかぎりにおいては、ここで目的としている学災法に転化するものでないことを十分に認識しておかなければならないのである。学校事故の責任主体に対する基本的考え方の転換がなければならないのである。

第五の目的は、生徒等が学校生活において受けた被害に対して補償給付することである。

学校生活としてはおおむね、①学校の教育課程活動参加中、②その他、通常生活形態における在校中、③通常形態の通学中、④教育委員会または学校関係者主催の生徒向けの教育活動中で、これにはＰＴＡや教職員個人の主催する教育的行事も含まれている。

このため補償給付される場合は、非常に広いわけである。そしてまた、学校生活において受けた被害であればよいのであるから、学校や教師の故意・過失などの有責性や、学校施設・設備の欠陥の存否は要件となっていない。それは、無過失責任主義によるものであることも明らかである。

もっとも「災害補償」制度というのは、損害賠償制度のように責任の原理を問題にする必要はないわけであるから、過失責任か無過失責任かを論ずること自体が必要でないわけである。ただ、これまでの学災法制定運動の過程ではこのことが主眼とされてきたことから、ここで、注意的に明らかにしたまでである。

第六の目的は、学校教育法一条に定める学校の生徒等の学校事故につき、補償給付することにしたことである。学校安全会の給付は、義務教育諸学校および高校、高専、幼稚園で共済給付契約をしている学校に限られているのと比べると、広い範囲を予定しているわけである。

四　学賠法と学災法の関係

学賠法は、学校事故に対する法的責任のある学校設置者に対し、無過失責任の原則にもとづいて、賠償の塡補をさせようとするものである。学災法は、教育権の保障と被害生徒の救済の見地から、それらについて責任のある国に、補償させようとするものである。このため学災法では、国の、被害に対する責任の法理はそれほど問題にする必要はない。それよりも広い観点から補償責任を根拠づけてよいわけである。

学賠法と学災法は、被害に対する塡補の面からみるとき重畳する。この場合に、被害生徒は二重の塡補をうけることのできないことはいうまでもない。学災法による補償をうけている限りにおいては、学賠法にもとづく賠償額決定に際し、その分は損益相殺されることになる。

それでは、学災法で完全かつ迅速補償が実施されたときには、学賠法は不要になるのではないかという疑問が生ずる。たしかに被害に対する塡補の面からみるときはこのように言える。しかし、学災法では、学校事故に対する責任を問うことができないという限界があり、このために、学校事故に対し安全な措置を要求するための有効性に欠けることにもなる。

また、学賠法のない場合には、賠償責任追及のために、民法や国賠法の適用が原則として可能となる（学賠法はこれらの法律の特別法であるので、特別法は一般法に優先するの原則によって適用されない）。この場合には、教師に対する個人責任の追及や、教師の過失をやり玉にあげて賠償責任を追及することが当然に許される。

これでは、これまで述べてきたことで明らかなように、教育権保護、教育の歪み解消、学校設置者の自己責任の原則の確立、教師の地位保障ということをも内容とした教育法上の補償救済制度を確立しようとする目的を達成することができないという結果に陥ってしまう。このためには、どうしても、学災法とともに学賠法もまた制定させる必要があるということになる。

両法は、二人三脚の関係にあってはじめて、めざす補償救済制度の確立が可能になることを十分に認識しなければならないわけである。

一九七七年三月一二日

日本教育法学会学校事故問題研究特別委員会

学校事故損害賠償法（案）

第一条（この法律の目的）
この法律は、学校の設置者が学校事故に関して無過失責任を負うべきことを定め、もって生徒等の損害に対する賠償を全からしめるとともに、学校事故の事後処理を適正ならしめ、ひいて学校運営の豊かな展開と施設設備の充実とに資することを目的とする。
第二条（定義）
この法律において、「学校」とは、設置者のいかんを問わず、学校教育法に規定するすべての学校をいい、「生徒等」とは、学校に在学するすべての学生、生徒、児童および幼児をいう。
第三条（学校設置者の無過失責任）
学校の設置者は、学校運営に伴ない、または学校の施設設備の構造もしくは機能に基づいて、生徒等が受けた損害について、これを賠償する責めに任ずる。
②　前項の場合においては、当該学校の教職員個人の被害者に対する損害賠償の責任は発生しないものとする。
第四条（学校設置者および国の財政上の責務）
学校の設置者は、前条第一項に基づく損害賠償の責任を全うすることができるように、あらかじめ財源措置に務めなければならない。
②　国は、学校の設置者が前項の責務を果すにあたって必要な助成を行なうものとする。
第五条（民法等の適用）
学校の設置者の損害賠償の責任については、この法律および他の法律に別段の定めがあるものを除くほか、民法の規定による。

15　学校災害共済給付制度について

1　序　論

学校事故における補償制度として、日本体育・学校健康センター災害共済給付制度がある。この災害給付制度は、昭和三五年に日本学校安全会法で設けられ、昭和五七年日本学校健康会に改組されたのち、さらに昭和六〇年に日本体育・学校健康センター法により改組され、現在は、同センターにより実施されている（同法一）。この災害給付制度は、保護者と学校設置者による共済掛金を給付財源として、学校の管理下における児童生徒等の災害に関し災害共済給付を行なうものである（同二〇Ｉ２・Ⅱ）。その対象となる学校は、大学以外のすべての学校、すなわち小学校、中学校、盲学校・聾学校・養護学校など特殊教育諸学校の小学部・中学部（同二〇Ｉ２）、高等学校、高等専門学校、幼稚園、特殊教育諸学校の幼稚部（同二〇Ⅱ）および保育所（同付則一二）である。

そして、この災害共済給付は、センターと学校等が災害共済給付契約を締結し、保護者と学校設置者が共済掛金を支払った場合に限り、学校管理下の児童・生徒の災害につき一定額が保護者等に支払われるものである。このため、学校事故に対する損害を賠償するものでも、災害保険に類似するがそれとも同一ではない。学校事故に対する補償を目的とする加入学校の設置者ならびに保護者の相互援助的な共済制度であるにすぎないのである。

2　災害共済給付契約の締結

この災害共済給付制度への加入は任意である。加入者がセンターとの間で災害共済給付契約を締結することによって給付を受けることができるのである。ただ、センターは政令で定める正当な理由のないかぎり契約締結を拒むことはできない（同法二一Ⅳ）。災害共済給付契約の締結を拒絶できる場合としては、在籍生徒数に比して加入生徒数が著しく少ないとか、契約締結期限後の申込であるなどが法定されている（同令八）。

ところで、現在の加入率は、義務教育諸学校では九九パーセント、全体として九五パーセントと高率である。しかし、未加入校の児童・生徒の事故については、学校側の故意・過失が立証されないかぎり救済されないことになる。このことから、労災保険と同様に、原則としてその対象となっているすべての学校に加入強制させるようにすべきである。

3　給付財源

給付財源は主として共済掛金と国庫補助（同法四二Ⅱ）によっている。共済掛金は、義務教育諸学校では六〇〇円で保護者負担は六割から四割、また高等学校全日制では九六〇円、定時制四二〇円、通信制八九〇円、高等専門学校では一八二〇円、幼稚園では二二〇円、保育所では二九〇円でいずれも保護者負担九割から六割であり、学校設置者と保護者によって負担することになっている。ただ、保護者が経済的理由により納付することが困難なとき、徴収が免除されることがある（同二二Ⅳ）。これによって徴収が免除された分については国が補助するものとしている（同四二Ⅲ、同令二二）。また、国庫補助は義務教育諸学校については災害共済給付経費の三分の一に相当する額、その他の学校については文部大臣の定める額である（同令二〇）。

このような国庫補助は、昭和五三年度から、給付金の増額改訂に伴う共済掛金の負担増加分につき、保護者負担を据置にするため行なわれるようになったものである。これは、それまで学校安全会の事務費の大半については国庫補助金によってまかなわれていたが、給付財源については共済掛金のみに依存するものとしてきたことからすると新しい方向づけといえる。この方向づけの進展過程において、さらに国庫補助金を増額し保護者負担をなくすることが急務である。このことによって、学校事故についての補償救済は、保護者負担によるのではなく国の負担において行なうべきであるとの近時の国民的要求に一歩近づくことになる。そして、憲法二六条が「義務教育は、これを無償とする」と明言していることの実際的裏づけとしての意味をもつことになろう。

4　災害共済給付の条件

この災害共済給付によって補償されるのは、学校の管理下における児童・生徒の災害についてである（健康センター二〇Ⅱ）。そして、この災害共済給付に係る災害については、日本体育・学校健康センター法施行令七条の要件に該当する場合でなければならない。

(1)　学校の管理下であること

学校の管理下でない場合の児童・生徒の災害については、補償されない。学校の管理下というのは以下のような場合である。

①児童・生徒が法令の規定により学校が編成した教育課程に基づく授業を受けているときである（同令七Ⅱ1）。たとえば、正課授業・特別教育活動・学校行事等の時間中における事故の場合である。②児童・生徒が学校の教育計画に基づいて行なわれる課外指導を受けているときである（同令七Ⅱ2）。たとえば、林間・臨海学校や進路・生活指導中での事故の場合である。③児童・生徒が休憩時間中に学校にあるときである（同令七Ⅱ3）。たとえば、授業時間と授業時間の間の休憩時間や授業開始前後の時間中の事故の場合である。④児童・生徒が校長の指示・承認に基づいて学校にあるときである（同令七Ⅱ3）。たとえば、放課後などでの事故の場合である。⑤児童・生徒が通常の通路、方法により通学するときである（同令七Ⅱ4）。⑥これらの場合に準ずる場合として文部省令で定める場合である（同令七Ⅱ5）。そして、このような場合としては、学校の寄宿舎に居住する児童・生徒が当該寄宿舎にあるとき、寄宿舎と住居との間を合理的な経路および方法により往復するとき、児童・生徒が学校以外の場所で①の授業もしくは②の課外指導が行なわれる場所と住居との間を合理的な経路および方法により往復するとき、あるいはこれらの授業もしくは課外指導を行なう場所以外の場所で集合しまたは解散するときはその場所と住居との間を合理的な経路および方法により往復するときの事故の場合とされている（同施規九）。

(2)　児童・生徒の災害であること

ここでの災害とは、以下のような場合である（同令七I、同施規五・八）。
①負傷（療養費が三〇〇〇円以上の事故）。②疾病（給食中毒、日射病、溺水その他負傷による疾病などで療養費が三〇〇〇円以上の事故）。③死亡。④突然死。

(3)　自損事故や第三者による事故の場合

学校の管理下での児童・生徒の災害であれば、それが児童・生徒の故意や不注意で生じた場合であっても給付される。また、学校や第三者の故意や過失による事故、あるいは無過失、不可抗力での不慮の事故でも給付を受けることができる。

(4)　高等学校や高等専門学校の生徒についての例外

高等学校や高等専門学校の生徒の災害の場合には、それが学校管理下での災害であっても、生徒の故意に起因するときは障害・死亡については給付されないし、重過失によるときは一部の支給を行なわないことができるとしている。

5　給付請求

災害共済給付金の支払を請求できる権利者は、学校設置者または保護者である（同令六ＩII）。ただ、保護者が請求するときは、学校の設置者を経由して支払請求書を提出するという間接請求方式になっている（同令六II）。この方式は事務処理上都合がよい反面、学校設置者によりチェックを受けることも考えられ、保護者による権利としての給付請求権の行使が制約されることも考えられる。

そして、請求は、一定の様式に従って行なうことになっている。そこで重要なのは一定の様式に従った「災害報告書」の提出である。その「災害報告書」には、①被災児童生徒名、②災害発生の場所、③災害発生の日時、④災害発生の具体的な状況、⑤損害賠償の受領状況などを記載しなければならない。このため、学校事故の状況を十分に把握しておくことが、当然のことながら重要となるのである。

なお、災害共済給付の請求は、その給付事由が生じた日（通常は災害日）から二年間内に行なわなければ時効で請求権が消滅して、請求できなくなる（同四五）。しかし、災害日から二年たった後に後遺症があらわれた場合には、この消滅時効は適用されないと解する見解もある。

センターでは、かかる請求に基づいて内容が適切であるかどうかを審査し、支給額を決定する。そして、その支給も、学校設置者を通じて行なわれるものとされている。このため、給付金の支給に際し、学校設置者側の誠意による損害賠償金か損害補償金であるかのようにして支払われ、トラブルを惹起する事態が多いと指摘されている。

6　給付金の種類と支給額

災害共済給付により支給される給付金の種類と支給額は、医療費、障害見舞金は一八九〇万円から四〇万円までの範囲、死亡見舞金は一四〇〇万円（通学中の災害および突然死七〇〇万円）である（同令五Ⅰ）。

支給額については、昭和五三年度以降、廃疾見舞金（障害見舞金）と死亡見舞金が引き上げられかなり高額になった。その額は、十分とはいえないが、損害賠償請求訴訟での賠償額の算定に影響されたものと思われる。ただ、最近では、損害賠償請求訴訟では一億円あまりの賠償が認められていることを考えると、もっと高額の給付が望まれるところである。この意味では、学校事故の救済をめぐって裁判上の争いの生ずることは教育的見地からみて望ましいことではないが、学校事故救済制度の質を高めるためには、当分は、賠償請求訴訟によることもやむをえないと思われる。

給付金の種類は、医療費および一時的な見舞金とされている。そして、見舞金には、障害見舞金と死亡見舞金がある。これまで廃疾年金の支給につき要請されてきているのであるが、その実現をみていないのは残念である。その理由は、他の社会保障制度との均衡上むずかしいとする「横並び論」によるものであるが、学校事故の補償救済は、単に社会保障的な側面だけに終始してはならないのであって、国民の教育権の保障の一環としての側面をもつことに留意して積極的に導入すべきである。

なお、被害児童・生徒が、国または地方公共団体の負担において、療養もしくは療養費の支給を受けるか、補償されたときは、その限度で災害共済給付は受けることができない（同令五Ⅳ）。また、障害見舞金を除く災害共済給付は五年で打切りとされているし（同法五II）、風水害、震災その他の非常災害による児童・生徒の災害については給付されない（同五V）。

7　損害賠償責任との関係

学校事故について、学校設置者や教諭ないし第三者が国家賠償法や民法に基づいて損害賠償責任のある場合にも、被害児童・生徒に対しては災害共済給付が行なわれる。ただ、被害児童・生徒が第三者や学校設置者などから損害賠償を受けたときは、その価格の限度において、給付を行なわないことができるとされている（同令五III）。

ところで、学校設置者や第三者等に損害賠償責任がある場合で、センターが災害共済給付をしたときは、その給付の限度において被害児童・生徒が学校設置者や教諭ないし第三者に対してもっている損害賠償請求権をセンターが取得することになる。そして、センターがこれらの者に対して求償できるとするのが原則である（同法四四II）。このことは、被害生徒の救済は、原則として損害賠償制度によるべきであることを前提としているといえる。このため、学校設置者としては、給付請求に際し、その学校事故につき責任のないように配慮するのが道理であり、そのためにもっぱら被害児童・生徒側の過失によるものであるかのごとく報告され、そのことが保護者に知れることによって教育の場にふさわしくない感情的トラブルが生じ裁判上の争いが生ずるという事例がままあるようである。

もっとも、学校設置者があらかじめ特別の掛金（児童・生徒一人あたり年額一〇円）を支払って、免責の特約をしているときは、学校設置者はセンターから求償されることはない（同二一III）。ただ、このような免責の特約が行なわれている場合でも、学校設置者以外の者すなわち校長など管理者個人が民法七一五条二項の代理監督者責任を問われる場合や、教諭個人が民法七一四条の監督者責任を問われる場合や、加害生徒の保護者が賠償責任を問われる場合あるいは第三者の賠償責任が問題とされる場合には免責されず、センターはこれらの者に対して求償をしていくことができる。このため、第三者に対しての請求はともかく校長や教諭、保護者に対して請求できるというのはやや問題であるといえる。

なお、この災害共済給付は、損害賠償請求に際し、給付金の限度において損益相殺の対象になるとするのが判例である。

16 学校における「いじめ」被害と不法行為責任論
——最近の「いじめ」判決を素材として——

はじめに

学校事故のなかで、「いじめ」被害についての学校の賠償責任の問題は、最も注目すべき問題である。学校における「いじめ」は、教育の場においては許されないことであり、そのことによって被害生徒が神経症になったり、自殺にまで至るという重大な被害がともなうものであって、社会的にも深刻な問題であるからである。そして、「いじめ」の問題は、子どもの人権の問題としてみることもできる。(1) それとともに、学校事故賠償責任法理の形成という観点からみても、重要な問題点を含んでいるといえるからである。本稿では、最近の「いじめ」判決を素材としながら、その賠償責任法理上の問題点を検討する。

(1) 座談会「いじめと現代社会」ジュリ八三六号六頁以下(一九八五年)、特集「子どもの人権をめぐる諸問題」ひろば三八巻一二号四頁以下(一九八五年)、潮海一雄「判例評論」判時一三九一号二一七頁(一九九一年)。

一　「いじめ」被害と悪戯・暴行

「いじめ」被害についての学校の賠償責任を考えるにあたっては、まず「いじめ」による被害かどうかの判断が問題となる。それは、生徒間の悪戯や単なる暴行とは質的にことなる被害である。しかし、「いじめ」については定義があるわけではなく、広義に解すればその態様は、千差万別である。(2) このことから、中野富士見中いじめ自殺事件判決では、「現下の生徒間のいじめの問題の構造は、主として、学級を中心とした生徒集団内において、弱いものがより弱いものを標的として攻撃し、自分の存在の安定を求め、地位の安定を図ろうとしてする集団的な状況における人間関係の衝突の場で生じる逸脱行動のひとつであって、現代社会の歪みを色濃く反映しているものとされている。また、生徒間のいじめは、その手段又は方法において、冷かし・からかい、言葉でのおどし、嘲笑・悪口、仲間外れ、集団による無視、物品又は金銭のたかり、持物を隠す、他人の前で羞恥・屈辱を与える、たたく・殴る・蹴るなどの暴力等、いじわるの域を出ないようなものから、道徳・倫理規範上の非違行為、更には、それ自体が犯罪行為を構成するようなものまで、多種多様にわたるものであることが明らかにされている。」「いじめの行為といっても、右にみたとおり、必ずしもそれ自体が法律上違法なものであるとは限らない(3)」と解している。

しかし、社会的問題とされている現代の「いじめ」は、支配と被支配のなかで、集団でもって、悪戯・暴行などが継続的に、執拗、陰湿、巧妙かつ残酷に行われ、それを制止したり仲裁するものもなく傍観視されているというのが、その特徴であるとされている。(4) そこで、三室小学校いじめ事件判決は「集中的、かつ、継続的に暴行を受け又は悪戯をされている事実(5)」を、また、いわきいじめ自殺事件判決は「支配と被支配の関係のなかで暴力や金銭供与その他を受け続けていたこと(6)」が社会的問題化している「いじめ」であるとみている。そして、このような「いじめ」については、当然、それだけで違法性があるということになろう。これを仮に現代型「いじめ」と称しておこう。

このように、「いじめ」について、その理解が異なることから、議論が噛み合わないことも予測されるが、ここで検討の対象とする「いじめ」は、現代型「いじめ」を前提とするものである。そして、このように限定することによって、「いじめ」被害の場合特有の賠償責任理論を解明することができよう。このため、「いじめ」被害といえるかどうかの判断も、法律上の問題であるということになろう。

そこで、このことを問題とする、いわきいじめ自殺事件判決と中野富士見中いじめ自殺事件判決をみるとつぎのようである。前者は、被害生徒は同級生である加害生徒らによって、中学一年生の時から子分のように扱われ、暴行や金銭強要を受け、二年生以降しだいにエスカレートし、金銭強要は頻々かつ多額になり、暴行も激しくなった。そこで、始めのうちは教師にこのような事実を訴えたが、加害生徒らは、教師の指導を受けても反省することなく、かえって被害生徒に対して報復の暴行を加える状態であったことから、それ以後は、いじめの事実について沈黙もしくは否定するようになった。それでもなお、加害生徒らから多額の金銭強要を受けたために空き教室で盗みを行い教師に発見され金銭強要を告白したため、加害生徒らに追い回されることになったことから、自殺をした事案で、被害生徒と加害生徒の関係は、「仲良しグループであるとか、立場の互換性があるものではあるなどということでは決してなく、既に一年生時に形成された支配と被支配の関係がますます強められ、完全に固定化していたことが明白である。そのような関係の中で、被害生徒は加害生徒から既にみたとおりの暴力や金銭強要その他を受け続けていたものであって、これはまさに近時大きな社会問題化しているいわゆる『いじめ』そのものにほかならず、それも極めて程度の重い悪質なものであったといわなければならない」として、「いじめ」被害の問題として位置づけている。これに対して、後者では、被害生徒が中学二年生の二学期頃から加害生徒らのグループと交遊を始め、使い走りや鞄持ちなどをしていたが、一一月中頃には、被害生徒が死んだことにして「葬式ごっこ」を行い、教師四名を含む生徒らが色紙に寄せ書きをする等し、また休憩時間に顔にフェルトペンで髭のような模様を書き込まれ廊下を歩かされるなどした。その後、一二月になって被害生徒がグループから離反する傾向を示すようになると、暴行を加えたり、公園で上半身を裸にして滑り台に寝そべるなどを強要し、被害生徒が新しい友人といると、殴る蹴るの暴行を加えるなどを繰り返されてきたことから、「このままじゃ『生きジゴク』になっちゃうよ」との遺書を残して自殺した事案で、一二月頃までの実態は「悪ふざけ、いたずら、偶発的なけんか、あるいは、仲間内での暗黙の了解事項違反に対する筋をとおすための行動又はそれに近いものであるとみる方がより適切であって、それは集団による継続的、執拗、陰湿かつ残酷ないじめという色彩はほとんどなかったものということができる」、また、いわゆる「葬式ごっこ」は「被害生徒が当時これを自分に対するいじめとして受け止めていたことを認めるに足りる証拠はなく……ひとつのエピソードであるに過ぎない」とし、一二月以降の加害生徒らの暴行などにつき身体への重大な危険又は精神的、肉体的苦痛を招来するものであったと認定しているにすぎない。このことから、「いじめ」被害としてではなく「単なるいたずらとか偶発的けんかという域を超えた」ものではあるが、暴行被害としか位置づけていない。このように両判決には、決定的な差異がみられる。それは、事実認定にかかわる問題であることから、その当否を正しく批評することはできないが、前者は妥当といえるし、後者についても、現代における「いじめ」の特徴がはっきりとみられるのではないかと思われる。(7)

(2) 「いじめ」の態様については、櫻井登美雄「学校におけるいじめと不法行為責任」現代民事裁判の課題(7)三七六頁(一九九〇年)、島野穹子=畠山義一郎「人権擁護機関による『いじめ』問題の取組結果について」ジュリ九一二号五五頁(一九八八年)参照。
(3) 東京地判平成三年三月二七日判時一三七八号二六頁。
(4) 潮海・前出注(1)二一五頁。
(5) 浦和地判昭和六〇年四月二二日判タ五五二号一二六頁。
(6) 福島地いわき支判平成二年一二月二六日判タ七四六号一一六頁。
(7) 潮海・前出注(1)二一六頁。

二　「いじめ」被害と過失論

つぎに、現代型「いじめ」被害では、どのような場合に、学校の過失が認められるかである。この問題を考えるにあたって、まず問題になるのは、学校は、「いじめ」被害に対して安全注意義務を負っているかどうかである。学校においては、「いじめ」被害から生徒の安全を守る義務のあることについては、学説、判例ともに異論はないようである。ただ、学説には、「子どもの集団生活の病理としてのいじめは、教科教育だけではなく生活指導をもその職責としている学校教育活動にあっては、教育活動に内在する危険であり、教師の専門的安全義務が第一次的に問われる場面」であるとする見解がみられる[8]。しかし、「いじめ」被害を、学校教育に内在する危険の顕在化としての教育内在型事故と解することには疑問がある。それは、教育活動自体によって生ずるものとみることはできないからである。学校の生徒に対する安全注意義務に含まれることはいうまでもないが、それは、教育活動に内在する危険の顕在化とはいえないが、教育活動と密接な関係において生ずるものであり教育外在型事故としての特色をもつものと解すべきである[9]。

また、「いじめ」被害に対する学校の安全注意義務の内容、程度に関しては、学説には「親の側の監督責任の実行的な履行が、いじめっ子、いじめられっ子双方にとって、学校側のいじめについての情報提供に依存せざるをえない事情も重視すべきである。つまり、『いじめ』にあっては、両者の義務は同等ではなく、むしろ、教師集団の教育専門的安全義務が重視されるべきである」との見解がみられる[10]。これに対して判例は、「学校という集団教育の場においては、児童が他の児童との接触や衝突を通じて社会生活の仕方を身につけ、成長して行くという面があるのであり、したがって、学校としては、児童間の衝突等が一切起こらないように、常時監視を行って児童の行動を抑制し、管理しようとすることは適当ではなく、その衝突等が児童間に通常見られる程度を超えるような過激なものであって、集中的かつ継続的に行われるような場合でない限り、教育的な観点からその実状に応じて柔軟にその対応を考えていくべきものである[11]」とか、

「生徒間のいじめの問題は、学校、家庭、社会それぞれの要因が複雑に絡み合った根深い原因を持つものであって、必ずしも学校生活だけに原因があるものではなく、また、ひとり学校当局者のみによってよく対処することができる問題ではないことなどに照らして、そこでの学校設置者の負う具体的安全保持義務内容を策定するに当たっては、いわゆるいじめの問題に対する洞察と学校教育の特質ないし限界についての深甚な考慮とを必要とする」[12]とか、「いじめという問題は、社会の病理現象として少なからず学校にも存在するものと考えられるところ、いじめの原因は、学校のみならず、家庭や社会そのものに存在する要因、被害者の素質等が複雑に絡み合っているものであって、いじめの問題についてては、学校当局者のみによって対処し得るとは考えられないことなどから、右の義務違反の有無を具体的に検討するに当たっては、単なる理想論を当てはめるのではなく、現実的な学校教育における限界を考慮する必要がある」[13]とか、「いじめについての学校側の安全保持義務は、既に一定の事実が把握されており、その事実だけからしても重大かつ深刻ないじめの存在が推察されるという時のほか、生徒やその家族からの具体的な事実の申告に基づく真剣な訴えがあったときには、前記のいじめの特質に思いを致して決してこれを軽視することなく、適切な対処をしなければならない」[14]とかの主張がなされている。これらの判例によると、「いじめ」被害については、学校のみに安全注意義務があるのではなく、家庭においても同等の注意義務があるものと解しているとみることができよう。たしかに、「いじめ」被害は、全部学校側の責任であると考えることは、いじめが社会的病理現象であることを考えると妥当ではない。また、「いじめ」被害は、被害生徒の全生活関係とのかかわりにおいて顕在化するものであることからすると、学校が安全注意義務を負うことは当然としても、家庭においても同等の注意義務があるものとして、学校の安全注意義務を考える必要があろう[15]。

学校事故における過失判断の論理としては、従来の判例のように、結果についての予見可能性ないし予見義務違反と、予見可能性のある場合の結果回避義務違反の有無によって判断することについては、とくに問題はない。ただ、この予見義務ないし結果回避義務違反の有無を判断するにあたって、「いじめ」被害の場合、まず問題になるのは、「いじめ」被害は加害行為が継続的、反復的になされた結果の積み重ねとして顕在化しているということである。このため、個々の加害行為につき予見ないし結果回避義務を問題としたのでは、「いじめ」被害に対する予見ないし結果回避義務の有無を正しく判断できないのではないかと思われる。ところで、「いじめ」被害判決のほとんどが、その経過を時間的に丹念に検討している。たとえば、いじめにより中学校三年の生徒が登校拒否に至った羽村いじめ訴訟判決[16]では、具体的な事件発生ごとに教師の予見と対応につき検討を加えているし、中野富士見中いじめ自殺事件判決では、一二月頃までの「葬式ごっこ」を含めての一連の行為と、一二月頃以降の被害生徒がグループから離脱しようとするにつれて暴行などが加えられるようになった時期とにわけて判断しているのが、その典型である。確かに、このような時間的経過を追っての丹念な検討は、どの時点で予見が可能であったのか、それに対して回避義務を尽くしたかどうかを判断する意味では必要であろう。しかし、「いじめ」被害は、精神的障害として現れるもので、それはこれら一連の行為が積み重なって深刻になっていくものであることから、各時期、各事件ごとに判断をすることについては疑問がある。それらの各個の検討を前提とした上で、総体的見地から、予見ないし結果回避義務違反の有無を判断する必要があるものと思われる。

つぎに、「いじめ」による自殺の場合には、何を予見すべきであるかであり、予見の対象をどう捉えるかによって結論に決定的な差異をもたらすことになろう。[17]「いじめ」被害の場合の予見の対象は、「いじめ」自体についてでよいのか、「いじめ」による被害とくに自殺についてまで予見していなければならないのか問題となる。いわきいじめ自殺事件判決[18]では、「学校側の安全保持義務違反の有無を判断するに際しては、悪質かつ重大ないじめはそれ自体で必然的に被害生徒の心身に重大な被害をもたらし続けるものであるから、本件いじめが被害生徒の心身に重大な危害を及ぼすような悪質重大ないじめであることの認識が可能であれば足り、必ずしも被害生徒が自殺することまでの予見可能性があったことを要しない」として過失を認定している。これに対して、担任教師が被害生徒の父親から相談を受けていたことから「いじめ」については認識があったと思われる事案で、自殺についての予見可能性がなかったとして過失を否定した判例[19]がある。しかし、自殺そのものが予見の対象であるとするならば、ほとんどの場合に過失が否定されることになろう。[20]また、本人が自殺することを表明しない限り予見可能性があったとはいえないことになりかねないことから、いじめ社会の実態とずれてしまうのではないかとの批判も見られる。[21] それとともに悪質かつ重大ないじめにより被害生徒が自殺に至る可能性のあることは一般に指摘されているところであることから「自殺は『いじめ』被害の一内容[22]」にすぎないとみることができ、このため「いじめ」について予見可能性があるだけでよいと解すべきではないかと思われる。[23]

(8)　市川須美子「判例解説」ジュリ九八〇号五四頁（一九九一年）。
(9)　同旨、織田博子「判例評論」私法判例リマークス一九九二年上六一頁。なお、学校事故の類型化については、伊藤進=織田博子「学校事故賠償責任の判例法理(31)」判時一三四六号一七六頁以下（一九九〇年）参照。
(10)　市川・前出注(8)五四頁。
(11)　東京地判平成二年四月一七日判タ七五三号一〇五頁。
(12)　前出注(3)、東京地判平成三年三月二七日。
(13)　東京地八王子支判平成三年九月二六日判時一四〇〇号三九頁。
(14)　前出注(6)、福島地いわき支判平成二年一二月二六日。
(15)　石川恵美子=伊藤進=下村哲夫=関根正明「いじめの法的問題と学校・家庭〔座談会〕」ジュリ九七六号九頁〔伊藤発言〕（一九九一年）。
(16)　前出注(13)、東京地八王子支判平成三年九月二六日。
(17)　織田・前出注(9)六一頁。
(18)　前出注(3)、東京地判平成三年三月二七日。
(19)　新潟地判昭和五六年一〇月二七日判時一〇三一号一五八頁。
(20)　織田・前出注(9)六一頁。
(21)　潮海・前出注(1)二一六頁。
(22)　石川=伊藤=下村=関根・前出注(15)二八頁〔伊藤発言〕。
(23)　同旨、市川・前出注(8)五六頁。

三　「いじめ」被害と因果関係論

「いじめ」によって生ずる被害は、さまざまである。そのなかでもっとも深刻なのは、「いじめ」による自殺である。このような場合、学校の過失と「いじめ」による自殺との間の因果関係が問題とされる。ところで、被害生徒の自殺との因果関係については、「いじめ」による場合以外の学校事故の場合においても問題とされるところであることから、これらの場合をも含めて考えるのが適切であろう。学校事故において、学校の過失と被害生徒の自殺との因果関係が問題とされるのは、自殺は、被害生徒の意思的行動によるものであることが原因である。判例は、教師の懲戒行為と被害生徒の自殺との因果関係を否定するのが通常であるが(24)、それによるとつぎのような理論によっている。すなわち、鑑定の結果によれば教育心理的には自殺の結果を事前に予測し配慮されるべき場合であったといえるが、教育心理学の専門家でもない教師にとって、訓戒の現場で生徒の態度から自殺を予見することは困難であったとか(25)、異常な懲戒を受けた生徒の心理的反応として自殺も含めて自己破壊的行動にでる可能性が高いが、しかしながら自殺は自己破壊的行動のうち隔絶した頂点にあって極めて稀な事例であるから予測は困難であるとか(26)、懲戒行為は、担任教師としての懲戒権を行使するにつき許容される限界を著しく逸脱した違法なものであるが、それがされるに至った経緯、その態度、反応等からみて、教師としての相当の注意を尽くしたとしても、懲戒行為によって自殺を決意することを予見することは困難な状況にあったとか(27)、を理由としている。また、「いじめ」に関連するものとして、中野富士見中いじめ自殺事件判決では、教師には、「身体への重要な危険又は社会通念上許容できないような深刻な精神的・肉体的苦痛を招来することが具体的に予見できた」としながらも、自殺に関しては「いかに一中学生の自殺であるとはいえ、それが一個の人間の意図的行為であることには変わりはなく、その最後の一瞬におけるまでその者の意思に依存するものである。そして、人がいかなる要因によって自殺への準備状況を形成し、それとの相関的な関わりにおいて何を直接的な契機として自殺を決行するに至るかの心理的・精神医学的な機序は、外部的にはおよそ不可視であって、明白に自殺念慮を表白していたなど特段の事情がない限り、事前に蓋然性のあるものとしてこれを予知することはおよそ不可能である」として、因果関係を否定している[28]。これらの判例はいずれも、被害生徒の自殺を招来するということについて、教師が予見または予見可能であることが必要であるが、教師においてこのような自殺の招来を予見することはできなかったとして、因果関係を否定するものである。そして、そこでは被害生徒の自殺は、特別の事情によるものであるとの考えが前提とされているといえよう。このような判例の傾向に対して、これらの場合、自殺という損害は「通常損害」に入るといえるから、必ずしも当該自殺を予見しえなくても、自殺による損害を認めるべきであるとする見解がみられる[29]。そして、いわきいじめ自殺事件判決では、学校側の過失と被害生徒の自殺との間に相当因果関係があると判断している。この判決では、因果関係を認めるにいたった論理は明確ではないが、悪質重大ないじめにより被害生徒が自殺に至ることがあるということは、新聞、雑誌で指摘されていることであって、一般論として自殺も予見不可能なものであったということはできないことを理由とし、過失判断にあたっては「いじめ」であることについての認識が可能であれば足り、自殺までの予見可能性を必要としないとしていることから推測すると、「いじめ」について予見可能性がある限り、「いじめ」による自殺についても予見が可能であったとみることができるとの論理によっているものと推測される[30]。

ところで、否定判例は、因果関係判断の前提として、教師の主観において、自殺した被害生徒の自殺意図を予見しまたは予見可能であったかどうかを問題としている。しかし、因果関係の理論としては、教師において、被害生徒が自殺にいたるような状況にあることを、客観的にみて、予見し予見可能であったかどうかを問題にすべきではないかと思われる。このことからすると、悪質重大な「いじめ」について予見可能性があった場合や、社会通念上許容できないような肉体的・精神的苦痛を招来することが予見できた場合には、被害生徒が自殺したこととの因果関係を認めてよいのではないかと思われる[31]。それは理論的には、「自殺はいじめの被害の一内容」とみることができ、「いじめ」による自殺は、これらの事情のある場合の「通常損害」であると説明することができよう[32]。

(24) 福岡地飯塚支判昭和四五年八月一二日判時六一三号三〇頁、福岡高判昭和五〇年五月一二日判タ三二八号二六七頁、最判昭和五二年一〇月二五日判タ三五五号二六〇頁、長崎地判昭和五九年四月二五日判時一一四七号一三二頁。
(25) 前出注(24)、福岡地飯塚支判昭和四五年八月一二日。
(26) 前出注(24)、福岡高判昭和五〇年五月一二日。
(27) 前出注(24)、最判昭和五二年一〇月二五日。
(28) 前出注(3)、東京地判平成三年三月二七日。もっとも、この判決では、過失判断のための予見可能性を問題にしているのか、因果関係についての判断であるか明確でないところがあると指摘されているが、その論理からみて因果関係に関する判断とみるのが妥当といえよう(同旨、織田・前出注(9)六二頁)。
(29) 織田・前出注(9)六二頁。
(30) 石川=伊藤=下村=関根・前出注(15)二八頁(伊藤発言)。
(31) 伊藤進=織田博子「学校事故賠償責任の判例法理(44)」判時一三八五号一五三頁(一九九一年)。
(32) 同旨、織田・前出注(9)六二頁、市川・前出注(8)五六頁。

四 「いじめ」被害と過失相殺論

「いじめ」被害につき、学校のみに全責任を負わせることは、学校に過大な要求を課することになる。現代の「いじめ」は、社会的病理現象であること、学校、家庭、社会が一体となって対処するのでなければ防止できない状況にあることからすると、学校にのみ一方的に賠償責任を課することは妥当でないということになろう。そのための法的手法としては、相当因果関係の問題として処理するか、寄与度に応じた割合的認定によって処理するか、過失相殺の法理を用いて処理するかが考えられる。いずれが妥当であるかの検討は、ここでは留保するが、過失相殺の法理によるのがベターではないかと考えることから、過失相殺の法理による場合の問題について検討しておくことにする。

ところで、まず「いじめ」被害の場合に過失相殺の余地はあるかである。いわきいじめ自殺事件判決は、「過失相殺ないしはその類推適用の考え方」によることを明らかにしているが、中野富士見中いじめ自殺事件判決では、「過失相殺の主張をするけれども、これらの事情は、それのみを取り出して過失相殺の対象にするのは相当ではなく、前記のとおり、慰藉料額の算定に際しての一斟酌事由として考慮するのが相当である」として、その適用を否定している。しかし、中野富士見中いじめ自殺事件判決では、前述のように「いじめ」被害としては捉えないで、暴行などの被害と位置づけていることから、これをもって「いじめ」被害の場合において過失相殺の法理を適用することを否定したものとは評価できないであろう。ところで「いじめ」被害において、加害生徒、学校、被害生徒、家庭がかかわることから、過失相殺の法理を適用するにあたって問題が生じる。現に、いわきいじめ自殺事件判決では、「いじめ」による自殺に対して、その過失割合を学校三割、家族三割、被害生徒四割と認定し、家族と被害生徒の分を単純累積した合計七割につき過失相殺をしている。そこでこのような方法でよいのかどうか問題となろう。

まず、被害生徒についての過失相殺であるが、理論的には問題がないとしても、「いじめ」による自殺の場合に、被害生徒に過失があったとすることが妥当かどうかである。判決では「損害の公平な分担という理念からすれば、被害生徒にとってはやむにやまれぬことであったとはいえ、少なくとも周囲の者にしてみれば突然に、自殺という最悪の解決方法を選択してしまったこと自体について、被害生徒が一定の責任を負うべきこととされるのはやむをえないところである」としている。これは被害生徒が自らの意思作用によって自殺という損害発生に寄与した分を相殺するということであろう。しかし、これについては、消極に解する見解が多い。本件被害生徒は自分自身で三年間耐えてきて最終的に自殺したことについて、過失ありとして、過失相殺をするのは問題であるとする見解(33)、自殺は悪質かつ重大ないじめによるものでやむをえないとしながら、被害生徒に責任があるとするのは納得しにくい面があるとする見解(34)、本人過失の割合を学校側の不作為の過失より多くすることによって、自殺の具体的予見可能性を不要とした因果関係論とのバランスを考慮したものであったが、損害を不当に多くしわ寄せする結果となるとの見解(35)などがそれである。ところで学校事故においては、被害生徒は、心身ともに未成熟で情緒的にも安定していない年代であることを考えると、被害生徒の行動や処置を損害とのかかわりにおいて斟酌することは原則として、妥当とはいえない。また「いじめ」被害において、それを斟酌することは、いじめられたこと自体を非難することにつながり、妥当でない[36]。

なお、「いじめ」による自殺自体についての被害生徒の責任を斟酌することについても疑問である。学校事故にともなっての自殺という被害に対して、学校の責任を認めることについては、これまでの多くの判例は否定的であった。中野富士見中いじめ自殺事件判例は、それを象徴するものである。それらはいずれも、自殺についての予見可能性がなかったとして過失を否定するか[37]、加害行為と自殺との相当因果関係を否定するものであった[38]。このこととの関係からすると、これまでの判例のように過失ないし因果関係のレベルで捉えてオールオアナッシングの理論によるよりも、過失相殺の問題として捉える方が学校事故賠償責任法理としては優れているといえる。ただ、被害生徒の責任につき全く考慮の余地はないといいきることはできないが、これだけを特別にとり上げて過失相殺要因とすることについては若干の疑問が残る[39]。

家族についての過失であるが、これは理論的には、被害者側過失として相殺されるものである。今日、最高裁昭和三四年一一月二六日判決（民集一三巻一二号一五七三頁）を契機として、理論的には承認されている。ただ、「いじめ」被害において、家族の過失を斟酌することについての適否が問題となる。このことに関しては、肯定する見解が多い[40]。「いじめ」被害については、学校のみによって防止できるものではなく、家族のかかわりも大きいことから、原則的には、過失相殺の対象となるものと考えてよいであろう。

そこで、家族について、被害者側過失として斟酌する場合の割合が問題となる。「親の過失割合はもっと大きくてもよい」との見解があるのに対して[41]、「教育の専門家である学校側と、様々な社会的要因から常に十分な監護能力を期待しえない現代家族とが、ほとんど学校を舞台とするいじめを原因とする自殺について、同水準の責任を要求することは疑問である」との見解がみられる[42]。しかし、「いじめ」による自殺の場合は、被害生徒の全生活関係にもかかわって生ずるものであり、学校という部分社会における生活関係に限定されるものではないことから、家族の責任も相当に問われてよいであろう。そして、過失割合を具体的に判断するにあたっては、学校と家族とが、どのような対応関係にあったかが重要になろう。[43]

つぎに、被害生徒の過失と家族の過失とを別々に判断したうえで、これを累積合計して、過失割合を決めることについて問題はないかである。これまでの過失相殺理論においては、被害者に過失が認められない場合に、損害の公平な分配の見地から被害者側の過失が斟酌されてきたのではないかと思われる。このため、被害者に過失があるとされる場合には、被害者側の過失を問題にしないか、あるいはその中で斟酌されてきたこととの関係からみて、両者の過失を累積合計して斟酌することについては理論的に問題が残る。もっとも、過失相殺は損害の公平な分配のための手法であることからすると、このような過失相殺理論によることは、全く許されないということではないことから、従来の理論に合わないというだけで誤りであるとはいえないであろう。しかし、その場合には、それによることについての理論的根拠づけが必要である。

そこで、「いじめ」被害における過失相殺において、このような方法による過失相殺理論によることが妥当といえるかどうか問題となる。前述のように被害生徒の責任を独自の過失要因として斟酌するのは適切でないこと、「いじめ」被害についてみれば家族の責任と被害生徒の責任を区別して捉えることは妥当とは思われないこと、それは相乗的に影響しあっているものであることなどを考えると、これまでの過失相殺理論に従って、被害者側の過失としてまとめて負担割合を判断し、斟酌すべきではないかと思われる。[44]

なお、「いじめ」被害は、加害生徒、学校、被害生徒、家族のそれぞれが要因をなしているのが普通である。いわきいじめ自殺事件判決でも「被害生徒の自殺は、既に見たとおり、被害生徒の性格的な弱さがあったところに加害生徒の悪質で苛烈ないじめが加えられたことを主因とし、これに学校側の過失行為や被害生徒方家族の問題点などが副次的要因として相互に絡まってもたらされたものとみることができ」ると捉えたことは適切である。そこで、このような場合において損害の公平な分配のために過失相殺の法理を用いるにあたって、具体的にどのような方法によるか問題となる。

通常は、加害生徒と学校は加害者として共同不法行為の関係にあり、この共同不法行為によって生じた損害から、加害生徒や家族の過失分を相殺するという方法によることになろう。加害生徒と学校を共同不法行為者として共に被告とするときは、このような方法によることについては問題はない。しかし、学校だけに賠償請求をする場合、すなわち共同不法行為者の一人にだけ賠償請求する場合は、これでよいであろうか。学校事故の場合には、直接の加害者は加害生徒であって、学校は不作為による加害者であるにすぎないのであるが、学校だけが責任を問われることが多いことから、特有の問題として現れる。このことに関して、いわきいじめ自殺事件判決は「学校側と加害生徒側のそれぞれの行為は共同不法行為の関係をなすわけであるが、いじめという積極的な故意に準じる加害生徒の加害行為に比べ、学校側の過失行為はあくまで消極的な不作為によるものであって、加害生徒への影響のあり方は大きく異なっていたものというべきであるから、本件において過失相殺を検討するにあたっては、専ら被告の過失と原告らのそれと比較衡量されるべきである」としている。これは賠償請求を受けた共同不法行為者の一人と被害者ないし被害者側の過失とを対比して、その割合によって損害額を減少させるものであって、いわゆる相対説によるもので、実務上、有力とされている方法によるものといえる。[45]しかしこのような方法によるときは、直接的加害者である加害生徒の故意ないし過失責任の割合が考慮されないことになるのではないだろうか。たとえば、全損害を一〇〇とし、学校と被害者ないし被害者側の過失だけを対比すると、前者の過失三、後者の過失七の割合であるとすると、損害賠償は三〇についてのみしか認められないことになろう。これに対して、加害生徒と学校を共同不法行為者として賠償請求したときは、加害生徒の過失部分も考慮されることになるから、三対七の割合はおそらく変わり、逆転することになろう。その場合には、七〇の損害賠償が認められるわけである。このことからすると、判決のような方法によるときは、被害者側の損害の負担を大きくしわ寄せする結果となっているといえよう。[46]

しかし、共同不法行為の場合に、共同不法行為者全員に請求をしたか、一人に請求をしたかによって、このように差異の生ずることになるのは、その一人は全額の賠償責任を負担するものとしている規定との関係で問題があるのではなかろうか。加害生徒と学校を共同不法行為者として請求した場合に、七〇の損害賠償が認められるものであるとするならば、学校のみに請求をした場合であっても、七〇の損害賠償が認められなければならないのではないかと思われるからである。このためには、共同不法行為の一人にのみ賠償請求した場合には、過失相殺の方法としては、相対説によるのであれば、他の共同不法行為者の過失についても判断をし加害者側の過失に加えることが必要ではないかと思われる。しかし、損害賠償請求訴訟の当事者とされていない他の共同不法行為者の過失を判断するということは、訴訟理論として許されるかどうか問題があろう。このことから、このような場合の過失相殺の方法として、被害者ないし被害者側の過失だけを単純に評価し、それに見合う減額をするという、いわゆる絶対説(47)によるのがよいのではないかと思われる。これによると全損害額が一〇〇で、これに対して被害者ないし被害者側の過失三であるとすると、共同不法行為者全員に対して請求した場合も、その一人に請求した場合も、いずれも七〇につき損害賠償が認められることになろう。さらに、共同不法行為者の他の一人との間には和解が成立して賠償金が支払われていた場合はどうであろうか。このような場合、他の共同不法行為者に対し、さらに賠償請求できるかどうか自体問題となる余地もあるが、それが損害全額についての賠償金としてでない場合は肯定してよいであろう。いわきいじめ自殺事件判決は、このような場合であったことから、相対説によったものである。しかし、このような場合に限定したとしても、相対説によることが妥当かどうか問題である。この場合には、おそらく和解によって他の共同不法行為者が負担した部分以外の損害部分について、被告とされた共同不法行為の一人の過失と被害者側の過失との対比で問題がないようにもみえるが、残りの損害部分についても、このような対比だけで正しく斟酌できるものであるか疑問だからである。そこで、このような場合の過失相殺の方法としても、絶対説によるのがよいのではないかと思われる。その際、全損害額一〇〇から、和解による部分を差し引いた損害額に対し、被害者ないし被害者側の過失三を減額するということになろう。

(33)　石川=伊藤=下村=関根・前出注(15)二四頁〔石川発言〕。

（34）潮海・前出注（1）二一七頁、石川＝伊藤＝下村＝関根・前出注（15）二四頁〔伊藤発言〕。
（35）市川須美子「福島地裁いわき支部『いじめ自殺』判決の意義と問題点」ジュリ九七六号三四頁（一九九一年）。
（36）伊藤進＝織田博子「学校事故賠償責任の判例法理（50）」判時一四〇三号一四四頁（一九九二年）。
（37）前出注（19）、新潟地判昭和五六年一〇月二七日、前出注（3）、東京地判平成三年三月二七日。
（38）前出注（24）、福岡地飯塚支判昭和四五年八月一二日、前出注（24）、福岡高判昭和五〇年五月一二日、前出注（24）、最判昭和五二年一〇月二五日、前出注（24）、長崎地判昭和五九年四月二五日。
（39）伊藤＝織田・前出注（36）一四四頁。
（40）潮海・前出注（1）二一七頁、石川＝伊藤＝下村＝関根・前出注（15）二四頁〔石川発言〕、市川・前出注（35）三四頁。
（41）石川＝伊藤＝下村＝関根・前出注（15）二四頁〔石川発言〕。
（42）市川・前出注（35）三四頁。
（43）伊藤＝織田・前出注（36）一四四頁。
（44）石川＝伊藤＝下村＝関根・前出注（15）二四頁〔伊藤発言〕、潮海・前出注（1）二一七頁、伊藤＝織田・前出注（36）一四四頁。
（45）前田達明・民法Ⅵ₂（不法行為法）三六六頁、三六七頁。
（46）市川・前出注（35）三四頁。
（47）前田・前出注（45）三六六頁参照。

おわりに

以上、「いじめ」被害と学校の賠償責任という現象的な問題をとりあげ検討してきたわけで、古稀記念論文としては、相応しくないテーマではなかったかと反省している。ただ、加藤一郎先生の名著である「不法行為〔法律学全集〕」のはしがきでは、「英米法では従来の複数の不法行為を統一的に理解する努力がなされているが、わが国では、むしろ、不法行為を類型的に分化させ、そのそれぞれについて要件や効果を具体的に検討していく努力が必要であると思われる。」と述べられ、このような見地から著作されていることからすると、先生の意思に沿うものとして、許されるのではないかと我田引水的に考えている。ところで、本稿での検討は、十分でなかったところもあるが、その点は、今後、ご教示を得て、さらに展開していきたいと考えている。

17 生徒の暴力と法的責任

はじめに

生徒の暴力の態様は、多様である。まず、学校内暴力と学校外暴力にわけられる。学校外暴力は、学校との関係を離れた一般的非行の問題ともかかわり、法的責任を考えるうえで、問題がさらに拡大される。このことから、本稿では、学校内暴力に限定する。もっとも、学校内暴力といっても、暴力行為の行なわれた場所が学校内である場合に限定するわけではない。その場所が学校内である場合が通常であるが、学校外であっても同じ学校の生徒間や教師に対する暴行も含めてよい。法的責任を考えるにあたってそれほどの差異はないといえるからである。なお、学校内暴力に限定しても、それはなお多様である。そこで、つぎの三つの場合に限定する。第一は、生徒間の争い・暴力の場合、第二は、教師に対する暴力の場合、第三は、学校器物の破壊的行為の場合である。これらの三つに区別したのは法的責任を考えるにあたって、それぞれに特質がみられるからである。

なお、法的責任についても、刑事責任や民事責任、あるいは学校内の懲戒的責任と、これも多様である。ここでは、そのうちの民事責任に限定する。他の責任の問題は、その能力の及ぶものではないからである。

ところで、生徒の暴力に関連して、その法的責任の一つである民事責任——損害賠償責任——を問題にするということは、生徒の暴力に対して求められている問題の解決の手段として有効性をもつものかどうか疑問がないわけではない。

それは、根本的には、「教育」の問題として解決されなければならない問題ではないかと考えられる。このため、生徒の暴力を民事責任の側面から検討するということは、「教育」への口出しにならないかを恐れる。また、より悪い結果を招来しないかを恐れる。しかし、それは「教育」の問題であるとはいえ、暴力が是認できないことは誰しもが否定しないところである。そうだとすると、根本的には、教育の問題にかかわって現われている生徒の暴力につき、民事責任を求めるとしたら、その法的に問題となる点は、どのようなところに存在するかを指摘し、検討を加えることの必要性は否定しえない。これは、民事責任と教育責任の接点の問題であり、民事責任を考えるにあたって教育上の問題、とくに教育上の学校の責任がどのようにかかわってくるのかという問題の検討を余儀なくするもので、教育法と民法の交錯する一場面として位置づけることもできよう。

一　生徒間暴力と民事責任の問題点

生徒間暴力にもさまざまな態様がある。いわゆるケンカ的暴力の場合、クラブ活動などに伴う制裁的暴力の場合と、特定生徒への集団リンチ、集団抗争などの校内暴力の場合などである。そして、これらの各場面に応じて、民事責任上の問題点が若干異なるのではないかと考えられるので、さらに区別して検討する。

(1)　ケンカ的暴力の場合

生徒間のケンカ的暴力の場合には、その教育的関係というものはそれほど考慮されない。校内の暴力行為ではあっても、通常のケンカの場合とほぼ同様に考えて、民事責任を判断してよい。

その際、民事責任の主体として、加害生徒自身、加害生徒の親、学校（教師）などが考えられる。それぞれに、法律上の問題となる点が異なる。

加害生徒自身の民事責任を問題にするには、まず、その加害生徒に責任能力がなければならない（民法七一二条）。これは、自己責任の原則の前提として、自己の行為について責任を弁識する能力を有する者にしかこれを問いえないとの考え方が存在するからである。加害生徒に責任能力があったかどうかは、ケンカ的暴力行為の行なわれた時点を基準にして具体的に判断することになるが、一般的には、一〇歳から一三歳ぐらいまでに責任能力はそなわるといわれている。(1) 学校事故に関してみると、判例では一二歳一一ヵ月の少年、(2) 一二歳一〇ヵ月の中学一年生の少年に責任能力がないとするものがあるが、高校生や中学高学年生には、一般的に認められている。(3) そこで、加害生徒に責任能力の場合なら、常に、民事責任があるかが問題になる。この場合に、とくに問題になるのは、生徒間のケンカ的暴力が違法性をもつかどうかである。生徒間のケンカ的暴力も、生徒間では日常必ずしも珍しいことではなく、それが社会通念ないし条理上一般に容認される範囲内のものであり、被害が軽微なものであるならば、違法性は認められず、民事責任は生じないと解される。(4) しかし、それにはおのずから限界があり、重大な傷害をもたらす場合には、もはや社会的に許容された行為とはいいがたく、違法性が認められ、民事責任が生ずる。判例も、小学校六年生の女子が給食準備中に同級生といさかいを起こし、その日の放課後、決闘を申し込み、それぞれ友人を連れて、ケンカをしているうちに、相手の左眼を殴って失明させた場合に、違法性をみとめている。(5)

加害生徒の親の民事責任については、そのケンカ的暴行につき違法性の認められないときには、否定される。そのケンカ的暴行につき違法性が認められ、加害生徒に責任能力のないときは、責任無能力者の監督者の責任として民事責任がある（民法七一四条）。親の監督義務は親権の一内容として存在する。親は、子どもの性格、心神の発達状況、行動様式、日常生活の状況などその行動を予測しうる知識を他のだれよりも多く有しているのであるから、善管注意義務ないしはこれを超えた高度の注意義務をもって、子どもの生活関係全般にわたって監督すべきであり、(6) このことのゆえにかかる監督者責任を負わされることになる。(7) ただ、この場合に、学校生活下にあることから、親は、免責されないかが問題になる。このことに関しては、見解がわかれている。(8) 判例の多くは、親は免責されるものではないとしているが、(9) なかには学校生活上、通常発生することが予想される性質の事故のときに限り、学校が責任を負い親は免責されるとするものもある。[10] しかし、親は、子どもの全生活関係を監督する義務があり、この義務は、学校生活下にあっても排除されるものではないと考えるべきであるから、親は、原則として責任を負う。ただ、この場合には、監督義務を怠らなかったとする免責事由（民法七一四条一項但書）の立証が比較的容易になると考えられる。加害生徒に責任能力がある場合には、親には、原則として民事責任はない。しかし、近時、親の監督上の不注意と暴力行為との間に因果関係があれば、民法七〇九条で、親にも、責任を認めうるとの考え方が一般に承認されている。[11] このため、この場合にも、親に民事責任の認められる場合もありうる。

学校の民事責任に関しては、被害生徒に対する安全義務違反という過失があるかどうかがとくに問題になる。生徒間のケンカ的暴力は、本来的には、教育活動にかかわるものではないし、通常は予測できるようなものではないことから、校長や教師には、一般的に、これを防止するための安全義務がないため、その責任の否定される場合が多い。[12] 最高裁判決でも、最近、体育館の使用をめぐってのトラブルによるケンカの事案で、本件でのケンカが、教師にとって予見することが可能でなかったとすれば、過失責任を問うことはできないと判示している。[13] 一般論としては、妥当である。このために、生徒間のケンカ的暴力行為が、とくに予測できるならば、学校として民事責任を負わなければならない。

(2)　仲間間の制裁的暴行の場合

課外クラブ活動に関連しての制裁のための集団的暴力や悪ふざけによる集団暴行のような場合は、教育上の適切な指導が行なわれていたかどうかに直接かかわって、民事責任を考えなければならない。

その際、加害生徒自身の民事責任については、その者に責任能力があるならば[14]一般的に肯認される。なお、そこで若干問題になるのは、そのような制裁的暴行が違法性があるかどうかである。課外クラブ活動である体育、スポーツや悪ふざけにおいて、練習、競技その他の行動としての社会的相当性のある行為ならば違法性はなく、民事責任はない。しかし、それが社会的相当性の範囲を越える場合には、違法性が存在する。判例も、私立高校の空手部員が、練習後、腹部を交互に足蹴りした場合[15]や、県立高校の柔道部で、退部を申し出た部員を上級生が背負投げや締めにより意識不明にさせ死亡させた場合[16]に違法性を認めている。制裁的暴力なるものは一般的に許されないと考えられることから、妥当な見解というべきである。

加害生徒の親の民事責任については、前述(1)の場合とほぼ同様に考えてよい。

学校の民事責任に関しては、とくに安全義務違反＝過失があったかどうかの問題にかかわって、問題になる。一般的には、クラブ活動や悪ふざけに関連しての暴力的行為については、校長や教師は、つねに、その事態の発生を予測して、これを防止するために注意しなければならないものではないから、民事責任はないといえる。判例も、県立高校の柔道部で、退部を申し出た生徒を、同部の生徒六名で暴力的制裁を加えた事件で、担当指導教師には、そのことが予測できない状態であったとして過失はなかったとしている[17]。しかし、このような制裁的暴力の場合でも、そのことを予見できる客観的事情がある場合は、それに気付き、事態発生を防止すべき注意義務がある。ましてや、制裁的暴力行為の行なわれているのを知りながら、何らの措置もとっていなかったというような場合などでは、学校に民事責任がある。大学の空手同好会で退部を申し出た学生に集団リンチを加え死亡させた事件で、その同好会は右翼的暴力傾向をもち、被害生徒が制裁を恐れて担当教職員に相談に行っていることなどの事情のある場合には、その担当教職員に過失があったといえるとする判例[18]や、体育時間終了直後の悪ふざけによる集団暴行で、生徒らによる集団暴行は、学校当局者らの教育上の熱意、緊張感欠如の反映とみるべき余地があるとして過失を認めた判例[19]などがある。学校教職員の生徒に対する職務上の義務として、当然である。

(3)　いわゆる校内暴力の場合

特定生徒への集団リンチ、いわゆるいじめっ子問題や、特定集団による恐喝、転校生に対するリンチから、校内勢力保持のための集団抗争などさまざまな生徒間の校内暴力がみられる[20]。それによる被害も、身体傷害、精神的苦痛、財産上の被害などこれもさまざまであり複合している。

このような場合の加害生徒の民事責任を考えるにあたって、その生徒に責任能力のあることを前提にしながらも、それらの暴力行為についての違法性の有無がとくに問題になる。これらの場合には、一見、社会的に許容できない行為であるとして違法性を肯認すべきであるようにみえる。しかし、そのように一概に判断してよいものかどうか、慎重を要するようである。いじめっ子、いじめられっ子問題や転校生への意地悪行為というのは、子ども世界において、つねに存在することである。そして、その本質は大人の物差しでは計りきれないところがあるようである。被害生徒自身でさえ、そのことを教師にも親にも言わないという場合のあることからしても、知りうるところである。このために、それらの行為が民事責任を認める前提としての違法性ある行為であるかどうかの判断にあたっては、大人世界の物差しによってではなく、子ども世界での社会的許容範囲というものを認識したうえで、子どもの観点に立って判断しなければならないのである。子どもも社会の一員であり、法的責任を考えるにあたっては、社会全体の秩序維持という観点から判断すべきで、子ども世界というような部分社会を考慮することは妥当でないとの反論があるかも知れない。たしかに、子どもも社会の一員であることはいうまでもないが、子どもはまず子ども世界という部分社会にかかわって存在し、そこにおけるルールに従って行動するのであるから、そのことを前提として判断されるのは当然であろう。その部分社会におけるルールが社会全体のルールからみて誤っているというのであれば、その部分社会のルールをこそ改革すべきであって、そのルールに従って行動した子ども、生徒に個人として法的責任を問うことは妥当ではない。この意味において、生徒間におけるいわゆる校内暴力については、その違法性判断において、さらに論議が行なわれなければならないであろう。ここに、法律の領域における「子ども学」の問題が起こってくることになるわけである。(21) もっとも、生徒間の校内暴力につき、その違法性が全面的に否認されるわけのものではない。その暴力行為が、社会全体からみて社会的に許容できない行為であり、かつ子ども社会からみても許容しえない行為である場合には、違法性があり、民事責任を負わされることになる。集団的恐喝や集団抗争は、原則として違法性を認めてもよいであろう。集団リンチについては、それが重大な身体的障害を生ぜしめたり、長期間にわたり精神的苦痛を与えるような場合には、違法性があり、加害生徒に民事責任を課してもよいように思われる。

加害生徒の親の民事責任については、理論的には(1)でのべたのとほぼ同様である。しかし、加害生徒が校内暴力行為に加担していることを知りながら、あるいは知りえた事情があったにもかかわらず、子どもに対し何らの監督、注意や躾などをしていなかったというのであれば、民法七〇九条の不法行為責任が容易に認められると考えてよい。加害生徒の親の民事責任の問題は、とくに民法七〇九条責任の問題は、まさに大人社会における法的責任の問題であると考えてよいからである。

学校の賠償責任については、主として生徒間の校内暴力につき過失があったかどうかが問題になり、その判断はなかなか困難である。一般論としてみれば、校長や教師は、学内暴力を防止するための安全注意義務は一般的に負っていないが、特別の事情からそのような事態の発生を予見できるような場合には、それを防止するための万全の措置をとる義務があり、これを怠ると過失があることになり、学校の民事責任が生ずる。このため、校内暴力の風潮があるのに、これを防止するための万全の措置がとられずにいて暴力事件が生じたという場合には、安全注意義務を怠ったとして民事責任が問われることになる。ところでかかる校内暴力で民事責任を判断した判例は少ない。ただ一件だけ、高校生が校内暴力を苦にして自殺した事件で、担当教師は一応の措置をとっていたが、自殺まで予見できなかったとして、過失を否定した判例がある。[22] それによると、担任教師が、被害生徒の親から、加害生徒らの非行の事実につき説明を受けたこと、被害生徒に対し、加害生徒らの非行問題は学校当局が責任を持って解決に当たるから安心して登校するようにと言って励まし、その様子を見守る一方で、加害生徒らについて事情聴取をした際、このことを恨んで報復するようなことを絶対にしてはならないと強く戒めていたし、またその後、被害生徒からは報復の実情を報告し、助力を求めるようなこともなかったという実情のもとでは、自殺するなどということは予見しえなかったとして過失を否定したものである。

このように、学校側の校内暴力についての予見性の有無が、学校の民事責任を考えるにあたっての判断基準になるということは、法理論的には、今日も妥当するものと思われる。しかし、生徒間の校内暴力の根源のある部分は、教師の指導性への不信にあることが指摘されている[23]今日、このことをいかに考慮すべきかが新たに問題になってこよう。生徒間の校内暴力が教師の指導性への不信によってのみ生じているということはできないまでも、それに若干でも加担しているということを、民事責任を考えるにあたってどう考慮するかの問題である。これをもって、教師としての過失ある行為といえるのかどうか。それが法的責任の根拠にまでなりうるのかどうか。予見可能性の存否は別個の過失を形成するものなのかどうか。

いずれも、積極的にみてよいのではなかろうかとも思われるが、現時点では、それを判断するにあたっての教育論や教師像につき能力を持ちあわせないことから、ここでは留保することにする。

（1）拙稿・学校事故の法律問題三一五頁参照。
（2）大阪地判昭和三〇・二・八下民集六巻二号二四〇頁。
（3）東京地判昭和四〇・九・九下民集一六巻六号一四〇八頁。
（4）一般のケンカについて違法性を阻却したものとして、東京地判昭和五〇・一・三〇下民集二六巻一号一四二頁。
（5）大阪地判昭和五〇・三・三判時七八一頁。
（6）野田「学校事故における教師と親権者の損害賠償の関係」判タ三四九号一一一頁。
（7）拙稿・前掲書三二八頁。
（8）詳細は、拙稿・前掲書三三〇頁。
（9）和歌山地判昭和四八・八・一〇判時七二一号八三頁。
（10）函館地判昭和四六・一一・一二判タ二七二号二五四頁。
（11）最判昭和四九・三・二二民集二八巻二号三四七頁。
（12）高松高判昭和四九・一〇・三一判時七七〇号五七頁。大阪地判昭和五〇・三・三判時七八一号九三頁。
（13）最判昭和五八・二・八判タ四九二号一七五頁。なお、本判決の問題性については、拙稿「学校事故賠償責任と最高裁判決」判タ四九二号二七頁以下参照。
（14）前記一(1)の項参照。
（15）熊本地判昭和五〇・七・一四判タ三三二号三三一頁。
（16）千葉地判昭和四九・九・九判時七七九号九三頁。

(17) 佐賀地判昭和四七・七・二八判時六九一号六三頁。
(18) 東京地判昭和四八・八・二九判時七一七号二九頁。
(19) 高松高判昭和五六・一〇・二七判タ四五六号一〇九頁。
(20) 生徒間の校内暴力の実態については、「学校内暴力の背景とメカニズム」季刊教育法三六号四八頁以下を参照した。
(21) 「子ども法」学の形成の必要性については、かつて若干、指摘したところである(伊藤=金田編・子どもの安全白書三頁以下)。
(22) 新潟地判昭和五六・一〇・二七判タ四五六号七四頁、判時一〇三一号一五八頁。
(23) 前掲「学校内暴力の背景とメカニズム」四九頁。

二 教師への暴行と民事責任の問題点

校内暴力のうち教師への反抗、暴力が年々増えつづけているようである。それは、特定教師への集中的暴力、女子教員への暴行や、偶発的暴行などさまざまである。そして、偶発的に生ずる場合もあるし、計画的に行なわれる場合もある。しかし、その暴力行為の多くは集団的であるのが特徴である。また、教師側の被害も、身体への加害、財産上の損害あるいは精神的な被害などそれもさまざまなようである。そしてさらに、このような教師への集団的暴行の生ずる原因も、教師の暴力への反発、教師に対する不信感、教育への反感、あるいは思春期の反抗性や逆説的ながら教師への生徒の期待などというようにさまざまである。[1]このようなことから、教師への暴行に関連して、民事責任を考えるということは、非常に至難な問題であるといえる。

ところで、教師への暴力に関連して、加害生徒の民事責任を考える場合には、その暴力行為が違法な行為となるかどうかという問題と、集団的行為であるということにかかわる問題とが、論点として検討されなければならない。まず、違法性の点に関してみると、一般的には、教師への暴行によって、教師の身体が害されたとか、財産的損害を被ったとか、精神的苦痛を感じたという場合であれば、違法性が認められ、加害生徒には民事責任があるといえる。しかし、教師の被害がそれほど重大でないという場合であるならば、その教師への暴行が、思春期における反抗の現われとみられるかぎり、社会的に許容される範囲のものと考えられ、違法性が否定されるものと考ええないものでもない。このような反抗は、独立への闘いである自我の確立のために必要であり、誰しもが許容しなければならないもので、(2)とくに、このような時期の生徒を教育することに携わっている教師としては、甘受しなければならないことではないかと思われるからである。また、教師側のおどしや、暴力的行為が起爆になっているような場合であるならば、教師への暴力が行なわれることにつき、教師自身にも一端の責任があるというべきであるから、教師の被害が微少ならば、加害生徒の違法性は阻却され、民事責任のない場合もありうると解しえよう。そして、それが違法性阻却にいたらない場合であっても、教師の責任の一端を考慮して、過失相殺が行なわれ、加害生徒の責任を軽減すべきではないかと考えられる。さらには、教師が卑屈になり、逃げとしかみられない態度をとったことに起因するものである場合にも、その状況に応じて、違法性の認定に影響が生じたり、過失相殺で加害生徒の民事責任が軽減することもありうると考えてよいであろう。

なお、集団的暴力行為であって、各加害生徒に責任能力があり、その行為につき違法性の認められるときは、一般的には、共同不法行為責任を負うことになる(民法七一九条)。このため、いずれの加害生徒に対してでも、被害額全額の賠償責任を求めることができる。この場合、通説、判例によれば、複数の加害生徒が、共謀その他意思を通じあって集団的に暴行した場合であるか、偶発的に集合し結果として集団的暴行になった場合であるかは区別されない。また、直接の加害者が誰かわからない場合でも参加者全員が共同不法行為責任を負うことになる。もっとも、参加者といってもそこに居合わせただけで積極的な行為を行なっていないというような者や、消極的な同調者にすぎない生徒はこれにあたらないと解してよいであろう。反対に、集団的暴行を直接に加えた者ではなくても、その首謀者であったり扇動者であったというのであれば、教唆・幇助者として、共同行為者と同視され、共同不法行為責任が生ずる。

加害生徒の親の民事責任に関しては、基本的には、一(1)で述べたのと同様に考えてよい。ただ、加害生徒が、このような教師に対し暴力を行なう状況にあることを知りまたは予見しうべきであったにもかかわらず何らの措置もとらなかったというのであれば、親固有の民事責任として民法七〇九条の不法行為責任が成立すると考えてよい。この場合は、加害生徒自身に民事責任が認められないときでも、親自身には民事責任を認めてもよいのではないかと考えられる。ただその場合には、多くは、教師の責任も考慮され大幅な過失相殺が行なわれることになろう。なお、このようなことはごく稀なことではあるが、教師への暴行が、親の指示や扇動で行なわれているというような場合には、親自身が加害行為者であり、親だけが民事責任を負うが、加害生徒にも民事責任のある場合は、両者は共同不法行為責任(民法七一九条)を負うことになる。このような場合、親は、教唆ないし幇助者とみられるからである。

(1)　前掲「学校内暴力の背景とメカニズム」五二頁、五三頁。
(2)　前掲「学校内暴力の背景とメカニズム」五一頁。

三　学校器物破壊行為と民事責任の問題点

いわゆる校内暴力の一つとして、学校の設備や器物を破壊ないし破損させるという行為も、多くみられるところである。このような場合に、財産上の損害として、加害生徒やその親に民事責任を求めうるものなのかどうか問題になる。この場合には、加害生徒による財産権の侵害にあたるわけであるから、一次的には、違法性が認められ、責任能力があれば、加害生徒自身に責任を求めうるし、責任能力がなければ、親に対し責任を求めうる。また、親は、加害生徒に責任能力のある場合でも、民法七〇九条の不法行為責任を負わなければならない場合のあることは一(1)で述べたのと同様である。しかし、この場合も、その器物破壊行為の違法性を判断するにあたっては、そのような行為が行なわれるに至った原因や動機と破壊、破損の程度、内容を考慮することが必要である。とくに、その原因や動機が、教師に対する反抗や学校教育に対する不信、反抗にあるような場合には、その原因の作出者は学校でもあるのであるから、場合によっては違法性が阻却されたり、過失相殺の行なわれることもありうると考えられる。

おわりに

生徒の暴力にかかわっての民事責任すなわち損害賠償責任の問題を検討してきたわけであるが、それは、大人社会のルールからすれば、一般的に、その責任が肯定される状況にあるといえる。しかし一旦、子ども社会に踏み込んでこれを考えてみると、一概にはそうともいえない問題の横たわっていることが知りうるのである。とくに、それが教育や躾の問題とからんでくるとますます複雑になってくる。そして、そのことは、法律的には、生徒の暴力の違法性の判断において集約されてくる。このために、生徒の暴力にかかわっての民事責任の問題を考える場合、かかる視点を欠かせてはいけないのである。しかし、かかる視点を考慮して考えるということは、非常に難しい。本稿でも、一応、その点に重点を置いて検討したつもりであるが、成功したかどうか未定である。一つの問題提起として、筆をおさめることにする。

18

児童・生徒の非行と学校教師の法的問題の検討

はじめに

近年、少年非行が際立って増加してきている。そのなかでも、とくに校内暴力や盗難事件が急増し、昭和五三年二月一四日付け朝日新聞によると、去年一年間に近畿六府県の警察で事件処理された校内暴力事件は四二一件、そのほとんどが中学校と高校で、生徒三七八人、教師一六八人が殴られたり金品を奪われたりしているとのことである。そして、学校関係者は、生徒の非行を極力外部に知らせないで穏便に処理していることを考えると、さらに広範かつ深刻であるものと思われる。

このような児童・生徒の非行に対し、教育上どのように対処していくかは非常に重要な問題である。しかし、ここでは、児童・生徒の非行に関連して、学校や教師にかかわりのある法的問題のいくつかにつき検討し、それへの対処のための参考に供することにする。

一　非行児童・生徒に対する懲戒

(1)　教師の懲戒権

非行児童・生徒に対し、教師は、児童・生徒の教育・育成という教育目的達成のために、必要に応じて叱責、訓戒などの事実上の懲戒を加える権限がある（学校教育法一一条本文）。この教師の懲戒権の法的根拠については見解がわかれている。

その一は、学校教育法一一条を根拠としての教師の公権力的権限とする考え方である。児童・生徒と学校との間の在学関係を特別権力関係とみる考え方からすれば、懲戒を、教師の教育活動における権力作用の一現象として捉えることができ、素直に結びつくことになる。

しかし、国公立学校に限ってみても、在学関係を特別権力関係として捉えることには疑問があるし、最高裁判決（昭和五二・三・一五判例時報八四三号二二頁、昭和二九・七・三〇民集八巻七号一四六三頁）も必ずしもそのように理解しているとは言えないことから、私立学校の在学関係とを併せて考えるならば、在学契約関係として捉えるのが妥当であると思われる。そうだとすると、教師の懲戒権を公権力的権限とする考えとは結びつきにくい。

また、かりに国公立学校の在学関係を特別権力関係だとしても、私立学校については在学契約とみるのが一般的であるから、公権力的権限説では説明できなくなる。

その二は、親の監護教育に伴う懲戒権の代行とみる考え方である。民法八二二条では、親に、監護教育の観点から子の非行を矯正するために、その身体または精神に苦痛を与え制裁することのできる懲戒権が認められているが、教師は、親の委託によりこの懲戒権を代行するものであるとみる。

しかし、公教育を単なる親の監督教育の代行として捉えることは妥当でないし、教師の懲戒権を親子という血縁を前提とした親権的懲戒権と同視することにも問題があろう。

その三は、在学契約に示された親ないし生徒本人の当該学校の教育をうけるという同意にもとづき、教師の専門的教育活動の一環として認められるものであるとの考え方である。

それは、在学契約を前提として、学校に認められる児童・生徒を規律し教育上の具体的指示命令により拘束できる包括的権能の一つであると理解するならば、この考えは最も妥当といえよう。

なお、教師が、児童・生徒に対し懲戒を加えるに当たっては、その児童・生徒の心身の発達に応ずる等、教育上必要な配慮をしなければならないとされ（学校教育法施行規則一三条一項）、また体罰は許されないとされている（学校教育法一一条但書）。

そこで、教師の生徒に対する懲戒が、それが正当な範囲内ならば、正当な業務による行為として違法性がなく、法的責任は生じない。このため、懲戒を加える際には、児童・生徒の非行の程度、行動、性格、心身の発達状況等の事情を考慮したうえ、それによる教育的効果を期待しうる限りにおいて行わなければならない。

その懲戒が、正当な範囲内の行為でない場合には、それは違法な行為になる。体罰や報復的行為あるいは暴行行為になる場合は違法な行為である。そして、法務府通達では、身体に対する侵害、被罰者に肉体的苦痛を与えるような懲戒は体罰であるとしている。

判例では、厳密には非行事案に関するものではないが、次のようなものにつき、教師の懲戒を違法な行為としている。

県立高校三年生の生徒が、授業時間中、教科以外の本をみていたため、教科担当教師が訓戒していたところをクラス担当教師が見ていて、その生徒に訓戒された理由をただそうとしたところ、反抗的態度を示したため、日頃から素行のよくない生徒であったので懲戒したところ、翌朝教師を恨む旨の遺書を残して自殺した事案で、懲戒として許容された限界を逸脱したものであるとしたものである（福岡地裁飯塚支部判昭和四五・八・一七、最高裁昭和五二・一〇・二五もこれを支持）。

その論拠として、判例は、①他の教師の訓戒をうけて十分納得服従していたのに、さらに訓戒をしたこと、②生徒の反抗的態度を契機として、感情的になり、自己の訓戒に屈服させるため、強圧的に、かつ相当の執拗さで非行事実の告白と反省を強要したこと、③退学のことを触れたり、父兄の出頭を求めるなどの言辞を弄したこと、④かたくなに訓戒に応じそうにもないので、昼食の機会も授業に出席する機会も与えないで三時間余りを留めおいたこと、⑤非行事実を自認し、反省の意志を表してからも殴打したこと、などをあげており、参考となろう。

なお、教師の懲戒が違法なものである場合には、職務違反となり、国公立学校の教師は公務員法上の懲戒処分（戒告、減給、停職または免職）を受け（国家公務員法八二条、七五条、地方公務員法二九条、二八条）、私立学校の教師は就業規則にもとづいて懲戒、解雇されることがある。また、刑法上の暴行罪、傷害罪、監禁罪など刑事罰の科されることもある。判例にも、体罰につき、教師の暴行罪を認めたものがある（大阪高裁判昭和三〇・五・一六）。さらに、被害生徒に対しては、損害賠償責任が生ずる。この賠償責任は、国公立学校の場合は、国家賠償法一条にもとづいて責任を負うことになるので、学校設置者で国ないし地方自治体が負うのであって、教師個人ではないが、私立学校の場合は学校設置者である学校法人は民法七一五条にもとづいて、教師個人は民法七〇九条にもとづいて負わなければならない。

ただ、その賠償責任の範囲は、教師の違法な懲戒行為によって通常予想される範囲の被害に限られる。このため、さきの事案のように生徒が自殺するというようなことは通常考えられないから、自殺についてまでの賠償責任を負わされることはない。

また、判例は、違法な懲戒をうけた中学三年生の生徒が、精神分裂症になったことについても賠償責任がないとしている（福岡地裁飯塚支部判昭和三四・一〇・九）。

(2)　校長の懲戒処分

校長は処分権者として、非行児童・生徒に対して退学、停学、訓告などの懲戒処分を行うことが認められている（学校教育法施行規則一三条二項、三項）。

これは、学校という集団的教育の場で、学内の規律を維持し、また本人や他の児童・生徒に与える戒めという一般的な教育効果を目的として認められたものである。そして、このような校長の生徒に対する懲戒処分は、学校内の事情に通暁する者として専門的、自律的裁量権にもとづいて、その行為が懲戒に値するかどうか、いずれの懲戒処分を選択すべきかを判断して行うことができる。

ただ、その懲戒処分が妥当でない場合は、懲戒権の濫用として、処分の取り消しが認められる。このことに関連して、次の二つの判例が参考となろう。

高校二年生の生徒が、友人二人と転校前の高校の教室からラジオ部品を持ち出したり、映画館で喫煙し警察に説諭されたことなどの事情から「性行不良で改善の見込なく」「学力劣等で成業の見込がない」者として家庭謹慎を命じ、その後、退学処分された事案で、家庭謹慎と退学処分は二重処分にならないこと、これらの処分は社会通念に反するほど不公平かつ過重なものと即断できないとした判例（広島高裁判昭和二七・七・一八）。

水産高校三年生の生徒で、平素から行状が悪く、クラスのボス的存在で暴言を吐くなど教師に反抗的態度をとってきた者が、一五名の生徒を指揮し、教師に対するいやがらせと授業妨害を企てるため、教卓をひっくり返したうえ、熱したデレッキを置かせ、事情を知らず教室に入ってきた教師がデレッキを取り除こうとした際、第二度の火傷を負わせたため、学則に従い退学処分された事案で、退学処分はとくに慎重な配慮を要し、本件処分もより軽度の処分でよかったのではいなかとの論議の余地もあるが、それらは校長の裁量権の範囲内の問題であり、いまだ社会通念上合理性を欠いた裁量権の範囲を超えた処分とまではいえない、と判断した判例（札幌地裁判昭和五二・八・二三）がそれである。

二　学校盗難事件と取り調べ権限

学校や教師は、一般的には、捜査機関と異なり強制捜査の権限を持っているわけではない。

ただ、判例では「学校内において盗難事件が発生し、その犯行が当該学校の生徒によって行われたのではないかと疑われる事情がある場合」には、「もともと教師は人格の完成という教育の究極目的を、あらゆる機会に、あらゆる場所において、実現するよう努めなければならないところであるから、……教師はかかる教育目的の達成と秩序維持のために、容疑者ないし関係者としての生徒につきその取調をなすことができる」と解し、取り調べ権限を認めている（福岡地裁飯塚支部判昭和三四・一〇・九）。

また、法務府発表の「生徒に対する体罰禁止に関する教師の心得」でも、盗みの場合など、その生徒や証人を放課後訊問することはよいが、自白や供述を強制してはならないとしている。そこで、このように許された範囲での取り調べの場合は、法的責任がないということになる。

しかし、少年の刑事事件の取り調べは一般的にも慎重な配慮のもとで行われなければならないことから、学校での場合は、それ以上に慎重に、場所的にも、時間的にも、その手段方法においても合理的な限度を超えないことが重要である。この限度を超える場合は、子どもの人権侵害行為として違法性があり、刑事上、民事上の法的責任が生ずることになる。

三　非行児童・生徒の加害行為と民事上の責任

非行児童・生徒の加害行為に際し、だれがどのような法的責任を負うことになるかは重要な問題である。ただ、ここでは、その場合の民事上の責任についてだけみておくことにする。

その際には、まず、その非行児童・生徒に責任能力があるかが問題となる。責任能力というのは、その加害行為の結果について、一般に、その法的責任を弁識できる能力で、年齢で画一的に決めることはできないが、一一歳から一二歳前後が一応の基準とされている。

このため一三歳ぐらい以上の生徒には責任能力があり、その際は、まず非行生徒自身が民法七〇九条によって賠償責任を負わなければならない。一二歳ぐらい以下で責任能力のない場合は、非行生徒自身には賠償責任はなく、父母が、民法七一四条一項により法定監督義務者として、あるいは校長や教師が民法七一四条二項により代理監督者として賠償責任を問われる場合がある。

ただ、校長や教師については、その非行による加害行為が、学校の教育活動ないしはそれと密接不可分の関係にある生活関係内で行われた場合に限られている。

次に、学校設置者に賠償責任があるかが問題となる。これについては、一応、国公立学校の場合は国家賠償法一条によって、私立学校の場合は民法七一五条によっての賠償責任が考えられる。

ただ、そのためには、校長なり教師なりに、その生徒の非行による加害行為を防止する注意義務があるのに、その注意義務を怠った（過失）結果、他人に損害が生じているということが必要となる。

そして、校長や教師のこのような注意義務は、生徒の行動のすべての範囲においてあるのではなく、その生徒の行動のうち学校における教育活動およびそれと密接不離な関係にある生活関係での行動についてか、その生徒の非行や暴行行為が予想されていたという特別の事情のある場合についてだけしか存在しない。

このことから、非行や暴行というのは一般的に教育活動と結びついた行動ではないので、特別の事情のない限り、学校設置者には賠償責任は生じないと考えてよい。このことに関し、次の判例が参考となろう。

県立高校の柔道部で、退部を申し出た一年生の生徒を、同部の生徒六名が集団で暴力的制裁を加え、後遺症を伴う重傷を負わせた事案で、担当指導教師にはこのような暴力的制裁が行われるものとは予想できなかったことから、注意義務違反はなく、そのために学校設置者には賠償責任がないとした判例がある（佐賀地裁判昭和四七・七・二八）。

そこでこの場合には、加害生徒六名に対し共同不法行為者として民法七一九条によって賠償請求できることになる。

反対に、大学の空手同好会で退部を申し出た生徒に対し、部員が集団リンチを加え死亡させた事案で、その同好会は右翼的暴力傾向を持ち学内で恐れられていたことや、被害生徒が制裁をうけることを恐れて、担当教職員に相談に行ったのにそれらの者が何らの措置を講じていなかったことから、リンチ事件を予想できる特別の事情があったとみて、教職員の注意義務違反を認め、学校設置者に賠償責任を負わしている（東京地裁判昭和四八・八・二九）。

また、体育授業中に無断で校外へ抜け出した聾学校の女生徒（小学校五年生）が、聾学校の寄宿舎付近にいた生徒に強姦され絞殺された事案で、聾学校に近接して寄宿舎を設け、教育の場と生活の本拠が密接に結びついている場合の特殊教育にあっては、担当教師と寮母とは互いに緊密な連絡をとり、その生徒の教育、生活両面の特徴を把握して適切な措置をとるべき職務上の監督義務があるのに、これを尽していないとして過失を認め学校設置者に賠償責任を負わしている（福岡高裁那覇支部判昭和五一・二・二七）。

19 「赤い羽根」事故に関する意見書

一　緒　言

この意見書は、担任教諭不在の席替えの時間中に、他の生徒が前日に配布された「赤い羽根」に消しゴムをつけて投げていたのが、小学校四年生の生徒の左目に突きささり傷害を負った学校事故に際して、担任教諭および校長に生徒の生命、身体に対する安全注意義務懈怠があったか否かにつき、見解を述べたものである。

二　本件事故の特徴

本件は、学校管理下における生徒の事故いわゆる学校事故である。この学校事故は、学校というさまざまな発達成長途上にあり、さまざまな個性をもち恒常的集団生活を営むという危険性を内包した場において、事実上逃れがたい日常生活的な学校活動に際し、教師の教育専門的活動とのかかわりにおいて生ずるものであるという特質をもっている。また、学校事故にもさまざまな態様がみられる。本件学校事故は、そのなかでも次のような特徴がみられる。

第一に、小学校という義務教育課程における事故であること。

第二に、正課授業にあてられていた時間帯における事故であること。

第三に、担任教諭が不在で、本来の算数の授業が席替え時間に変更された時間中の事故であること。

第四に、小学校四年生の生徒間での事故であること。

第五に、日常の授業では用いることのない、特別配布された「赤い羽根」による事故であること。

以上のように本件事故は、一般的な子ども同士での事故と異なる学校事故としての特質をもつものであり、また学校事故のなかでも極めて特徴のある事故であることから、本件における担任教諭および校長の安全注意義務を考えるにあたっては、これらの点を特に考慮する必要があると考えられる。かかる考えを前提として、以下では、担任教諭および校長の安全注意義務の内容、程度につき検討する。

三　担任教諭および校長の安全注意義務の内容、程度

1　学校事故における教諭、校長の安全注意義務

(イ)　学校教育の構造的危険性は、これまでも指摘されてきているところである。それは、教育法学の第一人者である兼子仁教授により、成長途上にある生徒が恒常的に多様な集団生活を営んでいる学校では、他の一般の社会分野に比して人身事故の可能性を性質上より多く擁しているとか（伊藤進＝兼子仁＝永井憲一編・必携学校事故ハンドブック二七四頁）、日本弁護士連合会が、教育は子どもに対し、知育、体育、情操教育などを通じて創造性を豊かにして自主性に富んだ全人格的発達を保障するものでなければならないことから、学校での学習活動には危険が不可避的に伴うものであり、しかもこのような危険を内包する学習活動が、子どもの成長に不可欠である（日本弁護士連合会・学校災害補償に関する中間意見書一〇頁以下）などの指摘にみられるところである。そこで、学校教育に、このような構造的危険性が内包していることからすると、教育に携わる教諭や校長には、かかる危険性が顕在化しないように生徒の生命、身体に対する高度の安全注意義務が課せられるものと考えることができる。これは、危険なものに携わるものは、その危険により生ずる

損害を防止するための高度の安全注意義務を負うものであるとする不法行為法理として一般的に承認されている法理からもいえることである。

（ロ）また、教諭や校長は、学校教育の専門家である。かかる教育専門家においては、学校教育の構造的危険性は十分に認識して対処しなければならない専門職者としての義務があるといえる。このため、医療過誤や弁護過誤事件などにみられるように専門職者としての注意義務を前提とすることが必要である。このことから、学習活動に際しての生徒の動静とその危険性を教育専門職者として把握することが必要であり、それを前提としての安全注意義務が課されるものと考えられる。

（ハ）以上のように、学校事故に際しての教諭や校長の安全注意義務は、一般論としては、「危険に携わる専門職者」としての高度なものであると考えられるのである。

2　正課授業時間帯の担任教諭不在の席替え時間の安全注意義務

（イ）正課授業時間帯は、学校教育において、担任教諭が最も主導的にかかわる時間帯である。そして、生徒も、担任教諭の指導に従い拘束を受ける時間帯である。この意味では、課外クラブ活動や休憩時間、放課後のように生徒の自主的行動に重きが置かれている時間帯とは異なる。このため、この時間帯において生ずる危険性を回避するための安全注意義務は、担任教諭において、全面的に負うものであるといえる。また、正課授業時間帯での学校事故は、教育に内在する危険性に直接起因する事故とみることができる。このため、第一次的には、生徒の動静を最も良く把握している担任教諭が教室に在室して、主導的に指導し、授業が安全に遂行できるよう注意する義務がある。

なお、最高裁判所第二小法廷昭和五八年二月一八日判決（最高裁判所民事判例集三七巻一号一〇一頁）では、中学二年生の課外クラブ活動に際しての体育館使用をめぐる生徒間の喧嘩による事故に関し、特別な事情のない限り指導教諭には立合義務はないとしているが、課外クラブ活動という本来的に生徒の自治に委ねられている場合であり、生徒間の喧嘩という課外クラブ活動に本来的には内在しない間接的な事故であり、中学二年生で事理弁識能力も高いという要素を前提としたものであるから、本件のような教育に内在する危険性に直接起因する小学校四年生の学校事故に援用することは適切でないことを付言しておく。このことは、小学校の正規の授業として行われたクラブ活動時間中に他の生徒から矢をいかけられて失明した事故につき、かかる事故は正規の教育活動として教諭が直接指導にあたるべき場合であるから、前記最高裁判決によることは適切でないとする判例（名古屋高等裁判所昭和五八年三月二九日判例時報一〇七九号五八頁）によっても支持されているところである。

（ロ）もっとも、担任教諭が在室しなければ、常に、安全注意義務懈怠があるというものではない。具体的な加害の発生が予見できる場合は別として、正当な事由のある限りにおいては、担任教諭が不在であることは正課授業時間帯であっても許される。この意味で、担任教諭が恣意的に不在にしたのではなく、校長の出張命令によるものである限りにおいては、担任教諭が在室していなかったというだけで直ちに安全注意義務懈怠があったとはいえない。

しかし、その場合には、校長として、担任教諭が在室して生徒の安全につき注意する義務を尽くすのに代わるだけの措置をとることが要請される。そのために、他の教諭を在室させるとか、少なくとも生徒の動静を把握し、危害の発生を未然に防止するために当該教室を見回るような措置を講じておくことが必要であったと考えられる。前述の矢をいかけられて失明した事故でも、原審判決（岐阜地方裁判所昭和五六年二月四日判例時報一〇一二号一一三頁）および控訴審判決（前掲、名古屋高等裁判所昭和五八年三月二九日）ともに、校長には、担当教諭不在の状態を解消する措置をとるか、他の教諭により生徒間で恣意的な行動が行われることのないよう適切な指導が行われるなどの方法を講ずる義務があるとしている。

（ハ）また、本来、正課授業としての算数の授業を予定していたのか教諭不在の学級会の形での席替えの時間に振替えられたことは、生徒間事故を発生される危険性を増加させる要因になったのではないかと考える。判例に現れた自習時間中の学校事故の事例（仙台地方裁判所昭和五五年一二月一五日判例タイムズ四三三号一二四頁、青森地方裁判所八戸支部昭和五八年三月三一日判例時報一〇九〇号一六〇頁）をみても、自習時間に替えられたことにより「生徒が解放的な気分となって気ままな行動に出易い」状態になることを肯認している。そして、席替えというような行動を伴う場合には、生徒の勝手な行動は増幅するものであり、このことは担任教諭や校長は専門職者として当然に予見し、それに対処するための適切な措置を講ずる注意義務があったといえる。

3　小学校四年生の生徒の能力と安全注意義務

（イ）事故防止のための安全注意義務の内容や程度は、被害者や加害者の事故防止能力（ここでは自律判断能力、事理弁識能力も同意義とみてよいであろう）との関係においても考えなければならない面がある。そこで、被害者、加害者ともに小学校四年生であるような場合に、前述のように、本来、正課授業としての算数の授業を予定していたのを教諭不在の学級会の形での席替えの時間に振替えられたことにともなう解放的気分からの気ままな行動を、どれだけ自制することができるものであるかを考えなければならない。この点は、児童心理学などからの検討を要するところであるが、担任教諭や校長の安全注意義務を考えるにあたっての法律的見地からすれば、小学校四年生では解放的気分からの気ままな行動を自制し、事故を防止する能力を十分に備えているとはいえないと判断できる。

このことは、これまでの判例によっても肯認されているところである。屋上での算数の実技の授業中の下敷き投げによる事故につき、小学校四年生であったことを考慮すれば、授業中生徒が解放的気分になって自己又は他人の身体に危険を及ぼすような行為に出ることも予想されるものというべきであるとする判例（大阪地方裁判所昭和五八年一月二七日判例時報一〇七二号一三二頁）や、前述の矢をいかけられた事故では、四年生という思慮分別の乏しい学年の生徒であるとする判例（前掲、岐阜地方裁判所昭和五六年二月四日）などがみられる。さらに、小学校四年生の事故防止能力には直接ふれてはいないが、小学校四年生の事故については、担任教諭や校長の安全注意義務違背を認める判例（前掲、青森地方裁判所八戸支部昭和五八年三月三一日、浦和地方裁判所昭和六〇年四月二二日判例時報一一五九号六九頁）の多いのも、このような判断が前提になってのことといえる。

（ロ）このように小学校四年生の生徒の事故防止能力が乏しいものであるとするならば、担任教諭や校長は教育専門職者としてそのことを予見し、事前に適切なる措置を講ずるべき安全注意義務が一般的にあることになる。そして、担任教論不在の状態にする場合には、自らの自制力のないままに勝手な行動に出ることが増幅されることになるわけであるから、事故発生の危険性は大きく、担任教論が在室する場合に比して、その危険を防止するための措置を講ずる義務があるものと考えられる。

4　「赤い羽根」を配布することによる危険性の予見義務

（イ）「赤い羽根」は、赤く染めた鳥の羽根に細くて曲がりやすい針をつけた簡単で軽少なものであるため、それ自体直ちに危険なもの又は容易に危険物化するおそれがあるとはみられないとする判例（浦和地方裁判所昭和五六年三月三〇日判例タイムズ四四三号一〇〇頁）がみられる。しかし、一般の主婦でも「今年も、赤い羽根の共同募金運動が始まっている。私は、この時期になると、危なくて、見ていられなくなる。それは、羽根の先が、針になっていて、その上、胸などに、針の先を長くつき出してつけている人が、非常に多くみうけられるからである。人ごみの中に入れば、他人の手や顔、悪くすると、目を傷つけてしまう事を考えないのであろうか。また、あばれざかりのこどもたちも、大勢、羽根をつけているが、こども同士で、ふざけているときなど、同じ事が言えるだろう。」との意見を新聞に投稿して（昭和五五年一〇月一五日サンケイ新聞朝刊）、「赤い羽根」の危険性を訴えているし、「赤い羽根」や「緑の羽根」投げ遊びが流行して目に針が刺さるという危険化も新聞で報道（昭和五六年一〇月三一日朝日新聞朝刊）されている。このようなことからすると、「赤い羽根」は容易に危険物化する恐れのあることは、一般的に予見できるものであるといえるのである。現に、「赤い羽根」を生徒に配布するにあたって、担任教論や校長が針が身体に刺さらないように注意していることは、このように危険化するおそれのあることを予見していたからであるといえる。

（ロ）「赤い羽根」が容易に危険化する恐れのあるものであり、それを予見することが一般的に容易であるとするならば、これを生徒に配布し学校に着けてきている間は、その危険化による事故の生じないように注意する義務が、担任教論および校長にあるものといわなければならない。

5「赤い羽根」による事故発生の防止義務

（1）　事前注意義務

（イ）「赤い羽根」が容易に危険化する恐れのあるものであり、それを予見しまたは予見することが容易であった以上は、その危険化による事故の発生を防止するために、「赤い羽根」の配布にあたり生徒に事前の注意をすることは、担任教諭や校長の義務といえる。そして、その事前の注意の内容は、予見しまたは予見しうる「赤い羽根」の危険化の態様に対応したものでなければならない。そこで、危険化の態様について考えると、針が身体に刺さるという危険化にとどまらず、針を突き刺す道具に使って遊ぶ危険化や羽根を飛ばすことによる危険化も、一般的な注意力をもってすれば容易に予見しまたは予見しうるのではないかと思われる。

（ロ）このために、針が身体に刺さるという危険化に対する事前の注意のみにとどまり、針を突き刺す道具に使って遊ぶ危険化や羽根を飛ばすことによる危険化に対する事前の注意が行われていないことは、「赤い羽根」の配布にともなう事故発生防止のための義務を怠ったものといえる。

（2）「赤い羽根」投げ遊びの予見と防止義務

（イ）「赤い羽根」投げ遊びによる事故は、「赤い羽根」自体、投げることを目的としたものでないことから、特別の事情のもとで生じた事故といえないことはない。しかし、学校で生徒が身近にあるもの—本来投げて遊ぶものではないが—を投げ合って遊ぶということは通常あり得ることであり、一般に学校において経験するところである。このことは、画鋲付飛行機投げ事故（最高裁判所昭和五八年六月七日判例時報一〇八四号七〇頁、福岡地方裁判所昭和五六年八月二八日判例時報一〇三二号一一三頁）、スリッパ投げ事故（東京高等裁判所昭和五五年一〇月二九日判例時報九八五号八五頁）、プラスチック製の手製手裏剣投げ事故（東京地方裁判所昭和五八年一二月一二日判例タイムズ五二一号一五七頁）、プラスチック片投げ事故（大阪地方裁判所昭和五五年九月二九日判例時報一〇〇四号九一頁）など多くの判例の存在することからもいえることである。このため、これらの判例のなかには、このような投げ遊びは特別の事情によるものであると解するものもないわけではないが、それらは正当ではなく、生徒間では予想される通常の遊びであると考えるべきである。

（ロ）そして、「赤い羽根」は、一年に一度だけ配布され、生徒にとっては学校生活で日常的に用いるものではない珍しいものであること、また羽根が付き針が出ていることから、これを投げて飛ばすという衝動にかられることは普通である。また、「赤い羽根」は軽少であるため、そのままでは投げても飛ばないわけであるが、これに重りを付けて投げて飛ばせるように工夫するぐらいは小学生にもなれば容易に思い付くことである。

（ハ）このため、「赤い羽根」投げ遊びによる事故は、一見、特別の事情のもとで生じた事故のようにみえるが、生徒の遊戯本能との関係からすれば、「赤い羽根」を配布し、学校に着けてくることを認めたことに伴う通常の遊びから生じた事故であると解することができる。現に、「赤い羽根」投げ遊びによる事故は、全国で何件か発生し、日本体育学校健康センター（旧日本学校安全会）にも、その事故事例が数件報告されていることからも知り得るところである。

（ニ）このことから、法律的にも、特別の事情に対する予見の問題として捉えることは妥当ではない。そこで、これまで当該学校において「赤い羽根」投げ遊びが行れていたか否かにかかわらず、また、全国での事故や日本体育学校健康センター（旧日本学校安全会）への報告事例を知見していたか否かにかかわらず、担任教諭や校長は、「赤い羽根」投げ遊びが行れるかも知れないことやその危険性を予見しなければならない義務があったといえる。そして、担任教諭や校長は生徒の学校での日常的動静に接している教育専門職者であることからすると、その注意義務を尽くしていれば、かかる予見は、当然になし得たはずであると考えられる。

（ホ）また、投げ遊びという遊戯本能を持った生徒に対して、それも投げるのには格好の、そして危険化するおそれのある「赤い羽根」を、配布して学校に着けてくるのを認めながら、その危険化による事故を防止するための措置がなんら採られていないだけでなく、担任教諭不在の学級会の形での席替えの時間に振替えられ「生徒が解放的な気分となって気ままな行動に出易い」状態で授業が行われたということは、その危険の顕在化をますます助長するものであり、担任教諭や校長に危険防止の注意義務違背もあったといえるのである。

四　総　括

1　以上で述べたように、担任教諭や校長には、小学校四年生の生徒の正課授業としての算数の授業を教諭不在の学級会の形での席替えの時間に振替えながら他の教諭を在室させるか、生徒の動静を見回りさせるとかの措置を講じていなかったこと、容易に危険化するおそれのある「赤い羽根」を配布し学校に着けてくることを認めながら、それによる危険を予見し適切な措置を講じなかったこと、「赤い羽根」投げ遊びとその危険を予見し、危険防止のための措置をとらなかったことのいずれの点においても、安全注意義務懈怠があるものといえる。

2　さらに、安全注意義務懈怠の判断にあたっては、個別の注意義務毎に判断するだけではなく、全体として総合的に判断することも必要である。このような立場からすると、担任教諭や校長の安全注意義務懈怠は疑う余地はないものと考えられる。すなわち、①担任教諭や校長は教育専門職者としての高度の注意義務を負っていること、②小学校四年生という事故防止能力の十分でない生徒に対する注意義務としては十分でなかったこと、③教諭不在の学級会の形での席替えの時間に振替えて生徒が解放的な気分となって気ままな行動に出易い状態にしておきながら他の教諭を在室させるか、生徒の動静を見回りさせるかの注意義務を尽くしていなかったこと、これに加えて④投げ遊びという遊戯本能を持った生徒に格好の、そして危険化するおそれのある「赤い羽根」を配布して学校に着けてくるのを認めながら、危険防止のための措置をとっていないことなどから相乗され、その注意義務懈怠は顕著になるからである。

III　教育事件と私法理論

20 大学移転と司法審査および移転処置の可否
――大阪地決昭和五五年三月一四日――

一 事実

X（申請人）らは、国立大学第二部（夜間学部）に在学中の学生であるが、Y（被申請人）が、大学の統合移転計画にもとづいて、大学を移転し、受教育地を変更する旨を告知したのに対し、XらとYとの間の教育契約にもとづき、Yは、Xらが大学に在学中は、現在の校舎において、継続的に教育を実施すべき義務があって、学生らの同意を得ることなしに、受教育地を変更することが許されないのに、その同意なしに変更しようとしているとして、現在の受教育地において教育を受ける学生たる地位を有することについての仮処分申請をした。これに対し、Yは、国立大学における学生の在学関係は、いわゆる特別権力関係であるため大学移転の決定は司法審査の対象とならないとか、大学には自律的、包括的権限があり一般市民社会と異なる特殊部分社会である大学内部の問題であるため司法審査の対象とならないなどを主張して争った。

二　判旨

1　在学関係の特別権力関係否定理由

「国立大学における学生の在学関係は、国が公教育目的を実現するため、法律に基づいて設置した人的および物的施設の総合体である教育施設たる学校という公の営造物に対する継続的な利用関係ということができるが、元来、公の営造物は国および地方公共団体又はそれに準ずる行政主体が、国民や住民の福祉を増進する目的をもって、いわゆる権力作用としてではなく、非権力的な管理作用として設置経営するものであるから、実定上特別な定めがない限りその利用関係も特別権力関係と解すべき必然性はない。そのうえ、国立大学の在学関係は、公の営造物の利用者たる学生が教育研究の場に動態的かつ継続して関係するという点において、同様に倫理的性質を有するといわれる図書館、博物館などのように利用者が静態的かつ不定期に関係するにすぎない場合に比して、一層特別権力関係とみるべき要素を後退させているといわなければならない。

また、大学設置者は教育目的を達成するのに必要があると認められる場合には、法令上の根拠がなくても一方的に学則などの内部規律を制定し、さらに具体的な指示命令を発して学生を規律することができる自律的、包括的権限を有しているが、右包括的権限は国立大学のみならず私立大学にも等しく認められるものであるから、必ずしも国立大学の在学関係を私立大学のそれと全く異なった特別権力関係と解すべき決定的な論拠とはなしえない。そして、その他に、国立大学の在学関係をことさら特別権力関係と解さなければならない合理的根拠は見出し難い。」

2　国立大学における在学関係――在学契約理論

「右在学関係が特別権力関係であることを消極に解する以上、それは基本的には当事者間の合意を契機として成立する契約関係と解する他はない。

そして、大学が教育目的達成のため有する前記包括的権限の存在も、学生が大学へ入学するに際しての前記合意のなかには、当然右包括的権限に拘束されることについての事前の同意が含まれているものとみなせば足り、右の意味において右在学関係は一種の附合契約としての性質を有するものと解される。」

3　大学移転措置と司法審査

以上のように「右在学関係が私法上の契約関係である」ことから、また「大学の設置の場合と同視して純然たる大学内部の問題であり、学生の一般市民としての権利義務にすべての場合直接関係しないと直ちにいいきることができないこと」から、司法審査の対象とならないとはいえない。

4　大学移転措置の妥当性

「大学は、国公立であると私立であるとを問わず、いずれも多数の学生を対象にして、集団的かつ継続的に教育を実施する教育研究施設であり、学生は、所定の手続を経て入学を許可されることにより、大学との間で、大学側の設置した教育研究に必要な人的および物的施設を継続的に利用しつつ、そこから教育という精神的ないし文化的役務の提供を受けるのであるから学生が大学に入学するに際し、大学の設置者との間に締結される在学契約には、右施設の利用関係としての貸借的要素が含まれることは否定できず、したがって大学側が右教育役務を学生に提供するにあたり必要不可欠となる大学の主要な施設の設置場所は、通常の場合その内容に含まれているものと解するのが相当である。」

「しかし、さらに進んで、契約の内容である以上、在学生全員の同意がなければ大学施設の設置場所を変更できないとする申請人らの主張は」理由がない。

すなわち、国立大学における在学関係は「基本的には契約関係と解されるが、それは、いわゆる対等当事者間の自由意思の合致を第一義的に尊重すべき民法上の典型契約とは多少その趣を異にし、公的教育機関としての大学の性格上、かなり広範囲にわたり公法的な規制を受けざるを得ず、したがって、右の在学関係から学生がいかなる権利を取得し、また義務を負担するかについては、結局大学の在学関係の特質およびそれを規律する各種法令の規定内容ならびに入学に際しての学則その他当事者の合理的意思解釈等を総合して決する他ない。」

ところで「大学の移転に関する問題は、単なる大学内部で自主的に決定される管理運営上の措置とは異なり、直接当該大学自体の存立にかかわる重要事項であるばかりか、その決定内容によっては大学制度のあり方や国の文教政策の根幹に重大な影響を与えることとなる。」したがって、大学の設置場所の変更は、大学が「在学契約に内在する前記包括的権限に基づき、上八学舎（注、現在の受教育地）時代に大阪外語大へ入学した申請人らの在学中であっても、一方的に右学舎を他所へ移転しうるものと解する。」

「もっとも、大学の設置場所の変更は、大学設置者において何らの制約もなく全く恣意的に行ないうるわけではなく、あくまで合理的裁量の範囲内において、すなわち前記のような各種事情を慎重に比較検討して、学生が一般市民として有する国立大学を利用する権利を事実上侵害することがないよう十分配慮したうえで行なうべきものである。そして、右変更が、合理的裁量の範囲内においてなされたものと認められる限り、申請人らはこれに対して契約責任の追及もしくは損害賠償の請求などをなしえない。」

ところで、「前記認定の大学移転の経緯等に照らすと、大阪外大当局は第二部学生の通学上の不便ないし不利益を避けるため種々配慮しつつ、本件移転計画を遂行してきたこと」、「本件大学移転に伴なう申請人らの通学条件の悪化を十分斟酌しても、いまだ本件における大学設置場所の変更が被申請人に与えられた合理的裁量の範囲を逸脱したものとはとうてい認められない」。

三　研　究

本決定のもつ意義は、主としてつぎの三点において存在し、いずれも教育判例上重要である。

第一点は、国立大学における学生の在学関係について、契約関係説を採用したことである。その際における、特別権力関係説を否定するための理由づけは注目されるし、国立大学に関して契約関係説を展開した最初のものではないかと思われる。

第二点は、契約理論の立場から学校措置の問題を考える場合の一つの論理を提供していることである。今日、在学契約説が通説化しつつあるとはいえ、その説に立って多分に裁量的要素の強い学校措置の問題をどのように把握していくかについてはそれほど理論的につっこんで検討されてこなかったことから本決定の持つ意義は非常に大きい。そして、在学契約説の進展のために大きく貢献するものと考えられる。

第三点は、今日、学校とくに大学移転問題が、いろいろなところで考えられているようであるが、本決定では、この問題に対する学生との関係での法的妥当性の範囲や基準が示されており、実際、大いに参考になるであろう。

1　国立大学の在学関係の法的性質

本決定では、まず大学移転措置が司法審査の対象となるかどうかを問題にするにあたって、国立大学における学生の在学関係の法的性質について判断し、契約関係であると解している。国立大学における学生の在学関係については、かつては特別権力関係と解するのが通説であった[1]。すなわち、国立大学の在学関係は、国や地方公共団体が設置した営造物の利用関係の一種であり、このため国公立学校の設置者は教育施設の目的達成に必要な範囲と限度において学生を包括的に支配し、学生はこれに包括的に服従すべきことを内容とする関係にあるとみていたわけである。下級審判決にも、この見解に従うものがある[2]。そして、このほかにも、これに近い捉え方をする判例もある。初期の最高裁判例[3]では「学生に退学を命ずることは、市民としての公の施設の利用からこれを排除するものであるから、私立大学の学生に退学を命ずる行為とは趣きを異にし、行政事件訴訟特例法一条の関係においては、行政庁としての学長の処分に当る[4]」とか、東京地裁判決[5]では国立大学と学生間では「公法上の営造物利用関係が形成されているのであるから、私立大学における……と同視しその在学関係を私法上の契約関係から生ずるものと解することは相当でなく、行政処分によって発生する法律関係と解するのが相当である」との見解がそれである。これらは、特別権力関係たる表現を用いていないことから、これと区別されるのかどうか問題となる。そして、国立大学と学生との在学関係が特別権力関係でないとしても「学生の入学申請に基づき、所定の条件、資格等を大学が審査して、入学を許可（特許行為）して学生たる身分を賦与し、講義を聴講したり、備付図書を閲覧したりするなどの施設を利用する機能を与えるとともに、大学の設置目的に沿った特殊な内部的規律に服さしめ、その規律に違反したときは懲戒処分に付するというような包括的な公法上の法律関係」であるとの主張[6]に近いものであるとするならば、公法上の見地から新しい法律関係として捉えようとするものであるといえそうである。[7]このような見解に対し、その後、最高裁判決[8]は、その在学関係につき明確に見解を示していないが、「大学は、国公立であると私立であるとを問わず学生の教育と学術の研究とを目的とする教育研究施設であって、……自律的包括的な権能を有し、一般市民社会とは異なる特殊部分社会を形成している」とだけ判示している。しかし、ここでは国公立と私立を同視したことによって、特別権力関係論を持ち込むことは出来なくなったといえよう。そして、下級審判決では「公の営造物の利用関係が一般的権力関係となるものではないこと」「包括的な支配権の存在をもって国立大学の在学関係が私立大学におけるそれと異質な特別権力関係とすべき充分な根拠とはなし得ない」として、特別権力関係説を否定したものがある。[9]また、公立学校の生徒と学校との法律関係についてであるが、「……対等な立場での自由意志による考慮を容れる余地のない限定的な契約によって成立する」として契約関係とみる判例[10]がある。さらに、最近に至って学校事故訴訟に関連してではあるが「公立学校の在学関係と私立学校のそれとでは、法律上その性質において異なるものではないから、公立学校の在学関係を……特別権力関係と解すべき、合理的理由はない。その在学関係は、……教育法上の合意を基調とするものというべく、その法律上の性質は契約関係と解すべきである」とする判例[11]が現われた。本決定は、このような判例の状況のなかで、学校措置という在学関係の法的性質論と最も深くかかわり、その法的構成を左右しかねない事案との関連において、契約関係と判示したもので、その意義、非常に大きいものがある。そして、この決定は、今日の通説[12]を受け入れたものとしても評価しえよう。これによって、今後の下級審判例も契約関係説に踏み切りうる素地ができたのではないだろうか。

ところで、本決定では、特別権力関係説を否定する理由として、判旨のように三点があげられている。まず、国立大学における学生の在学関係には、教育施設たる学校という公の営造物に対する継続的な利用関係のあることを肯認したが、それであっても、その利用関係を特別権力関係とみるべき必然性はないと解するのである。すなわち、元来、公の営造物は、行政主体が、国民や住民の福祉を増進する目的をもって、非権力的な管理作用として設置経営するものであること、公の営造物の利用者たる学生が教育研究の場に動態的かつ継続して関係することによるとされている。この点では、公の営造物とくに公民館や市民会館などの設置目的や管理経営に関する利用者である市民の参画問題との関係においてみられる論議と似かよったものがみられる。そのために、公の施設の利用関係を原則として特別権力関係とみながら、教育施設の利用関係についてはそれからはずしていくという論法に比べ積極性がみられる。また、学校の自立的包括権限を認めながらも、このこともまた特別権力関係と結び付くことではないとしており、正当である[13]。ただ、本決定では「在学関係が特別権力関係であることを消極に解する以上、それは基本的には当事者間の合意を契機として成立する契約関係と解する他はない」として、直截的に契約関係説によっているが、さきの被申請人の答弁理由もあることでもあり、やや説得性に欠けるように思われる。もっとも、それだからといって契約関係説によったことが不当というわけではない。

2　学校措置と契約関係説

本判決は、つぎに学校措置が契約関係説からみた場合、どのような関係にあると解すべきかにつき一つの論理を展開している。このことは「契約法理は、元来、売買のような双務契約における対立当事者の利害を調整すべく構成されたものであって、大学機関と学生との関係のような社会関係を対象とするものではなかった[14]。それゆえ、契約の一般法理が、在学関係の具体的な解明について、多くを語りえないとしても当然である」との見解に対応するためにも重要である。

本決定の論理は、ややわかりにくいが、おおよそつぎのようである。その在学契約には、大学の主要な施設の設置場所は、通常の場合その内容として含まれているが、しかし、大学の移転措置はその性質上、高度の教育的ないし専門的、技術的な判断が必要とされることから、それは大学の包括的権限内のことであるため一方的に行ないうるものである。そして、学生がこのような大学の包括的権限に拘束されることについては、在学契約に際しての一種の附合契約として事前に同意されている。もっとも、大学のこのような包括権限にもとづく移転措置は全く恣意的なものではなく、合理的裁量の範囲内のものでなければならないとの論理である。

ところで、この論理の展開は基本的には妥当である。ただ、「一種の附合契約」として大学の包括的権限にもとづく学校措置につき拘束力を基礎づけるにあたって、その附合契約なるものの内容が明らかにされていない点に問題が残る。そして、もし、附合契約理論の代表的な契約説に立つことを想定しているのであるとするならば、それは附合契約の観念の中心をあくまで合意に置き、常に、その効力を意思の分析の基礎の上で立論しようとする思考にもとづくものであることから(15)、学校が一方的に、具体的な指示命令を発し学生を規律できる包括的権能を根拠づけることができるかどうか疑問である(16)。そのことから、学校の包括的権能は、学校という特殊部分社会における一種の自立的規範制定権限であり、それにもとづく具体的な指示命令措置によって学生が拘束されるのは在学契約によって学校というそのような特殊部分社会に自然的に加入する意思にもとづくからであると解してはどうかと考えられる(17)。

3　学校措置と司法審査

本決定は、さらに大学移転措置という学校措置の妥当性については司法審査の対象となるとする。学校の教育措置が、司法審査の対象になるかどうか、それはどの範囲においてであるかについては、これまでかなり議論されてきている。在学関係を特別権力関係と解する立場からは、その理論がもともと営造物利用をめぐる紛争を司法権の管轄外におくことにねらいがあったことから、それについては全般的に消極的である。しかし、それでも一般市民法秩序と密接な関連のある事項については司法対象となるとされていた(18)。そこでこの基準を国公立大学における教育措置についてあてはめた場合に、国公立大学の学生が、その地位を保持すべき市民法的な権利を有しているか疑わしいとして、常に、司法対象にならないとの見解[19]も一部にはあるが、大方は、学生が市民として有する権利に関するものである場合には司法対象になりうると解している。[20]もっとも、そこでは、「学生が市民として有する権利に関するもの」に限られており、「学生が学生の地位において有する権利に関するもの」は司法対象とならない。[21]また、最高裁判決では、大学は「自律的・包括的な権能を有し一般市民社会とは異なる特殊な部分社会を形成しているのであるから、このような特殊な部分社会である大学における法律上の係争のすべてが当然に裁判所の司法審査の対象になるものではなく、一般市民法秩序と直接の関係を有しない内部的な問題は右司法審査の対象から除かれるべきものである」としている。そこでの基準は、特別権力関係説の場合と同様であるが、基本的には異なるものといわなければならない。契約関係説による場合はどうかということになるが、この点では、学校の包括的権利にもとづく諸教育措置は、それをめぐって学校、教育と生徒との間に具体的な権利の対抗関係が在する場合において生徒個人に具体的な権利侵害を与えるかぎり、すべて司法対象になるとの見解[22]がある。そして、これによると「学生の学生としての権利そのものが問題」となるときも司法対象に入れられると解すべきだとされている。[23]

ところで、本決定では、契約関係説に立ちながら、大学移転措置については、「純然たる大学内部の問題であり、学生の一般市民としての権利義務にすべての場合直接関係しないと直ちにいいきることができない」との基準によっている。そこでは契約関係説の立場から主張されている基準に従うことなく、最高裁判決の見解にもとづいているわけである。そこには若干の矛盾があるといえよう。学校の自律的・包括的権限にもとづく措置の拘束力を在学契約によって基礎づける以上、それによって、学生としての権利が侵害されるならば、やはり契約上の権利・義務の問題として司法審査の対象になると解すべきではないかと考えられるからである。

4　大学移転措置の妥当範囲

本決定は、さらに大学移転措置は大学の包括的権限にもとづくものであるが、それは合理的裁量の範囲内でなければならないとする。このことは、大学移転措置の場合に限らず、学校の教育措置の妥当範囲を考えるにあたっても、いえることであろう。

そして、それが合理的裁量の範囲内であるかどうかの基準としては、「学生が一般市民として有する国立大学を利用する権利」を事実上侵害することがないよう十分配慮されているかどうかによっている。そして、このことにつき具体的に認定しているわけであるが、その認定事項を箇条的に挙げると、つぎのようである。このことは、大学移転問題を考えるにあたって実務上一つの参考になるであろう。

①地理的には、都心部から一時間前後で通学できること。②通学時間が従前より一時間以上増大するが、通学に事実上不可能ないし著しく困難でないこと。③第二部学生の通学上の不便を考え、授業開始時間の繰上げや、バス路線の確保などが計られていること。④教育環境整備上、移転が必要であったこと、などである。

そして、学生の意見聴取はそれほど重くみられていないないし、学生の同意は必要でないとしている。

(1) 特別権力関係説に立つ者については、兼子仁『教育法〔新版〕』四〇二頁注(一)参照。
(2) 名古屋高金沢支判昭和四六・四・九判時六四三号二三頁、同旨、本件第一審の富山地判昭和四五・六・六判時六四三号二九頁。名古屋高金沢支判昭和四六・九・二九判時六四六号一二頁。
(3) 最判昭和二九・七・三〇民集八巻七号一四六三頁。
(4) この判示について、国公立大学の在学関係を特別権力関係とする立場の一般的宣言といえるとの評価もある（近藤昭三「国公立大学の在学関係と司法審査」判時六五八号一一七頁）。
(5) 東京地判昭和五五・三・二五判時九五八号四一頁。
(6) 本件の被請申人の答弁理由にみられる。
(7) その新しい法律関係がどのような内容なのか、また将来の特別権力関係とどう異なるのかの検討は私の専門外の分野であるのでここでは留保する。
(8) 最判昭和五二・三・一五判時八四三号二二頁。
(9) 金沢地判昭和四六・三・一〇判時六二二号一九頁。
(10) 和歌山地判昭和四八・三・三〇判時七二六号八八頁。

(11)　長野地判昭和五四・一〇・二九判時九五六号一〇四頁。
(12)　室井九・特別権力関係論三七二頁以下、兼子・前掲書四〇五頁以下、和田英夫「私立大学学生の退学処分問題」判時四八〇号八七頁、八八頁、拙稿「在学関係と契約理論」季刊教育法三〇号一五一頁、一五二頁（本書***3***所収）など。
(13)　拙稿・前掲一五一頁参照。
(14)　近藤・前掲一一七頁。
(15)　山本桂一「フランスにおける附合契約理論の素描」法時三一巻三号一三頁。
(16)　拙稿・前掲一五六頁。なお、また「附合契約法理そのものが在学関係における大学機関の権能や学生の法的地位を明らかにするについて、どれだけ役立ちうるかはかなり疑問である」との見解もある（近藤・前掲一一七頁、一一八頁）。
(17)　この点は、かつて、学則（学校規範）の拘束力について示した私見と本質的に同一論理である（拙稿・前掲一五六頁、同「学校規範（学則等）と契約理論」季刊教育法三四号一二四頁）。
(18)　最大判昭和三五・一〇・一九民集一四巻一二号二六三三頁。
(19)　雄川一郎『行政争議法』八〇頁。
(20)　田中二郎『新版行政法』上八一頁など。
(21)　近藤・前掲一一八頁。
(22)　兼子『教育法（旧版）』二二七頁。
(23)　近藤・前掲一一八頁。なお、兼子教授も、一般市民法秩序に内するもののみとすることにつき批判的である（兼子・前掲書〔新版〕四〇一頁）。

21 私立大学付属高校の進学推薦取消事件

東京地裁昭和四八年二月二七日民事一八部判決

一　事実の概要

Xは、Y大学付属高校に在学し、昭和四三年一月、同高等科長からY大学経済学部への入学推薦を受け、Y大学に同年三月四日入学を許可され、入学許可証の交付を受けた。しかし、同年三月一九日に、高等科長は、Xの第三学期の成績不良のため高等科から大学へ進学するための推薦基準が満たされないとして、入学推薦を取り消し、それに従いY大学も入学許可を取り消した。

これに対し、Xは、Yに対し、推薦取消および入学許可の取消は違法であり、これによってXは損害を蒙ったとして不法行為にもとづく賠償請求を行なった。その理由は、いろいろ主張されているが、主要な点は、内規によっても推薦取消にならない成績であったこと、第三学期の成績により一旦なされた推薦を取り消すことは不合理で、この第三学期の成績を第一、第二学期の平均成績と等分平均して同程度の価値を与えることはなおさら不合理であること、初等科、中等科、大学と一貫した教育を施すことを指導理念とする限りではXの第三学期の成績が所定点数に僅かに不足していることを理由として推薦を取り消し、大学への入学の道を閉ざすことは、この理念に反することなどである。

二　判旨

まず、同高等科では、第三学年の第一、第二学期までの平均成績と他の基準により一応推薦を内定するが、最終決定は、第三学期の終了後とし、第三学期の成績が基準に達していない場合は、内定してあっても推薦を取り消すことを定めていること、また一旦は推薦された事実があるにしても推薦を取り消すことになっていたことを認めた上で、「推薦取り消しは、Yの一貫教育の理念から出たものであり、後記認定のとおり第三学期の成績が悪ければ内定した推薦が取り消されることとは、生徒も承知のうえ、推薦制度によりY大学に進学することを希望したものであるから、第三学期の成績不良のため推薦を取り消され、その結果、仮りに時期的に他の大学の受験ができなくなったとしても、このことも推薦取り消しの違法の理由とすることはできない」。

三　解説

1　本判決では、学校が、一旦行なった入学許可やその前提としての推薦を取り消すことが適法かどうかが主題となっていることは明らかであろう。すなわち、学校による入学許可・推薦の取消という学校措置の適法性の問題である。そこで、この問題を考えるにあたっては、入学許可・推薦という学校措置は法的にどのような意味を持った行為なのかにつきまず考えておかなければならない。ただ、本判決では、入学許可・推薦の取消という学校措置は適法であったと判示しているのであるが、その法的意味は明らかにされていない。

ところで、入学については、学校は学生の集団に対し教育を行なう施設であり、かような教育施設に包括的に自己の教育を託し、学生としての身分を取得することを目的とする行為であるといわれている（東京地判昭和三八・一一・二〇判時三五三号九頁）。そして、これは入学というものの実質的内容を説明したものとしては正当である。ただ、これを法的な側面からみるときは、学校と学生との在学関係の法的性質をどのようにみるかによって異なるが、本件のように私立学校の場合は在学契約とみるのが大勢であり（兼子・教育法〈新版〉四〇八頁、伊藤「在学関係と契約理論」季刊教育法三〇号一五二頁（本書*3*所収）、東京地判昭和四七・一二・一四判時六九五号二九頁、大阪地判昭和四〇・一〇・二二判時四三八号一九頁など）、このことからすると入学は在学契約の締結行為ということになる。そこで、在学契約の締結は他の契約と同様に申込と承諾によって成立することになる。そして、この契約が成立するとそれを正当の理由なく一方的に取り消すことができないという拘束力の生ずるのは在学契約の場合も同様と解しえよう。このため、本件での入学許可によって在学契約が成立したことになるのかどうかが非常に重要となる。しかし、本件の入学許可は推薦の内定にもとづいて行なわれたものであるにすぎず在学契約締結についての確定的な意識にもとづくものではないことから在学契約は成立していないし、入学許可の取消は在学契約の取消という意味を持つものではないと解すべきであろう。もっとも、確定的推薦を停止条件として在学契約は成立しているとも解しえないわけではないが、推薦されるかどうかは承諾を与えるにあたっての判断基準であり、この判断基準の不確定な時点に契約が成立すると解するのは妥当ではないであろう。本件での入学許可は、通常、いわゆる入学試験に合格した者に対して与えられる入学許可とは異なるものと解すべきである。このようなことから、本件での入学許可による学校に対する法的拘束力はそれほど強いものではないといえる。そして、このことが本件での違法性判断のために大きく作用しているのではないかと推測される。そこで、これらのことを前提とした上で、本判決が、適法と判断した理由について、つぎに検討することにする。

2　それは、まず第一に、推薦入学許可を三学期の成績不良を理由に取り消しうるむねの、公示された推薦基準は、私学における一貫教育の理念にもとづくものとして適法有効であるからだとの考えにもとづくものといえよう。ところで、このような推薦基準は法的にはどのような意味を持つものかは、本判決は明らかにしていないが、兼子教授は在学契約条項として適法有効であるということだとされている（前掲書四一〇頁）。しかし、学校の定める学則や諸規定を単に契約内容しとて拘束力を認めることには疑問がある。それらは、学校という特殊部分社会における学校自治規範として、在学契約にもとづいてその社会に加入してきたことによって拘束されるものであると解すべきである（伊藤・前掲一五六頁、一五七頁）。この意味で、さきの推薦基準は学校自治規範の一つであるわけで、かかる自治規範が法的に妥当性を持つかどうかが検討されなければならないことになる。このためには、学校自治規範と国家法との関係という非常に大きな問題に取り組まなければならないが、ここでは、さきの推薦基準に関してのみみるにとどめる。

この点では、学校は、在学契約締結の前提として、どのような者に契約締結資格を与えるかの判断の自由を持っており、その判断方法の一つとして付属高校からの推薦によることのできるのはいうまでもないであろう。また、その推薦のための基準設定についても、それが著しい差別や不公平なもので教育的見地からみて不当なものではなく学生全体にとって等しいものであるならば、自由に決めることができることもいうまでもないであろう。教育というきわめて専門的な事項については、学校教育法などの法規と抵触しない限りにおいては、その学校の教育方針に従って自由な判断や基準設定が行なわれるべきであるからである。そこで問題は、第一、第二学期までの成績で一応推薦を内定し入学を許可しながら第三学期の成績が悪ければ推薦を取り消すという内容の推薦基準が教育的見地からみて妥当かどうかということになるわけであるが、本判決でも認定しているように、一貫教育の理念として第三学期も十分勉強させることを意図したものであるという合理的理由のあることからみて、その妥当性を承認せざるをえないのではないかと思われる。この意味において、本判決の第一の理由は正当といえよう。

3　第二に、その推薦基準の内容を生徒や父母が十分に承知していたことを根拠としている。ところで、推薦基準を契約条項とみるか学校自治規範とみるかにかかわらずその内容につき十分認識していたという場合には、そこに拘束性を導き出すことは容易であり、それに従って入学許可・推薦を取り消したとしても意思にもとづくものとして容易に適法性が認められ、余り問題は生じない。それでは、その内容について認識のない場合はどうであろうか。本判決は、その推薦基準の告知と認識性につきかなりの重みを置いていることからすると、この場合は、適法性が認められないようにも考えられる。しかし、その学校自治規範にもとづく措置が不利益処分であるからといって必ずしもその内容を生徒が認識していなければ適法にはならないというものではないであろう。このため、学校措置によっては、その規範内容につき不知の場合も有効適法ということもあるといえるが、本件の場合のように、推薦の内定をしながらこれを取り消すというような措置の場合には告知と認識を必要とすると解するのが妥当ではないかと思われる。この意味で、本判決が、告知と認識を重視したことは正当である。

4　第三に、推薦基準の内容を生徒が承知して、推薦制度を希望した以上は、推薦取消の結果、かりに時期的に他大学の受験ができなくなってもやむをえないとしている。これは、自己の意思によってそのような不利益の生ずる状態を選択した以上はそれを甘受しなければならないとの考えが基礎にあるものといえよう。それは一般論としてはたしかに正当である。しかし、そのためには、自由な選択ないし行動が保障されていることが条件になるのではなかろうか。そうだとすると、推薦入学を選ぶか否かの自由は確かにあるとしても、推薦入学を選び推薦が内定した時点では多くの学校では他大学受験の途を閉ざしている実情からすると一概にこの論理をもって根拠づけることができない要素を持っているのではないだろうか。すなわち、推薦内定によって他大学への入学の途を閉ざしながら内定取消の結果の不利益を生徒に一方的に負担させるということでよいかどうか問題だからである。この意味では、本件の場合に、推薦内定後も他大学受験が認められていたかどうかも併せて考えられなければならないし、他大学受験のチャンスを一〇〇パーセント保障することは無理としても、その取消の時点でまだ可能性があったかどうかをも考慮に入れて判断する必要があったのではないだろうか。このことから推薦内定の取消自体については本判決同様に異論はないにしても、取消の時期については慎重な配慮が望まれるといわなければならない。

22

担任教師による「落書きコーナー」の設置と名誉毀損

――長崎地裁佐世保支部、昭和四八年三月一九日判決――

一　事実

X（原告）は、昭和三七年五月に中学校教諭になり、昭和四四年四月から愛宕中学校三年二組の担任教師であり、かつ当時県教組佐世保総支部の執行委員をしていた。Xは、日頃生徒は自分で思っていることをはっきり言える人間であって欲しいと望んでいたところ、担任学級の生徒は一般におとなしく発言も少ないなど期待にそわない状態であった。そこで、Xは、生徒の思っていることを何でも書かせ、これを学級活動における話し合いの素材にしようと考え、昭和四四年六月二五日に、教室内に、「落書コーナー」と題する模造紙を張り出した。翌朝、模造紙をみたところ漫画などのなぐり書きしか書かれていなかったため、生徒に対してもっと意味のあるものを書くように注意し、模造紙を張り替えておいた。

Y（被告）は、同中学校の校長で、六月二六日の午後に教頭とともに学内巡視をしていた途中、本件落書コーナーを発見した。そこには、「民主政治やめろ」「ベトナム戦争ハンタイ、ハンタイ……」「内閣政党をなくせ」などの政治的スローガン、「佐藤（時の首相）を消せ」「国会議事堂をぶちこわせ」「ベトナム戦争大カンゲイ」などの暴力、戦争礼賛、「校長出ていけ」などY個人を攻撃するもの、「テストをなくせ」「先生がそうじしろ」など学校生活における生徒の単純な欲求不満、「全中連結成」などいわゆる学生運動に関連すること、その他単なるいたずら書きなどが書かれていたので、Y

は、教室に展示しておくことが好ましくないと判断して即座にこれをはぎ取り校長室に持ち帰った。その後、Yは、三年の学級主任に向って、Xを非難し学級担当をやめさせることをほのめかし、翌二七日には、Xから何らの事情も聴取せずに、本件落書コーナーを持って市教委に赴き、管理主事、教育課長にこれを見せ、翌二八日には、落書きをした生徒を校長室に呼び出し「本件のような落書きをきみたちだけで書けるはずがない。誰れかに教えられたのではないか」という趣旨の追及をするとともに、保護者を学校に呼び注意するように促した。この時期において、Xの方は、落書コーナーを市教委に持参することを察知したので、県教組佐世保総支部執行委員長に電話連絡し、同委員長は市教委に対しどのように取扱うかをたずねている。

このようなことから、落書コーナーに思想的に不穏当なことが書かれていたのは、Xの教育方針の影響とのうわさが広がり、佐世保市議会議員AおよびBの知るところとなり、Yは、A議員からの依頼にもとづいて本件落書コーナーを見せた。そして、定例市議会においては、A議員の質問に対し、教育長は「不穏当な落書を生徒らがしたのはその先生の示唆によるものらしいので校長を通じて本人に厳重な注意を与えて」いる趣旨の答弁をした。このように、落書コーナーが市議会で問題になったことから、長崎新聞が「教室内に政治的落書き」「担任教師が指導?」「注意した校長も暴力か」という四段抜きの見出しで、A議員が、Xが政治的偏向教育をしているとして市教委を追及した旨の記事を掲載し、朝日新聞、毎日新聞にも記載報道され、Xがいわゆる政治的偏向教育をしている旨の風評が広がった。

そこで、Xは、Yに対し、①落書コーナーについて教育目的等を顧慮することなく、無断ではぎ取ったことは、Xの教育権および教師としての名誉を侵害し、生徒、保護者のXに対する信頼を著しく傷付けたこと、②Yの行為は、Xが従来から活発に組合活動を行なっていたこともあって、世人から教師として不適格であるとのらく印を押されることを意図したもので、その結果、世人にXが政治的偏向教育をしているのではないか、生徒、保護者、一般世人から教師として不適格ではないかと疑われ、教師としての名誉を侵害されるとともに、身分すらおびやかされた、として五〇万円の慰藉料を請求した。

二　判旨

第一点、「教諭が生徒を教育する目的で教室内に展示した物を、第三者が当該教諭に無断で持ち去ることは原則として違法な行為といわなければならない。しかし、右展示物が社会通念に照らして教育の場としての教室に展示するのにふさわしくないと考えられる物であるなど特別な事情があるときは、校務全般について責任を負い、教諭を指導監督する立場にある校長自らの判断で右展示物をとりはずしても、これをもって違法ということはできない。」「本件落書コーナーを設置したXの意図はその教育的効果は別として、前記認定のとおり真摯なものであったが、本件落書コーナーに記載された内容は前記認定のとおりほとんど過激な政治的スローガン等を記載したもの、Y個人を侮辱するもの、学校生活における生徒の欲求不満を逃避的に表現したに過ぎないもの等不真面目なものであって、社会通念に照らして教育の場としての教室に展示するのにふさわしいものといえず、またYがこれをはぎ取った時点においては、Xがこれを前記認定の動機目的をもって設置したものであることを事前に知っていたと認めるに足りる証拠もなく、かえって生徒らが勝手に模造紙を張って落書したものと考えていたと認めるべき余地がないわけでもないから、右のような事情の下においてYが本件落書コーナーをはぎ取った行為を違法ということはできない。」

第二点、「Yとしては、生徒らが本件落書をしたのはXの責任であり、同人が生徒らに対し、本件のような政治的に過激もしくは破壊的落書を書くように何らかの方法で示唆したものと考えていた事実を推認することができる。Xは生徒らに対し、単なる漫画ではなくもっと意味のあるものを書くように指示したに過ぎないのであるから、右はYの誤解というべきである。YがXから一切事情を聴取しなかったのも、右誤解の程度が強かったことを裏付けるものと考えられる。」「……愛宕中学校の校区内に、Xがいわゆる政治的偏向教育をしていた旨の風評が広まったこと、A、B市議ならびに市教育長らがいずれもYと同様の誤解をしていたこと、以上の事実はいずれもYの右誤解に基づく言動、報告がその原因となっているものと推認することができる。」

即ち、「Xの名誉が侵害されるに至ったのは、結局Yが本件落書コーナーを設置した本人であるXから何らの事情を聴取することなく前記自己の誤解に基づいて、市教委、生徒らの父兄、A市議らに対処した一連の行為によるものと認められる。特にA市議は前記認定のとおり愛宕中学校の校区内に広まった本件落書コーナーに関する誤まったうわさを聞き及び、これを確認するために本件落書コーナーを見ようとしたのであり、右の確認を得たならば同人がいずれ本件落書コーナーの問題を市議会に持ち込みXの責任を追及するであろうということを、Yとしては当然予想し、もしこれを見せるとすれば、Xから事情を聞き、Xが本件落書コーナーを設けた動機、目的についても併せて説明すべきであったのにこれを怠ったことがXの名誉が侵害されたことの有力な原因の一つというべきである。つまり、右一連の行為につきYは過失責任を負うべきである。」

第三点、「……X自身、Yのとった各措置に対し抗議することはおろか、同人に対し自己の弁明をして同人の誤解を解こうとする努力をしなかった事実を窺うことができ、本件はXの事後の適切な行動いかんによってはXとY間の話し合いのみで解決されうる可能性がないわけではなかったのに、Xは右可能性を追求することを自ら放棄し、組合の力に頼ろうとしたものと評価することができる。そうすると、本件落書コーナーの問題が学校外に持ち出され、遂にXの名誉が侵害されるに至ったことについては、Xにも一半の過失があったものと認めるべく、……慰藉料額の算定につき考慮されるべきである。」

三　評　釈

1　本件は、教育方法という教育の内的事項の問題を民事責任の追及という面から争ったものである。教育の内的事項（教育内容・教材・教育方法）の問題は、教育行政にたいして教育の自主性の保障という面から争われるのがほとんどで、民事責任の追及というのは極めてめずらしい。とくに、教師の教育権の侵害に対する賠償請求は、その直接的目的が精神的苦痛に対する慰藉にあることはいうまでもないが、教師の教育権の侵害の多くは、校長、教育長などによって日常的に行なわれる現状から、これらの者への賠償請求は、これらの者に慎重な態度を要求することになり、これを通じての、教師の教育権の保障に大きな役割を果すものと思われる。また、教師の教育権の独立が、目下、判例法的再確定の途上にある（兼子「西ドイツにおける教師の教育権の独立」季刊教育法四号一六二頁）といわれていることから、その一環としての意義も大きい。この意味において、本件は、単なる民事上の損害賠償請求事件というものではなく、きわめて異色な、ただし今後に注目される、教育法論理をめぐる争点を擁している教育裁判として捉えるべきである。ここでは、民法上の既存の不法行為法理が適用されるだけでなく、教育という事柄の性質から出てくる法理論に則して捉えていかなければならない（兼子教授は教育判例の視点の問題として、この点をとくに強調される。同「戦後教育判例の概観」別冊ジュリ〈教育判例百選〉八頁）。ただ、本判決では、損害賠償請求を認容したことは評価すべきであるが、このような面を正当に受けとめていない。そこでは、事実と異なる事実の陳述または不実な事実に基づく意見の発表による名誉毀損の成立を認めるということで、単なる民事上の名誉毀損と同様の視点から捉えているのではないかと思われる。このため、基本的な捉え方にいささか問題を残すものといえる。つぎに、本判決における個別問題について検討を加えることにする。

2 (1) 本判決では、まず、Yによる「落書コーナー」無断撤去が違法な行為となるかどうかについて問題とされている。このことは、教師の「教育権の独立」論に関する教育法学上の重要な課題に関連するものである（諸説の詳細については、兼子 教育法一一九―一二八頁参照）。そして、本判決では、校長等による教師の教育目的のためのものの無断撤去は原則として違法とみて、教師の「教育権の独立」を認めながら、他方では校長による教師に対する教育上の指揮監督の存在を明らかにしている。これは、その表現上においては、教師の「教育権の独立」を認めることについてやや積極的であるが、その本質は、校長等に教師の行なう教育に対する指揮監督を認めながら、これに一定の条理上の限界を認め、これを越える場合は違法として教師の「教育権の独立」を肯定する説（兼子・教育法一二一頁参照）と同旨である。そして、その上に立って指揮監督上の限界判断についての具体的事例を提供している。すなわち、社会通念に照らして教育の場にふさわしいものでないとき、および校長に教師の教育に対する意図的干渉がみられないときは、違法ではないとしている。かかる判断は、この説では、従来、校長がむやみに教室内に立ち入って監督したり、教育活動の細部にわたり職務命令を発することは違法とみてきた（兼子・教育法一二一頁、熊本地判昭和三七・九・一四下刑集四巻九＝一〇号八六四頁）ことから判断すると、抽象的には至当といえる。しかし、本件事案との関係でみるかぎりにおいては、Xに対する日頃からの偏見や、感情的なものによる意図的干渉がなかったとは必ずしもいいきることができないし、それが教師の教育権への干渉という重要な事柄であることから、違法性を否定したことには、疑問が残る。

それればかりでなく、本判決が、教育に対する指揮監督の条理上の制限という消極的な見地から教師の「教育権の独立」という問題を捉えていこうとすること自体に問題がある。本判決は、たしかに教師は教育を行なうにあたっても、つねに、教育委員会・校長などの「職務上の命令」に忠実に従わなければならないとして教師の教育権の独立を否定する文部当局の考え（天城・学校教育法逐条解説一二九頁、兼子・教育法一一九頁参照）より前進したものである。しかし、教科書検定訴訟の判決（東京地判昭和四五・七・一七判例時報六〇四号一頁）や一連の学力テスト判決（札幌高判昭和四三・六・二六判例時報五二四号二四頁）などで確認され、学説上も通説となっている（吉川「判批」別冊ジュリ〈教育判例百選〉六三頁）教育基本法一〇条一項にもとづいての教師の「教育権の独立」の承認への配慮が足りなかったのではないかと思われる。このような教師の「教育権の独立」説によるならば、教師の教育は、学校の教員組織の決定に拘束されることがあっても、指導主事や校長などによる指揮監督に服するものではなく、この場合には、指導主事や校長は教育の専門的権威者が教職上の先輩として、教師に、「教育上の指導助言」を行なうことができるにすぎないということになる（兼子・教育法一二七頁、二〇八頁、同・教育法学と教育裁判八五頁）。そこで、このような判例の傾向、学説の通説によるならば、本件事案においては、校長による「落書コーナー」の無断撤去行為は「教育上の指導助言」の範囲を越えて、「指揮監督」的な立場から行なわれていることと明白であることから、その行為の違法性は免れえないと解すべきことになる。

(2)　ところで、本判決においては、Yの「落書コーナー」の無断撤去行為の違法性を否定したことから、問題とされてはいないが、前述のように正当にも違法性が認められた場合において、教師の教育権に対する侵害を理由に損害賠償という民事責任の追及ができるのかどうか若干疑問となる。すなわち、「教師の教育権」侵害が私法的救済（民事救済）になじむかということである。このことは、民事責任の追及を通じて、教師の教育権の保障を確立していこうとする注目すべき立場からすれば、きわめて重要である。しかし、この点については、従来、あまり論議された形跡がないようである。ただ、教師の教育権の性質論議（兼子・教育法一三八頁参照）に対応して、それを「学校職員として有する職務権限すなわち教育権限」とみる説では、その侵害を権利侵害としてただちに出訴の理由とはなしえないと解されているのに対し、「児童に対し権力から自由に教育を行なう」自由権の具体化としての個人的権利であるとみる説によるならば、その侵害は、自由権の侵害とみてそれによる精神的苦痛を理由に民事上も賠償請求ができることになるであろう。このため、この問題は、教師の教育権の性質論にかかわることになり、筆者の能力にかなうものではないが、感想的に見解を述べることが許されるならば、一連の学力テスト判決において、教育基本法一〇条の趣旨を「……教育そのものは人間的な信頼関係の上に立ってはじめてその成果をあげ得ることにかんがみ、教育の場にあって被教育者に接する教員の自由と工夫とに委ね……ることを宣明したものと解すべきである」と判示している（前掲札幌高判昭和四三・六・二六）ことから考えると、その教師の教育の自由が、個人的権利としてのものであれ職務上のそれであれ、教師の教育権への侵害はこの自由の侵害とみて、それによる精神的苦痛にもとづく慰藉料請求が認容されてよいのではないかと思われる。しかし、教師の教育権侵害が名誉毀損であるとしての請求は認められない。

もっとも、本件X主張のように、教師の教育権侵害のために生徒、保護者の教師に対する信頼が著しく傷付けられ名誉が侵害されたというのならば、一般の名誉毀損の問題として、賠償請求できることは当然である。この際、教師の教育権侵害の事実だけでなく、その結果としてその教師の社会的評価が現実に毀損されたということを立証されなければならない。

3　(1)　本判決は、Yの誤解に基づく言動、報告（適切さを欠いた措置）のために、政治的偏向教育をしているかの風評が広がったことを理由に名誉毀損の成立を認めている。このことは、一般の不法行為法理のレベルの問題である。ところで、民事上の名誉毀損における被侵害利益としての「名誉」は「各人ガ社会ニ於テ有スル位置即チ品格名声信用等ヲ指スモノニシテ、畢竟各人ガ其性質行状信用等ニ付キ世人ヨリ相当ニ受クベキ評価」であり（大判明治三八・一二・八民録一一輯一六六五頁、我妻・事務管理・不当利得・不法行為一三七頁、宗宮・名誉権論二四八頁以下、三島・人格権の保護二五四頁など）、「名誉毀損」はかかる人の社会的評価を違法に低下させることである（三島・前掲書二五四頁）との立場からみるとき、教師が、政治的偏向教育をしているとの風評を受けることは、生徒、保護者、一般世人から教師としての適格性を疑われ、信頼性を欠き、教育遂行上に支障をきたすことになって名誉を侵害されることは明白である。とくに、教師の教育方法に対する評価は、慎重でなければならないのである。このため、その教師に、政治的偏向教育をしたあるいはする意図をもっていたという事実がないにもかかわらず、虚偽の事実を陳述するときは、その者は名誉毀損に基づく不法行為責任を負わなければならない場合が多いであろう。ただ、誤報に関連して、従来の判例（最判昭和四一・六・二三民集二〇巻五号一一一八頁）、通説（加藤編・注釈民法⑽一九一頁〔五十嵐〕、幾代「解説」別冊ジュリ（マスコミ判例百選）五七頁など）によれば「その行為者においてその事実を真実と信ずるについて相当の理由があるときは、右行為には故意もしくは過失がなく、結局、不法行為は成立しない」と解し、有力説（五十嵐＝田宮・名誉とプライバシー一〇三頁、三島「解説」別冊ジュリ（マスコミ判例百選）四七頁）も「確実な資料、根拠に照らし、その事実を真実と信ずるについて無理からぬ事由があるとき」は不法行為が成立しないとしている。これは、客観的な誤信にもとづくというだけでは不法行為責任は成立せず（名誉毀損についての無過失責任ないし結果責任説の否定）、故意ないし過失の認定が必要であるとする考えである（もっとも判例・通説と有力説では過失の捉え方に差がある）。

本判決も、この法理構成に従っているわけで、この過失の有無についての一つの具体的な認定例を示している。そこで、この認定にあたっての特質を分析しておく。まず、Yが、直接、政治的偏向教育をしている旨の風評を流布させたのではなくその原因を作り出したにすぎないという場合での過失の問題である。一般に問題とされる新聞等による誤報のような直接的流布の場合とは、異なっている。もっとも、名誉毀損は特定人に対する表白あるいは告知だけで流布するに至らない場合でも成立するとするのが判例（大判大正五・一〇・一二民録二二輯一八七九頁）、通説（三島・前掲書二五五頁、加藤編・前掲書一八五頁〔五十嵐〕、加藤・不法行為一二八頁など）であることから、直接的流布でなくてもよいことはいうまでもないが、過失の認定にあたって何らかの差異があるのかどうか検討されなければならないであろう。本判決で、Yの「かなり感情的」かつ教師の「落書コーナー」設置についての教育目的についての事情などを聴取することなく自己の誤解、すなわち真実を確かめうる機会があったにもかかわらず自己の独断的判断にもとづく誤解による誤信という事実のほかに、市議に「落書コーナー」を見せることは「市議会に持ち込みXの責任を追及するであろうということを、Yとしては当然予想し、もしこれを見せるとすれば、Xから事情を聞き、Xが本件落書コーナーを設けた動機、目的についても併せて説明すべきであったのにこれを怠ったこと」すなわち政治的偏向教育をしている旨の風評がさらに流布することを予見してこれを防止するための適切な処置をとらなかったという事実をも過失の認定の要因としているのは、そのためであろうか。従来、軽率な誤信の場合には不法行為責任を免れないと考えられてきたこと（三島「解説」別冊ジュリ（マスコミ判例百選）四六頁、四九頁）からすると、前段の事実だけで十分であったのではないかと考えられるからである。自己の独断的判断にもとづく誤解による軽率な誤信に陥った行為自体が、すでに過失ある行為であるにかかわらず、それ以上に、予見と適切な処置違反の存在を要件とすることは名誉毀損を被った者の救済との関係からみて妥当ではない。この意味において、本判決が、予見と適切な処置違反という事実を理由中に挙げていることは、Yの措置がいかに不適確なものであったかを明らかにし、過失認定の補強という意味を持つにすぎないのであって、判例理論としてのリーディング的要素をもたすべきではない。ましてや、本件事案に即して考えるならば、政治的偏向教育をしている旨の風評をうけるということは教師としては致命的であるし、他方、その原因を校長という職務にある者によって与えられたということであるから、軽率な誤信にもとづくだけで過失を認めるべきだと思われる。

(2)　本判決は、Yの誤信にもとづく事実の報告・言動という点に注目して、このことが毀損行為となるかどうかという観点に立って、判断しているわけであるが、この場合には、もしYの報告が真実の事実であるとすれば名誉毀損の成立は否定される恐れがある。このことは、教育という事柄の性質から出てくる法理論に則して考えるとき、やや問題である。すなわち、もしかりに、認定された内容の落書が、教師の示唆によるものであったとした場合には、名誉毀損が成立しないとみるとなると、そのことだけで、教師は、政治的偏向教育をしているものと風評され、教師として致命的な社会的評価をうけることになりかねないからである。この意味で、かりに真実であるとしても、その表白ないし告知は慎重であるべきであり、これに違反したときは名誉毀損が成立する余地があると解すべきである。そればかりか教育裁判としての自覚にもとづいて捉えるならば、校長の違法な公務執行による名誉毀損という観点に立つべきである。すなわち、教師の教育権の独立を積極的に承認し、校長には、教師の行なう教育に対する指揮監督権はなく、教育上の指導助言を行なうにすぎないとみるならば、教師がその教育権にもとづいて行なった「落書コーナー」設置という教育方法について、それが教育効果において疑問のある場合は、その旨を指導し助言するにとどめるべきであって、校長の職務として外部に報告し告知することは職務権限の範囲を越えた違法な公務執行とみることができる。そして、このような校長の違法な公務執行によるものとみるときは、生徒の落書につき教師が示唆した事実があったかなかったかにかかわらず、名誉毀損の成立がみとめられることになろう。

4　本判決では、Xが、Yの誤解を解こうとする努力を怠ったこと、話し合いのみでの解決の可能性を追求することを自ら放棄し、組合に頼ろうとしたことをもって、X側の過失を認め、過失相殺をしている。本件事案を、Yの誤信にもとづく不適切な措置による流布の面から名誉毀損の成立を捉えていこうとする立場に立つとき、Xの前述のような態度を、それへの加担として捉えたことは一理ありそうにみえる。しかし、Y自身が、弁明の機会をもとうともせず、一方的に教育課長等に報告しようとしているときに、教育労働者として組合に助力を要請することは当然のことでもあるし、Yとの個人的対応は実際上は好ましいとしても、それをしなかったからといって名誉が侵害されるについての一斑の過失であると判断し、法律評価のレベルにまで持ち込むことは妥当でない。そればかりか、これまで強調してきたように、本件事案を、「教育法理」に則して捉え、校長の違法な公務執行にもとづく名誉毀損の問題として理解するならば、このような過失相殺論が展開される余地はなかったであろう。

以上のように、本判決が、名誉毀損の成立を認め慰藉料請求を認容したことは評価されるが、その根拠づけにおいて教師の教育権の独立についての判例の傾向および通説への認識を欠いたこと、および教育という事柄の性格から出てくる法理に則した捉え方という視点が欠落していたがために、これまで指摘してきたような多くの疑問を残すこととなった判例といえよう。

〈著者紹介〉

昭和11年３月　大阪府松原市に生まれる。
昭和33年３月　明治大学法学部卒業
昭和35年３月　明治大学大学院法学研究科修士課程修了
現　在　明治大学法学部教授
日本学術会議会員
元司法試験考査委員
金融法学会理事
教育法学会理事
弁護士

主要著書

学校事故の法律問題（昭和58年・三省堂）
事例判例学校事故〔共著〕（平成４年・三省堂）
銀行取引と債権担保（昭和52年・経済法令研究会）
担保法概説（昭和59年・啓文社）
担保物権法講義〔共著〕（昭和55年・頸草書房）
不法行為法の現代的課題（昭和55年・総合労働研究所）
リース取引全書〔共編著〕（昭和62年・第一法規出版）
司法書士法務全集〔共編著〕（平成４年・第一法規出版）
援権・追完・表見代理論〔私法研究第一巻〕（平成元年・成文堂）
任意代理基礎理論〔私法研究第二巻〕（平成元年・成文堂）

教育私法論
私法研究著作集　第十二巻

平成一二年一〇月三〇日　初版第一刷発行　©

著作者　伊藤　進
発行者　今井　貴
発行所　〒113-0033 東京都文京区本郷六―二―九
モンテベルデ第二東大前一〇二号
信山社出版㈱
電話　〇三(三八一八)一〇一九
FAX　〇三(三八一八)〇三四四
制作　株式会社信山社
販売　信山社販売

印刷・製本　勝美印刷・大三製本

ISBN4-88261-778-1　C3332
778=012-040-010
NDC分類323.919

ISBN4-7972-9316-0
NDC分類 324.521 契約法

栗田 哲男 著

新刊案内 1997.9

2097 請負契約

A5変型上製　総736頁　　定価：本体20,000円（税別）

ISBN4-7972-2097-X
NDC分類 324.521

(1) 2097 請負契約

A5変型上製　総736頁　　定価：本体20,000円（税別）

ISBN4-7972-2098-8
NDC分類 324.521

(2) 2098 不動産法・消費者法

A5変型上製　総506頁　　定価：本体15,000円（税別）

ISBN4-7972-2099-6
NDC分類 324.521

(3) 2099 災害法・損害賠償法・その他

A5変型上製　総426頁　　定価：　本体12,000円（税別）

平井宜雄先生序文

☆本著作集中の仕事のすべてが判例・文献・関連する事実の綿密な調査の上に成り立っていることも、おそらく多くの読者の読みとるところであろう。事実、このような徹底した「実証主義的」あるいは「社会学的」態度は、処女論文である「富喜丸事件の研究」（本書(3)所収）以来、栗田教授の学問を一貫するものである。そのような態度は、一般に、契約法におけるように、裁判規範としての意味が比較的少ない法分野において、要求されるものであるが、建設請負契約法のごとく、学問的に十分に開拓されていない領域では、とりわけ適切であるというべきである。実務で用いられている契約書や取引慣行・業法運用の実体などをも視野に入れた「実証主義的」契約法学を目指すのは、判例・学説だけに依拠して解釈論を展開するよりも、遙かに労力とエネルギーを要する仕事である。しかし、実用的であることを意図する限り、契約法学は、多かれ少なかれそのような方向に向かわざるをえないのではあるまいか。このような意味において、栗田教授の仕事は、契約法学の将来のあり方を示唆するものと言えよう。

【著者紹介】栗田哲男くりた・てつお
1944年生まれ／63年福島県立磐城高校卒／69年東京大学法学部第一類卒／同年 6月同大法学部第二類学士入学／70年東京大学法学部第二類卒／70年最高裁判所司法研修所入所／72年弁護士登録（第一東京弁護士会）／81年立教大学法学部助教授／88年同大学教授／93（平成5）年8月11日逝去

信山社　〒113-0033
東京都文京区本郷 6-2-9-102　TEL 03-3818-1019　FAX注文制 FAX 03-3818-0344

ISBN4-7972-9316-0
NDC 分類 324.521 契約法

栗田 哲男 著

新刊案内 1997.9

2098 不動産法・消費者法

A5変型上製　総506頁　　定価：本体15,000円（税別）

ISBN4-7972-2097-X
NDC 分類 324.521

(1) 2097 請負契約

A5変型上製　総736頁　　定価：本体20,000円（税別）

ISBN4-7972-2098-8
NDC 分類 324.521

(2) 2098 不動産法・消費者法

A5変型上製　総506頁　　定価：本体15,000円（税別）

ISBN4-7972-2099-6
NDC 分類 324.521

(3) 2099 災害法・損害賠償法・その他

A5変型上製　総426頁　　定価：本体12,000円（税別）

平井宜雄先生序文

☆本著作集中の仕事のすべてが判例・文献・関連する事実の綿密な調査の上に成り立っていることも、おそらく多くの読者の読みとるところであろう。事実、このような徹底した「実証主義的」あるいは「社会学的」態度は、処女論文である「富喜丸事件の研究」（本書(3)所収）以来、栗田教授の学問を一貫するものである。そのような態度は、一般に、契約法におけるように、裁判規範としての意味が比較的少ない法分野において、要求されるものであるが、建設請負契約法のごとく、学問的に十分に開拓されていない領域では、とりわけ適切であるというべきである。実務で用いられている契約書や取引慣行・業法運用の実体などをも視野に入れた「実証主義的」契約法学を目指すのは、判例・学説だけに依拠して解釈論を展開するよりも、遙かに労力とエネルギーを要する仕事である。しかし、実用的であることを意図する限り、契約法学は、多かれ少なかれそのような方向に向かわざるをえないのではあるまいか。このような意味において、栗田教授の仕事は、契約法学の将来のあり方を示唆するものと言えよう。

【著者紹介】栗田哲男くりた・てつお

1944 年生まれ／ 63 年福島県立磐城高校卒／ 69 年東京大学法学部第一類卒／同年 6月同大法学部第二類学士入学／ 70 年東京大学法学部第二類卒／ 70 年最高裁判所司法研修所入所／ 72 年弁護士登録（第一東京弁護士会）／ 81 年立教大学法学部助教授／ 88 年同大学教授／ 93（平成 5）年 8月 11 日逝去

信山社　〒113-0033
東京都文京区本郷 6-2-9-102　TEL 03-3818-1019　FAX 03-3818-0344
FAX 注文制